权威读本

U0829206

中华人民共和国
反垄断法
解读

主编
王　翔

中国法制出版社
CHINA LEGAL PUBLISHING HOUSE

前　言

2022年6月24日，第十三届全国人民代表大会常务委员会第三十五次会议审议通过了关于修改《中华人民共和国反垄断法》的决定，并由国家主席习近平签署第一一六号主席令，予以公布。这部法律修改决定自2022年8月1日起施行。

这次修改，深入贯彻落实以习近平同志为核心的党中央关于强化反垄断和防止资本无序扩张的决策部署，针对《中华人民共和国反垄断法》（以下简称反垄断法）实施中存在的突出问题，进一步完善反垄断相关制度，主要作了以下修改。

1. 规定反垄断工作坚持中国共产党的领导，同时规定：国家健全完善反垄断规则制度，强化反垄断监管力量，提高监管能力和监管体系现代化水平，加强反垄断执法司法，依法公正高效审理垄断案件，健全行政执法和司法衔接机制，维护公平竞争秩序。

2. 明确国家坚持市场化、法治化原则，强化竞争政策基础地位，同时规定国家建立健全公平竞争审查制度，要求行政机关和法律、法规授权的具有管理公共事务职能的组织，在制定涉及市场主体经济活动的规定时，应当进行公平竞争审查。

3. 进一步明确反垄断相关制度在平台经济领域的具体适用规则，规定经营者不得利用数据和算法、技术、资本优势以及平台规则等从事本法禁止的垄断行为；明确具有市场支配地位的经营者不得利用数据和算法、技术以及平台规则等从事滥用市场支配地位的行为。

4. 总结反垄断执法实践，借鉴国际经验，对反垄断相关制度规则作了进一步完善。在垄断协议方面，一是完善了纵向垄断协议的认定规则，对于经营者与交易相对人达成的纵向垄断协议，经营者能够证明不具有排除、限制竞争效果的，不予禁止。二是增加了垄断协议“安全港”规则，对于经营者与交易相对人达成的纵向垄断协议，经营者的市场份额低于规定标准并符合其他相关条件的，不予禁止。三是增加规定了经营者不得组织其他经营者达成垄断协议或者为其他经营者达成垄断协议提供实质性帮助。在经营者集中方面，一是完善了对未达到申报标准的经营者集中的调查、处理程序，对于未达到申报标准但有证据证明具有或者可能具有排除、限制竞争效果的经营者集中，国务院反垄断执法机构可以要求经营者申报；经营者不申报的，应当依法进行调查。二是根据经营者集中审查工作的需要，增加了审查期限“停钟”制度。三是规定了国务院反垄断执法机构应当健全经营者集中分类分级审查制度，依法加强对涉及国计民生等重要领域的经营者集中的审查，提高审查质量和效率。

5. 针对反垄断执法中反映出的问题，加大了对垄断行为的惩治力度。一是提高了对达成垄断协议、违法实施经营者集中、拒绝阻碍反垄断执法机构调查等违法行为的罚款数额。二是增加了对达成垄断协议负有个人责任的经营者的法定代表人、主要负责人和直接责任人员的处罚规定。三是增加规定，对于违反本法规定，情节特别严重、影响特别恶劣、造成特别严重后果的，国务院反垄断执法机构可以在本法相关规定的罚款数额的二倍以上五倍以下确定具体罚款数额。

此次修改反垄断法，为反垄断工作提供了更加有力的制度保障，对促进社会主义市场经济健康发展意义重大。

为配合修改后的反垄断法的学习、宣传，帮助广大读者准确理解此次修改的立法原意，我们组织编写了本书。全国人大常委会法工委经济法室副主任王翔同志担任本书主编；全国人大常委会法工委经济法室的马正平、刘泽巍、陈扬跃、吕丽萍、张金勇、杨猛等同志承担了本书文稿的撰写工作。

本书力求准确、简要、通俗易懂地阐释反垄断法的内容，但因时间和水平有限，如有疏漏之处，敬请读者批评指正。

目　　录

第一章　总　　则

第一条　为了预防和制止垄断行为，保护市场公平竞争，鼓励创新，提高经济运行效率，维护消费者利益和社会公共利益，促进社会主义市场经济健康发展，制定本法。

新旧条文对照[①]

2022 年反垄断法	2007 年反垄断法
第一条　为了预防和制止垄断行为，保护市场公平竞争，**鼓励创新，**提高经济运行效率，维护消费者利益和社会公共利益，促进社会主义市场经济健康发展，制定本法。	**第一条**　为了预防和制止垄断行为，保护市场公平竞争，提高经济运行效率，维护消费者利益和社会公共利益，促进社会主义市场经济健康发展，制定本法。

修改提示

此次修改，增加了“鼓励创新”这一立法目的。

① 本部分对照表中，黑体部分为增加或修改的内容，阴影部分为删除的内容。

条文主旨

本条是关于本法立法目的的规定。

条文解读

本法的立法目的如下。

一、预防和制止垄断行为

预防和制止垄断行为是本法最为直接的立法目的。根据本法第三条的规定，本法规定的垄断行为包括：经营者达成垄断协议，滥用市场支配地位，具有或者可能具有排除、限制竞争效果的经营者集中。反垄断法对这三类垄断行为作专章规定，明确构成垄断行为的界限，设立相应的规范，同时对涉嫌垄断行为的调查和垄断行为法律责任作出明确规定，以达到预防和制止垄断行为的目的。

二、保护市场公平竞争，鼓励创新，提高经济运行效率

通过预防和制止垄断行为，反垄断法保护公平竞争。需要注意的是，这里保护的公平竞争，是指保护公平的市场竞争秩序和竞争环境，并不是直接保护参与市场竞争的竞争者。制定反垄断法是为了保护市场竞争机制，维持正常的竞争环境。保护公平竞争将使经营者获得竞争机会，有利于创新，使得社会资源得到优化配置。

公平竞争是市场经济的核心，也是企业创新的动力源泉。在公平竞争的环境下，企业更有动力通过创新提高竞争力。同时，只有不断创新，才能实现更高层次的竞争。此次修改将“鼓励创新”纳入立法目的，体现了通过保护公平竞争鼓励创新的理念。

竞争是提高经济运行效率的前提，在竞争机制的作用下，社会资源将得到优化配置，社会整体经济运行效率将得以提高。反垄断法通过预防和制止垄断行为、保护公平竞争，来促进经济运行效率的提高。

三、维护消费者合法权益和社会公共利益

反垄断法通过禁止垄断行为，保护市场竞争，促使经营者在竞争机制的作用下，努力降低生产经营成本，提高产品质量，这显然有利于增进消费者福利，维护消费者的整体利益。反垄断法的一些具体制度设计也充分考虑了对消费者利益的保护，如垄断协议豁免制度，豁免适用的条件之一即能够使消费者分享由此产生的利益。同时，我国反垄断法也将维护社会公共利益作为立法目的之一，在相关具体规定上体现了对社会公共利益的保护，如垄断协议豁免制度，豁免适用情形之一“为实现节约能源、保护环境、救灾救助等社会公共利益的”；在经营者集中审查中，经营者集中具有或者可能具有排除、限制竞争效果的，国务院反垄断执法机构应当作出禁止经营者集中的决定，但是，经营者能够证明该集中符合社会公共利益的，国务院反垄断执法机构可以作出对经营者集中不予禁止的决定。

四、促进社会主义市场经济健康发展

建立和完善社会主义市场经济体制，要在坚持以公有制为主体、多种所有制经济共同发展的基本经济制度的基础上，使市场在资源配置中起决定性作用，更好发挥政府作用。市场配置资源的作用是通过竞争来实现的。反垄断法作为市场经济的基本法，其保护市场竞争的规定，为发挥市场配置资源的决定性作用、更好地发挥政府作用提供了制度保障，对促进我国社会主义市场经济的健康发展具有重要作用。

反垄断法作为一部竞争法，与我国已有的反不正当竞争法和消费者权益保护法既有联系又有区别。其区别主要是：(1) 与反不正当竞争法相比，反垄断法的目的是维护市场竞争机制而不是直接保护特定的竞争者。它通过禁止经营者实施排除、限制竞争的行为，以维护市场的竞争格局，解决市场中有没有竞争的问题。而反不正当竞争法则主要解决不正当竞争的问题。在反垄断法出台以前，我国的反不正当竞争法根据中国的实际，就规定了若干反对排除、限制竞争的条款，对维护我国的市场竞争机制，保护市场竞争，起到了重要作用。2017 年反不正当竞争法修改时，将应当由反垄断法规定的内容从反不正当竞争法中删去，进一步厘清了两法的关系。(2) 与消费者权益保护法相比，反垄断法并不排除对消费者的直接和具体的保护，但其目的侧重于通过维护市场竞争机制，提高经济效益，使消费者整体获益。因此，本法对消费者的保护着眼于竞争行为是否损害了保障消费者福利的竞争机制，而不以某一行为是否为消费者满意作为判断标准，也不刻意保护某一具体消费者的利益。

相关规定

《中华人民共和国反垄断法》第二十条、第三十四条。

第二条　中华人民共和国境内经济活动中的垄断行为，适用本法；中华人民共和国境外的垄断行为，对境内市场竞争产生排除、限制影响的，适用本法。

新旧条文对照

2022 年反垄断法	2007 年反垄断法
第二条　中华人民共和国境内经济活动中的垄断行为，适用本法；中华人民共和国境外的垄断行为，对境内市场竞争产生排除、限制影响的，适用本法。	**第二条**　中华人民共和国境内经济活动中的垄断行为，适用本法；中华人民共和国境外的垄断行为，对境内市场竞争产生排除、限制影响的，适用本法。

修改提示

本条未作修改。

条文主旨

本条是关于本法适用范围的规定。

条文解读

反垄断法主要适用于我国境内经济活动中的垄断行为，包括经营者达成垄断协议，经营者滥用市场支配地位，以及具有或者可能具有排除、限制竞争效果的经营者集中。作为规制对象的经营者，是指从事商品生产经营或者提供服务的自然人、法人和非法人组织。

反垄断法既适用于中国境内发生的垄断行为，也适用于中国境外发生的，对境内市场竞争产生排除、限制影响的垄断行为。随着经济全球化和我国对外开放的进一步扩大，我国经济与国际经济日益融合，在这种情况下，在我国境外发生的经营者达成和实施垄断协议的行为，滥用市场支配地位的行为，以及企业并购的行为等，都有可能对我国境内的市场竞争产生影响。为了预防和制止境外发生的垄断行为对境内的市场竞争产生不利影响，反垄断法借鉴国际上其他国家的经验，规定了域外效力。

第三条 本法规定的垄断行为包括：

（一）经营者达成垄断协议；

（二）经营者滥用市场支配地位；

（三）具有或者可能具有排除、限制竞争效果的经营者集中。

新旧条文对照

2022 年反垄断法	2007 年反垄断法
第三条 本法规定的垄断行为包括： （一）经营者达成垄断协议； （二）经营者滥用市场支配地位； （三）具有或者可能具有排除、限制竞争效果的经营者集中。	**第三条** 本法规定的垄断行为包括： （一）经营者达成垄断协议； （二）经营者滥用市场支配地位； （三）具有或者可能具有排除、限制竞争效果的经营者集中。

修改提示

本条未作修改。

条文主旨

本条是关于本法规定的垄断行为类型的规定。

条文解读

本法所称的垄断行为包括：经营者达成垄断协议的行为，经营者滥用市场支配地位的行为，以及具有或者可能具有排除、限制竞争效果的经营者集中。本法总则之后的三章，也是按此三种行为分章予以规范。

垄断协议，又称卡特尔，是指两个以上经营者相互间达成的排除、限制竞争的协议、决定或者其他协同行为。垄断协议包括横向垄断协议和纵向垄断协议。横向垄断协议是指具有竞争关系的经营者之间达成的排除限制竞争的协议，主要包括：(1) 固定或者变更商品价格；(2) 限制商品的生产数量或者销售数量；(3) 分割销售市场或者原材料采购市场；(4) 限制购买新技术、新设备或者限制开发新技术、新产品；(5) 联合抵制交易。纵向垄断协议是指经营者与交易相对人（一般不具有竞争关系）之间达成的排除限制竞争的协议，主要包括固定向第三人转售商品的价格协议和限定向第三人转售商品的最低价格协议。垄断协议不仅包括书面形式的协议、决定，而且包括口头形式的协议、决定。同时，还包括既没有书面协议，也没有口头协议，但采取了步调一致的排除、限制竞争的行为。

经营者滥用市场支配地位，是指具有市场支配地位的经营者，滥用其支配地位，从事排除、限制竞争的市场行为。它主要包括：(1) 以不公平的高价销售商品或者以不公平的低价购买商品；(2) 没有正当理由，以低于成本的价格销售商品；(3) 没有正当理由，拒绝与交易相对人进行交易；(4) 没有正当理由，限定交易相对人只能与其进行交易或者只能与其指定的经营者进行交易；(5) 没有正当理由搭售商品，或者在交易时附加其他不合理的交易条件；(6) 没有正当理由，对条件相同的交易相对人在交易价格等交易条件上实行差别待遇。为便于识别滥用市场支配地位的行为，反垄断法还对市场支配地位的定义及认定市场支配地位应依据的因素作了规定。

反垄断法所称的经营者集中，是指一个经营者通过特定的行为取得对另一个经营者的全部或部分控制权。根据本法第二十五条的规定，经营者集中包括三种情形：(1) 经营者合并；(2) 经营者通过取得股权或者资产的方式取得对其他经营者的控制权；(3) 经营者通过合同等方式取得对其他经营者的控制权或者能够对其他经营者施加决定性影响。经营者集中具有有利于竞争和可能影响竞争的双重效果。一方面，经营者集中是形成规模经济，提高市场竞争力的重要手段；另一方面，过度的集中又会产生或加强市场支配地位，限制竞争，损害效率。反垄断法规定经营者集中制度的目的，就是通过对集中的控制，防止出现过度集中的市场力量，避免排除、限制竞争。为此，我国反垄断法借鉴国际上多数国家的做法，对经营者集中的申报制度、审查应考虑的因素、审查程序等作了规定。

相关规定

《中华人民共和国反垄断法》第十六条至第三十八条。

第四条 反垄断工作坚持中国共产党的领导。

国家坚持市场化、法治化原则，强化竞争政策基础地位，制定和实施与社会主义市场经济相适应的竞争规则，完善宏观调控，健全统一、开放、竞争、有序的市场体系。

新旧条文对照

2022 年反垄断法	2007 年反垄断法
第四条 **反垄断工作坚持中国共产党的领导。** 国家**坚持市场化、法治化原则，强化竞争政策基础地位，**制定和实施与社会主义市场经济相适应的竞争规则，完善宏观调控，健全统一、开放、竞争、有序的市场体系。	**第四条** 国家制定和实施与社会主义市场经济相适应的竞争规则，完善宏观调控，健全统一、开放、竞争、有序的市场体系。

修改提示

此次修改增加“反垄断工作坚持中国共产党的领导”作为第一款，同时增加了国家“坚持市场化、法治化原则，强化竞争政策基础地位”。

条文主旨

本条是关于反垄断工作的原则要求。

条文解读

加强党对经济工作的全面领导，是我国经济发展的根本保证。为建设统一、开放、竞争、有序的市场体系，促进社会主义市场经济健康发展，对反垄断工作十分重要。反垄断工作必须坚持党的领导，牢牢把握正确的政治方向。此次修改，将“反垄断工作坚持中国共产党的领导”这一要求在法律中作了明确规定。

竞争政策是政府为了充分发挥市场在资源配置中的决定性作用而实施的经济政策，与产业政策相对应。随着我国社会主义市场经济体制改革不断深化，越发认识到竞争政策基础地位的重要性。党的十九届四中全会通过的《中共中央关于坚持和完善中国特色社会主义制度 推进国家治理体系和治理能力现代化若干重大问题的决定》要求，强化竞争政策基础地位，落实公平竞争审查制度，加强和改进反垄断和反不正当竞争执法。2022 年 3 月《中共中央 国务院关于加快建设全国统一大市场的意见》明确提出，坚持市场化、法治化原则，充分发挥市场在资源配置中的决定性作用，更好发挥政府作用，强化竞争政策基础地位。此次修改，将国家“坚持市场化、法治化原则”“强化竞争政策基础地位”上升为法律规定。

我国实行以公有制为主体、多种所有制经济共同发展，按劳分配为主体、多种分配方式并存，社会主义市场经济体制的社会主义基本经济制度。制定反垄断法，既要研究借鉴其他国家反垄断制度的有益经验，更要从我国国情出发，不能简单照搬西方国家的反垄断制度。我国的竞争规则必须与社会主义市场经济的性质和发展要求相符合，与我国经济发展的阶段性特点相适应。必须按照建立统一、开放、竞争、有序的现代市场体系要求，坚决反对同建立和完善社会主义市场经济体制的改革目标相悖的市场垄断行为，维护正常的市场竞争秩序。同时，要完善国家宏观调控，统筹协调竞争政策与相关政策之间的关系，促进我国社会主义市场经济的健康发展。

第五条 国家建立健全公平竞争审查制度。

行政机关和法律、法规授权的具有管理公共事务职能的组织在制定涉及市场主体经济活动的规定时，应当进行公平竞争审查。

新旧条文对照

2022 年反垄断法	2007 年反垄断法
第五条　国家建立健全公平竞争审查制度。 行政机关和法律、法规授权的具有管理公共事务职能的组织在制定涉及市场主体经济活动的规定时，应当进行公平竞争审查。	

修改提示

本条是此次修改新增的内容。

条文主旨

本条是关于公平竞争审查制度的规定。

条文解读

本条是对公平竞争审查制度作出的原则性规定。

公平竞争是建设现代市场体系的内在要求，是保障市场在资源配置中发挥决定性作用的基础要素。这就首先要求政府制定的政策措施必须是保障和促进公平竞争的。从世界范围来看，公共政策削弱竞争的情况较为普遍。公平竞争审查制度的建立正是旨在解决政府对市场的干预过多、干预不合理而损害竞争的问题，保障各类市场主体公平参与市场竞争。

从原理上看，公平竞争审查是基于公平竞争的原则，从源头上规范政府相关行为，防止出台排除、限制市场竞争的政策措施，保障市场在资源配置中起决定性作用和更好发挥政府作用的制度。

本条第一款原则规定，国家建立健全公平竞争审查制度。从法律上确立了公平竞争审查制度的地位。这一制度的实施对于建设全国统一大市场具有重要意义。

我国从2015年开始探索实施公平竞争审查，旨在从根本上解决行政权力对市场竞争不公平的政策影响问题。2015年3月，《中共中央 国务院关于深化体制机制改革加快实施创新驱动发展战略的若干意见》提出“探索实施公平竞争审查制度”。2015年5月，发展改革委在《关于2015年深化经济体制改革重点工作意见》中提出要求“建立和规范产业政策的公平性、竞争性审查机制”。2015年6月，《国务院关于大力推进大众创业万众创新若干政策措施的意见》强调“加快出台公平竞争审查制度”。2015年10月，《中共中央 国务院关于推进价格机制改革的若干意见》明确要求“实施公平竞争审查制度”。2016年6月，《国务院关于在市场体系建设中建立公平竞争审查制度的意见》（国发〔2016〕34号，以下简称《意见》）提出建立公平竞争审查制度，以规范政府有关行为，防止出台排除、限制竞争的政策措施，逐步清理废除妨碍全国统一市场和公平竞争的规定和做法。《意见》的出台标志着公平竞争审查制度在我国初步建立。

2019年10月，《中共中央关于坚持和完善中国特色社会主义制度 推进国家治理体系和治理能力现代化若干重大问题的决定》提出“强化竞争政策基础地位，落实公平竞争审查制度”。2020年5月，《中共中央 国务院关于新时代加快完善社会主义市场经济体制的意见》提出，强化公平竞争审查的刚性约束，在考核、第三方审查和评估、增量审查和存量清理、问题反映和举报等方面完善公平竞争审查制度。2021年1月，中共中央办公厅、国务院办公厅印发《建设高标准市场体系行动方案》提出，探索建立公平竞争审查举报处理和回应机制，及时核查举报涉及的问题，健全公平竞争审查机制，进一步明确和细化纳入审查范围的政策措施类别，出台公平竞争审查例外规定适用指南，建立例外规定动态调整和重大事项实时调整机制，研究制定行业性审查规则。2022年3月，中共中央、国务院印发《关于加快建设全国统一大市场的意见》，明确要求“完善公平竞争审查制度，研究重点领域和行业性审查规则，健全审查机制，统一审查标准，规范审查程序，提高审查效能”。

在部门规章层面，为进一步推动落实公平竞争审查制度，根据《意见》要求，经国务院同意，2017年10月，国家发展改革委、财政部、商务部、原国家工商总局、原国务院法制办联合印发了《公平竞争审查制度实施细则（暂行）》。2021年6月，市场监管总局、国家发展改革委、财政部、商务部、司法部五部门会同有关部门修订了《公平竞争审查制度实施细则》。实践中，在《意见》的指导下，各省级人民政府也结合本地实际，出台了本地区的具体实施意见。

本条第二款规定，行政机关和法律、法规授权的具有管理公共事务职能的组织在制定涉及市场主体经济活动的规定时，应当进行公平竞争审查。这一规定明确了公平竞争审查的主体和对象。

（一）审查主体和对象

本条对公平竞争审查的主体和对象作出了规定。公平竞争审查的主体是制定涉及市场主体经济活动的规定的“行政机关和法律、法规授权的具有管理公共事务职能的组织”。公平竞争审查的对象是行政机关和法律、法规授权的具有管理公共事务职能的组织所制定的“涉及市场主体经济活动的规定”；不涉及市场主体经济活动的规定，不需要进行公平竞争审查。具体来说，实践中根据《意见》将审查对象分为两类：一是行政机关和法律、法规授权的具有管理公共事务职能的组织（统称政策制定机关）制定的市场准入、产业发展、招商引资、招标投标、政府采购、经营行为规范、资质标准等涉及市场主体经济活动的规章、规范性文件和其他政策措施。二是行政法规和国务院制定的其他政策措施、地方性法规。

（二）审查方式和程序

本条是原则性规定，没有对公平竞争审查的方式和流程作出规定。根据《意见》要求，政策制定机关的自我审查机制和程序如下：政策制定机关在政策制定过程中，要严格对照审查标准进行自我审查。经审查认为不具有排除、限制竞争效果的，可以实施；具有排除、限制竞争效果的，应当不予出台，或调整至符合相关要求后出台。没有进行公平竞争审查的，不得出台。制定政策措施及开展公平竞争审查应当听取利害关系人的意见，或者向社会公开征求意见。有关政策措施出台后，要按照政府信息公开条例要求向社会公开。

（三）审查标准

《意见》从维护全国统一市场和公平竞争的角度，从四个方面提出了判断制定的政策中是否包含阻碍、限制竞争因素的18项审查标准：

1. 市场准入和退出标准。包括：不得设置不合理和歧视性的准入和退出条件；公布特许经营权目录清单，且未经公平竞争，不得授予经营者特许经营权；不得限定经营、购买、使用特定经营者提供的商品和服务；不得设置没有法律法规依据的审批或者事前备案程序；不得对市场准入负面清单以外的行业、领域、业务等设置审批程序。

2. 商品和要素自由流动标准。包括：不得对外地和进口商品、服务实行歧视性价格和歧视性补贴政策；不得限制外地和进口商品、服务进入本地市场或者阻碍本地商品运出、服务输出；不得排斥或者限制外地经营者参加本地招标投标活动；不得排斥、限制或者强制外地经营者在本地投资或者设立分支机构；不得对外地经营者在本地的投资或者设立的分支机构实行歧视性待遇，侵害其合法权益。

3. 影响生产经营成本标准。包括：不得违法给予特定经营者优惠政策；安排财政支出一般不得与企业缴纳的税收或非税收入挂钩；不得违法免除特定经营者需要缴纳的社会保险费用；不得在法律规定之外要求经营者提供或者扣留经营者各类保证金。

4. 影响生产经营行为标准。包括：不得强制经营者从事反垄断法规定的垄断行为；不得违法披露或者要求经营者披露生产经营敏感信息，为经营者从事垄断行为提供便利条件；不得超越定价权限进行政府定价；不得违法干预实行市场调节价的商品和服务的价格水平。

此外，还有两项兜底规定：(1) 没有法律、法规依据，各地区、各部门不得制定减损市场主体合法权益或者增加其义务的政策措施；(2) 不得违反反垄断法，制定含有排除、限制竞争内容的政策措施。

(四) 例外规定

《意见》对违反审查标准的政策措施采取原则禁止的态度，同时，基于经济现实的复杂性，为实现更大的公共利益或者经济效率，对某些特殊政策作出例外规定，即四种情形的政策措施，如果具有排除和限制竞争的效果，在符合规定的情况下可以实施：一是为维护国家经济安全、文化安全或者涉及国防建设的；二是为实现扶贫开发、救灾救助等社会保障目的的；三是为实现节约能源资源、保护生态环境等社会公共利益的；四是法律、行政法规规定的其他情形。需要强调的是，适用例外规定的政策措施还必须符合三个条件：一是对实现政策目的不可或缺；二是不会严重排除和限制市场竞争；三是明确实施期限。对适用例外规定出台的政策措施，政策制定机关要逐年评估相关政策措施的实施效果；实施期限到期或未达到预期效果的政策措施，应当及时停止执行或者进行调整。

（五）监督和追责机制

根据《意见》要求，首先，对涉嫌违反公平竞争审查标准的政策措施，任何单位和个人有权举报，有关部门要及时予以处理；涉嫌违反反垄断法的，反垄断执法机构要依法调查核实，并向有关上级机关提出处理建议。案件情况和处理建议要向社会公开。政策制定机关要及时纠正排除和限制竞争的政策措施，维护公平竞争的市场秩序。其次，对未进行公平竞争审查或者违反公平竞争审查标准出台政策措施，以及不及时纠正相关政策措施的地方政府和部门，有关部门依法查实后要作出严肃处理。对失职渎职等需要追究有关人员党纪政纪责任的，要及时将有关情况移送纪检监察机关。

相关规定

《国务院关于在市场体系建设中建立公平竞争审查制度的意见》（国发〔2016〕34 号）；《公平竞争审查制度实施细则》。

第六条 经营者可以通过公平竞争、自愿联合，依法实施集中，扩大经营规模，提高市场竞争能力。

新旧条文对照

2022 年反垄断法	2007 年反垄断法
第六条 经营者可以通过公平竞争、自愿联合，依法实施集中，扩大经营规模，提高市场竞争能力。	**第五条** 经营者可以通过公平竞争、自愿联合，依法实施集中，扩大经营规模，提高市场竞争能力。

修改提示

本条未作修改。

条文主旨

本条是关于经营者集中的原则性规定。

条文解读

反垄断法意义上的经营者集中，是指为了达到特定的经济目的，通过一定方式和手段而形成的经营者之间的资产、人员等因素的融合。在一些国家和有关国际组织的反垄断立法中，经营者集中又被称为经营者“合并”“并购”或者“结合”等。本法对经营者集中没有作定义性的规定，只是对其形式进行了列举。根据本法第二十五条的规定，经营者集中包括下列三种情形：(1) 经营者合并；(2) 经营者通过取得股权或者资产的方式取得对其他经营者的控制权；(3) 经营者通过合同等方式取得对其他经营者的控制权或者能够对其他经营者施加决定性影响。

集中是经营者扩大自身规模，提高竞争能力，以更好地参与市场竞争的一种重要手段。集中可以为经营者带来好处，如实现规模经济，降低单位产品的成本，节约交易费用，提高生产效率，实施多样化生产而降低市场风险。但是，经营者集中也可能减少甚至消灭市场上的竞争者，产生或者加强经营者的市场支配地位，从而对市场的有效竞争造成威胁。正因为经营者集中可能对市场竞争产生不利后果，对于经营者集中的控制，就成为反垄断法的一项重要任务，对于具有或者可能具有排除、限制竞争后果的经营者集中，反垄断法明确禁止。

经营者集中对市场竞争的影响，往往是长远的、潜在的，对经营者集中实施控制时需要考虑的因素有很多。反垄断法需要根据本国经济的发展阶段、发展情况，本国企业的实际情况、市场竞争情况等因素，决定如何对经营者集中实施控制以及控制到什么程度。从国外的立法例看，不少国家和地区的反垄断立法对经营者集中的规范，一般都是依据立法时本国的实际情况作出的，有一个发展的过程。例如，德国在 1955 年制定反垄断法时，其草案中原本有控制经营者集中的内容，但由于联邦议会的反对，在

1957年颁布的德国《反对限制竞争法》中没有规定这一内容。直到1973年德国对《反对限制竞争法》进行第二次修订时，才将控制经营者集中的规定纳入法律。又如欧盟，其对垄断行为实施管制的依据是1957年制定的《欧洲经济共同体条约》，但在《欧洲经济共同体条约》中并没有控制经营者集中的内容，条约仅对垄断协议和滥用市场支配地位进行了规定。1989年，欧共体理事会通过的《关于控制企业合并的第4064/89号条例》，才在欧共体范围内确立控制经营者集中的制度。

我国的反垄断法在对经营者集中作出规定时，也要与我国经济发展的阶段性特点相适应。我国现阶段经济发展中仍然存在产业集中度不高、达不到规模经济的问题，与国外大企业相比更有很大差距，缺乏国际竞争力。因此，制定反垄断法，应从我国现阶段经济发展的实际情况出发，既要防止经营者过度集中形成垄断，又要有利于国内企业通过依法兼并做大做强、发展规模经济，提高产业集中度，增强竞争能力。本条正是依据上述原则，对经营者集中作了原则性的规定。

根据本条规定，经营者实施集中的，应遵循以下原则：

1. 经营者可以通过公平竞争、自愿联合，实施集中。根据我国当前的情况，经营者集中在一定程度上是有利于经济发展的，可以改善企业规模过小的情况，提高企业的生产效率和市场竞争力。特别是在经济全球化的条件下，鼓励国内企业通过经营者集中做大做强，提高国际竞争力，更有重要意义。因此，本条明确规定，经营者可以依法自愿实施集中。

2. 经营者集中应当依法进行。首先，经营者集中应当符合本法的规定。本法第四章以专章的形式对经营者集中进行了规定：经营者集中达到国务院规定的申报标准的，应当按照本法规定的程序事先向国务院反垄断执法机构申报，未申报的不得实施集中；经营者集中未达到国务院规定的申报标准，但有证据证明该经营者集中具有或者可能具有排除、限制竞争效果的，国务院反垄断执法机构可以要求经营者申报。经营者集中具有或者可能具有排除、限制竞争效果的，国务院反垄断执法机构应当作出禁止经营者集中的决定；国务院反垄断执法机构对不予禁止的经营者集中，可以决定附加减少集中对竞争产生不利影响的限制性条件。对本法关于规范经营者集中的规定，经营者在实施集中时，应当严格遵守。其次，经营者集中还要符合其他有关法律、法规的规定。例如，以公司合并的形式实施集中的，应当符合公司法关于公司合并的规定。又如，有的行业监管法律，如证券法等要求特定行业的经营者的重大事项变更应当经过核准，经营者在实施集中时也都要严格遵守。

相关规定

《中华人民共和国反垄断法》第二十五条至第三十八条。

第七条 具有市场支配地位的经营者，不得滥用市场支配地位，排除、限制竞争。

新旧条文对照

2022 年反垄断法	2007 年反垄断法
第七条 具有市场支配地位的经营者，不得滥用市场支配地位，排除、限制竞争。	**第六条** 具有市场支配地位的经营者，不得滥用市场支配地位，排除、限制竞争。

修改提示

本条未作修改。

条文主旨

本条是对禁止滥用市场支配地位的原则性规定。

条文解读

市场支配地位，是对具有控制市场能力的经营者状态的描述。按照本法第二十二条的规定，市场支配地位是指经营者在相关市场内具有能够控制商品价格、数量或者其他交易条件，或者能够阻碍、影响其他经营者进入相关市场能力的市场地位。

从经济效果上看，市场支配地位的产生在一定程度上是有利于经济发展的：（1）市场支配地位的产生，能够发挥生产的规模经济效果。在经济资源有限的前提下，市场支配地位所产生的集聚效应，能集中使用各种资源，减少成本，通过规模经济提高生产效率。（2）市场支配地位的产生，可以增强经营者的经济实力，使经营者拥有更加强大的研发能力，促进科技创新活动的发展，带动相关行业技术的革新，推动社会的科技进步。

但是，市场支配地位的产生也会影响市场竞争，可能给经济发展带来不利影响：（1）具有市场支配地位的经营者，如果滥用其所具有的控制市场的能力，实施排除、限制竞争的行为，将严重扭曲市场的竞争机制，减少甚至消灭竞争，抑制经济的发展。（2）具有市场支配地位的经营者，在市场上缺乏竞争压力，往往会使经营者丧失警觉性，忽略成本控制和生产力提高，降低资源的使用效率。（3）具有市场支配地位的经营者，仅仅通过提高产品价格就可以获得高额利润，而不必去进行科技创新、提高生产效率，在一定程度上会阻碍科技的发展和技术的进步，不利于整个行业的发展。

市场支配地位在带来规模经济好处的同时，会影响、限制市场的竞争，因此，对具有市场支配地位的经营者实施控制，就成为各国反垄断法的一项重要内容。本条也对这一问题作出了原则性规定。

本条对具有市场支配地位的经营者实施控制的规定主要包括两个方面的内容：

第一，反垄断法并不禁止经营者取得市场支配地位。

经营者取得市场支配地位，实践中一般是通过以下方式：(1) 通过国家授权而取得市场支配地位。对于一些特殊的产品，或者在一些关系国民经济命脉和国计民生的行业和领域，国家有意对其竞争秩序进行适当的控制，只允许一个或者少量经营者进入该行业或者领域进行竞争，以维护国家安全和社会公共安全。上述行业的经营者，依据国家的授权而自然取得市场支配地位。(2) 因行业的特殊性质而取得市场支配地位。在电力电网、铁路路网等需要通过大规模网络运营的行业，需要大量的基础设施投入才能生产经营，其投资周期长，资金回笼慢，需要大量资金支持，只有通过规模经济，才能降低产品成本，使边际成本低于平均成本。正因为这些行业的特殊性，如果多家企业投资经营，会造成资源的巨大浪费，这些行业的经营者也通常因此而取得市场支配地位。(3) 因竞争而产生市场支配地位。在激烈的市场竞争中，经营者通过减少成本、改善经营、改进技术，提高生产效率，从而不断扩大市场份额，并最终取得市场支配地位。这也是在竞争的市场环境中，经营者取得市场支配地位最常见的方式。

从经营者取得市场支配地位的方式看，市场支配地位的产生通常是通过合法的途径：基于国家的授权或者是通过合法的竞争。因此，反垄断法对市场支配地位本身不应持反对态度。特别是在经营者通过合法竞争取得市场支配地位的情况下，如果反垄断法反对市场支配地位，就会产生逻辑上的悖论：反垄断法是促进市场竞争的法律，经营者取得市场支配地位是合法竞争的结果，而这种结果又被反垄断法所禁止，这在理论上是说不通的。在实践中，有一种看法认为反垄断法就是反规模经济、反垄断状态，反对经营者取得市场支配地位。这其实是一种误解，市场支配地位的产生是市场竞争、经济发展的必然产物，本身并没有好坏之分，法律也不应予以禁止。许多国家和有关国际组织的反垄断立法也都采取这一原则，即经营者取得市场支配地位是法律所允许的；反垄断法只是禁止经营者滥用市场支配地位，排除、限制竞争。本条的规定也体现了这一原则。

第二，反垄断法禁止经营者滥用市场支配地位，排除、限制竞争。反垄断法并不反对经营者取得市场支配地位；但是，具有市场支配地位的经营者，拥有强大的经济实力，能够控制市场上商品的价格、数量和其他交易条件，这种地位对市场竞争是一种潜在的威胁，如果其滥用市场支配地位，从事排除、限制竞争的行为，将会严重影响市场竞争秩序。因此，各国和有关国际组织的反垄断立法都对经营者滥用市场支配地位，排除、限制竞争的行为予以严格禁止。

本条明确规定，具有市场支配地位的经营者，不得滥用市场支配地位，排除、限制竞争。至于什么样的行为属于“滥用”，应根据经营者的行为对市场竞争的影响进行判断。本法第二十二条对经营者滥用市场支配地位的行为作了列举式规定。经营者从事该条规定的行为，就属于滥用市场支配地位，为法律所严格禁止。

本条明确表明允许经营者通过合法途径取得市场支配地位，同时又明确规定禁止经营者滥用市场支配地位，排除、限制竞争，这样既可以消除人们对反垄断法是否会不利于促进国内企业做大、做强的担心，又可以对具有市场支配地位的经营者起到警示的作用，防止其滥用市场支配地位，损害消费者和其他经营者的合法权益，损害竞争。

相关规定

《中华人民共和国反垄断法》第二十二条至第二十四条。

第八条 国有经济占控制地位的关系国民经济命脉和国家安全的行业以及依法实行专营专卖的行业，国家对其经营者的合法经营活动予以保护，并对经营者的经营行为及其商品和服务的价格依法实施监管和调控，维护消费者利益，促进技术进步。

前款规定行业的经营者应当依法经营，诚实守信，严格自律，接受社会公众的监督，不得利用其控制地位或者专营专卖地位损害消费者利益。

新旧条文对照

2022年反垄断法	2007年反垄断法
第八条 国有经济占控制地位的关系国民经济命脉和国家安全的行业以及依法实行专营专卖的行业，国家对其经营者的合法经营活动予以保护，并对经营者的经营行为及其商品和服务的价格依法实施监管和调控，维护消费者利益，促进技术进步。 前款规定行业的经营者应当依法经营，诚实守信，严格自律，接受社会公众的监督，不得利用其控制地位或者专营专卖地位损害消费者利益。	**第七条** 国有经济占控制地位的关系国民经济命脉和国家安全的行业以及依法实行专营专卖的行业，国家对其经营者的合法经营活动予以保护，并对经营者的经营行为及其商品和服务的价格依法实施监管和调控，维护消费者利益，促进技术进步。 前款规定行业的经营者应当依法经营，诚实守信，严格自律，接受社会公众的监督，不得利用其控制地位或者专营专卖地位损害消费者利益。

修改提示

本条未作修改。

条文主旨

本条是关于特定行业经营者的经营行为的规定。

条文解读

我国一些特定的行业和领域，如电力电网、铁路路网、长距离输油输气管道等具有自然垄断性质的行业，以及其他关系国家安全和国民经济命脉的重点行业和领域，主要是由国有企业和国有控股企业经营的。此外，依照有关法律、行政法规的规定，对与公众健康和国家税收影响重大的烟草制品实行专卖制度。对这些特定行业经营者依法从事的经营活动，国家当然要给予保护。同时，由于这些行业的竞争受到限制，更需要国家对其经营者的经营行为加强监管和调控，包括依照价格法的规定，实行政府定价或者政府指导价，同时在这些行业中，也需要引导、推进经营者之间开展竞争，促进技术进步；对经营者滥用其市场支配地位损害消费者利益的行为，应当依法查处。

上述特定行业涉及国民经济命脉，与公众利益关系密切，其经营者的经营行为受到社会的广泛关注。针对实践中这些特定行业经营者收取高价或者服务态度、服务质量较差，损害消费者利益的行为，本条第二款作出了有针对性的规定，强调这些行业的经营者必须依法经营，严格自律，不得利用其控制地位或者专营专卖地位损害消费者利益。

第九条 经营者不得利用数据和算法、技术、资本优势以及平台规则等从事本法禁止的垄断行为。

新旧条文对照

2022 年反垄断法	2007 年反垄断法
第九条 经营者不得利用数据和算法、技术、资本优势以及平台规则等从事本法禁止的垄断行为。	

修改提示

本条是此次修改新增内容。

条文主旨

本条是关于经营者不得利用数据和算法、技术、资本优势以及平台规则进行垄断的原则性规定。

条文解读

近年来，我国平台经济等新业态快速发展，对推动经济高质量发展、满足人民日益增长的美好生活需要发挥了重要作用；同时，也存在平台垄断、竞争失序等问题，一些大型平台经营者滥用数据、技术、资本优势以及平台规则等实施垄断行为，进行无序扩张，导致妨碍公平竞争、抑制创业创新、扰乱经济秩序、损害消费者权益，迫切需要明确反垄断相关制度在平台经济领域的具体适用规则。

平台经济等新经济领域的垄断行为，因平台的商业模式创新和数字技术创新应用而表现出一些新的形式和特点，即较多利用数据、算法等，具有网络效应、锁定效应等。平台大量使用数据和算法，垄断行为较为隐蔽，发现和认定也更为困难。例如，与传统的垄断协议表现形式不同，平台经济领域的垄断协议行为可能是按照统一特定的定价算法作出的“算法共谋”，比较隐蔽；再如，平台经济领域通过大数据对消费者进行画像，在判断不同消费者的支付意愿的基础上，对消费者收取不同的费用，形成价格歧视。在网络效应下，同一产品用户的收益随着用户数量的增加而增加，如使用同一款通信软件的用户越多，这款软件对用户的价值就越大，吸引力就越强；同时，平台所服务的多边市场主体之间可能相互依存、相互影响，一边市场主体的数量对另一边市场的价值有着重要影响。例如，电子商务平台卖家越多，商品越丰富，对消费者的吸引力就越大；消费者越多，商品越容易卖出去，对卖家的吸引力就越大。双边市场甚至多边市场的特点，也使得界定相关市场变得更为困难。在锁定效应下，更早进入市场的平台或者具有更多资金、技术优势的平台往往在竞争中占据有利地位，用户由于使用习惯、网络效应、学习成本、迁移成本等原因，往往不会轻易转换到类似的中小平台上，后发竞争者很难超越先发平台。由于存在网络效应、锁定效应等，平台经济容易出现一家独大、赢者通吃的市场格局。

平台经济领域的垄断行为，从理论到实践，对原有的反垄断法律体系均形成了挑战，近年来很多国家和地区都加强了对平台经济等新经济领域垄断行为的监管和研究，研究普遍认为，虽然平台经济等新经济领域的垄断行为出现了一些新特点和新形式，但仍然总体上没有超出反垄断法所规制的三大行为，即达成垄断协议，滥用市场支配地位，具有或者可能具有排除、限制竞争效果的经营者集中，反垄断规则本身也比较具有原则性，现有的法律框架基本可以应对新经济发展带来的挑战。考虑到平台经济领域反垄断问题，情况较为复杂，理论和实践还在发展之中，这次修改反垄断法，对反垄断相关制度在平台经济领域的具体适用规则仅作了原则性规定，即在总则中明确，经营者不得利用数据和算法、技术、资本优势以及平台规则等从事本法禁止的垄断行为；同时结合具体垄断行为提出细化的规则条款，在“滥用市场支配地位”一章中对此作出针对性规定。

需要注意的是，反垄断的基本制度、规则原则和分析框架适用于平台经济领域经营者，同时，平台经济领域如何适用本法，判断经营者是否利用数据和算法、技术、资本优势以及平台规则等从事了本法禁止的垄断行为，还需要由相关的规章和指南进行细化。在细化的过程中，需要结合平台经济领域的特点，考虑其较多利用数据和算法、技术、资本优势以及平台规则等的情况。

相关规定

《中华人民共和国反垄断法》第三条、第二十二条。

第十条 行政机关和法律、法规授权的具有管理公共事务职能的组织不得滥用行政权力，排除、限制竞争。

新旧条文对照

2022年反垄断法	2007年反垄断法
第十条 行政机关和法律、法规授权的具有管理公共事务职能的组织不得滥用行政权力，排除、限制竞争。	**第八条** 行政机关和法律、法规授权的具有管理公共事务职能的组织不得滥用行政权力，排除、限制竞争。

修改提示

本条未作修改。

条文主旨

本条是关于禁止滥用行政权力，排除、限制竞争的原则性规定。

条文解读

1. 实践中，行政机关和法律、法规授权的具有管理公共事务职能的组织，滥用行政权力、排除限制竞争行为（以下简称行政性限制竞争行为）时有发生。有的地方政府为了保护本地的企业，实施地区封锁，限制外地商品进入本地市场；有的行政机关滥用行政权力，以拒绝给予行政许可等方式，在特定市场内限定他人只能购买其指定的经营者的商品等。这些行政性限制竞争行为，严重影响了商品要素资源在更大范围内畅通流动，不利于打破地方保护和市场分割，妨碍高效规范、公平竞争、充分开放的全国统一大市场的建立。

2. 从理论上来说，行政性限制竞争行为实质上是行政权力的不当行使，与经济活动中的垄断行为，存在显著差异，不属于反垄断法所应规范的对象，反垄断法也很难从根本上完全解决这一问题。为避免地方性封锁等行政性限制竞争行为，在反垄断法这一保护竞争的专门性、基础性法律中，继续重申对行政性限制竞争行为的禁止性规定，仍是必要的。本条对行政机关和法律、法规授权的具有管理公共事务职能的组织滥用行政权力，排除、限制竞争的行为进行原则性规定，本法第五章对实践中比较常见的行政性限制竞争行为作了专章规定。

本条对行政机关和法律、法规授权的具有管理公共事务职能的组织滥用行政权力，排除、限制竞争行为的规定包括以下内容：

1. 本条规范的对象是行政机关和法律、法规授权的具有管理公共事务职能的组织。与本法有关经济垄断的规定以经营者为规范对象不同，本条的规范对象不是经营者，而是拥有行政权力、行使行政管理职能的组织，包括行政机关和法律、法规授权的具有管理公共事务职能的组织。行政机关包括各级政府及政府所属的部门，具有管理公共事务职能的组织是指本身不属于行政机关，但通过法律、行政法规和地方性法规的授权而享有行政权力、行使行政管理职能的组织，这些组织经过授权而取得了行政管理的主体资格，可以自己的名义行使行政管理权，以自己的名义独立承担因行使行政管理权而引起的法律后果。

2. 本条禁止的是行政机关和法律、法规授权的具有管理公共事务职能的组织滥用行政权力，排除、限制竞争的行为。滥用行政权力排除、限制竞争行为，是指行政主体通过行政手段将行政管理直接或者间接地作用于经济竞争活动而产生的。行政机关和法律、法规授权的具有管理公共事务职能的组织为了履行其职责应当依法正当行使其行政管理职能，包括经济方面的行政管理职能，但不能滥用行政权力，排除、限制竞争。对于什么样的行为构成滥用行政权力，排除、限制竞争，本法并没有明确界定，一般应考虑以下因素：首先，该行为是否有法律或者政策依据，如果行政机关和法律、法规授权的具有管理公共事务职能的组织的行为是按照法律或者国家政策做出的，即使具有排除、限制竞争的效果，也不属于滥用行政权力的行为。

其次，该行为是否具有排除、限制竞争的效果，只有排除、限制竞争的行为才为反垄断法所禁止。实践中滥用行政权力，排除、限制竞争行为的表现形式很多，本法第五章对几种常见的行为进行了列举，包括限定单位和个人只能经营、购买、使用指定的经营者提供的商品；妨碍其他经营者进入相关市场或者对其他经营者实行不平等待遇；妨碍商品在地区之间自由流通和充分竞争；排斥或者限制经营者参加招标投标以及其他经营活动；排斥、限制、强制或者变相强制外地经营者在本地投资或者设立分支机构；强制经营者从事本法规定的垄断行为；制定含有排除、限制竞争内容的规定等。

2007年反垄断法实施后，原国家工商行政管理总局先后于2009年、2010年发布《工商行政管理机关制止滥用行政权力排除、限制竞争行为程序规定》（已废止）和《工商行政管理机关制止滥用行政权力排除、限制竞争行为的规定》（已废止），对反垄断法有关行政性限制竞争的规定进行细化。2019年国家市场监督管理总局发布《制止滥用行政权力排除、限制竞争行为暂行规定》，整合并更新了上述两个文件的内容。

需要注意的是，此次修改引入的"公平竞争审查制度"与"禁止滥用行政权力排除、限制竞争"有密切联系。国家建立健全公平竞争审查制度；行政机关和法律、法规授权的具有管理公共事务职能的组织在制定涉及市场主体经济活动的规定时，应当进行公平竞争审查。公平竞争审查制度，是事先审查，从源头上根治滥用行政权力排除、限制竞争的制度，要求包括各级政府在内的政策制定机关，在制定涉及市场主体经济活动的规定时，必须开展公平竞争审查，不得制定含有排除、限制竞争内容的规定。禁止“滥用行政权力排除、限制竞争”是针对已经发生的行政性限制竞争行为，由上级机关采取责令改正、对直接负责人员依法给予处分等措施。此次修改引入“公平竞争审查制度”，使其上升为法律制度，有助于从源头上规范行政机关和法律、法规授权的具有管理公共事务职能的组织的行为，防止滥用行政权力，排除、限制竞争。

相关规定

《中华人民共和国反垄断法》第五章；《制止滥用行政权力排除、限制竞争行为暂行规定》；《国务院关于禁止在市场经济活动中实行地区封锁的规定》。

第十一条　国家健全完善反垄断规则制度，强化反垄断监管力量，提高监管能力和监管体系现代化水平，加强反垄断执法司法，依法公正高效审理垄断案件，健全行政执法和司法衔接机制，维护公平竞争秩序。

新旧条文对照

2022 年反垄断法	2007 年反垄断法
第十一条　国家健全完善反垄断规则制度，强化反垄断监管力量，提高监管能力和监管体系现代化水平，加强反垄断执法司法，依法公正高效审理垄断案件，健全行政执法和司法衔接机制，维护公平竞争秩序。	

修改提示

本条是此次修改新增内容。

条文主旨

本条是关于国家加强反垄断法实施的原则性规定。

条文解读

“徒法不足以自行”。反垄断法的规定较为原则，这部法律的有效实施，离不开健全完善的配套规定和严格的执法、公正的司法。近年来，党中央高度重视反垄断问题，对完善反垄断规则制度、加强反垄断执法司法提出了明确要求，因此本条对此作出了原则性规定。

一、国家健全完善反垄断规则制度

2007年反垄断法通过后，国务院制定了一系列配套规定，不断健全和完善反垄断规则制度。国务院2008年出台了《关于经营者集中申报标准的规定》，并于2018年作了修订。国务院反垄断委员会先后于2009年发布了《关于相关市场界定的指南》，2019年发布了《关于知识产权领域的反垄断指南》《关于汽车业的反垄断指南》《垄断案件经营者承诺指南》《横向垄断协议案件宽大制度适用指南》，2020年发布了《经营者反垄断合规指南》，2021年发布了《关于平台经济领域的反垄断指南》《关于原料药领域的反垄断指南》。国务院反垄断执法机构相继颁布、修订了一系列有关反垄断法适用的规章，如《禁止垄断协议暂行规定》《禁止滥用市场支配地位行为暂行规定》《经营者集中审查暂行规定》《制止滥用行政权力排除、限制竞争行为暂行规定》《关于禁止滥用知识产权排除、限制竞争行为的规定》等，此外还制定了大量更为细化的规范性文件、指导意见、办事指南等。最高人民法院2012年发布了《关于审理因垄断行为引发的民事纠纷案件应用法律若干问题的规定》（2020年修正），2021年发布了《关于垄断行政案件管辖问题的通知》，并发布了一系列反垄断典型案例。

下一步，根据反垄断执法实践需要，特别是配合此次反垄断法修改，有关方面还应当进一步健全完善反垄断规则制度，构建起层级清晰、统一规范、科学完备的反垄断法律规则制度体系。

二、国家强化反垄断执法司法

本条规定，国家强化反垄断监管力量，提高监管能力和监管体系现代化水平，加强反垄断执法司法，依法公正高效审理垄断案件。

1. 反垄断执法方面。根据2007年反垄断法（已修改），国务院设立了反垄断委员会协调反垄断行政执法工作，并确定由国家发展改革委、商务部和原国家工商行政管理总局分工负责反垄断执法。其中国家发展改革委负责查处价格垄断行为，商务部负责经营者集中反垄断审查，原国家工商行政管理总局负责除了价格垄断行为以外的垄断协议、滥用市场支配地位、滥用行政权力排除限制竞争反垄断执法工作。2018年2月，党的十九届三中全会作出加强和优化政府反垄断职能的部署。根据中共中央《深化党和国家机构改革方案》和全国人民代表大会关于国务院机构改革方案的决定，组建国家市场监督管理总局，负责反垄断统一执法，整合了国家发展改革委、商务部、原国家工商行政管理总局的反垄断职责；同年12月，国家市场监督管理总局依法授权各省、自治区、直辖市人民政府市场监督管理部门，负责本行政区域内反垄断执法工作，建立起中央和省两级反垄断执法体制。2021年11月18日，国家市场监督管理总局加挂国家反垄断局牌子，并增加编制，充实竞争监管力量。国家反垄断局内设竞争政策协调司、反垄断执法一司、二司，分别负责反垄断政策研究和国际交流、垄断协议与滥用市场支配地位的执法以及经营者集中的审查与监督执行，进一步健全完善了我国反垄断执法的体制机制。同时，组建竞争政策与大数据中心，强化反垄断、竞争政策理论研究和技术支撑。

下一步，根据反垄断执法实践的需要，特别是配合此次反垄断法修改，国务院还应当进一步加强反垄断执法，严肃查处各类垄断行为，更好维护公平竞争秩序。

2. 反垄断司法方面。近年来，为加强反垄断司法，统一司法裁判标准，提高审判质量，人民法院采取了集中管辖、提高审判层级、增强审判人员专业性等一系列措施。一是，最高人民法院2012年发布的《关于审理因垄断行为引发的民事纠纷案件应用法律若干问题的规定》规定，第一审垄断民事纠纷案件，由省、自治区、直辖市人民政府所在地的市、计划单列市中级人民法院以及最高人民法院指定的中级人民法院管辖；经最高人民法院批准，基层人民法院可以管辖第一审垄断民事纠纷案件。最高人民法院2020年对该司法解释进行修改，增加了由知识产权法院审理第一审垄断民事纠纷案件的规定，删除了经最高人民法院批准基层人民法院管辖第一审垄断民事纠纷案件的规定。二是，最高人民法院2021年发布的《关于垄断行政案件管辖问题的通知》明确，对国务院反垄断执法机构涉及反垄断的行政行为依法提起诉讼的第一审行政案件，由北京知识产权法院管辖；对省、自治区、直辖市人民政府反垄断执法机构涉及反垄断的行政行为或者省、自治区、直辖市人民政府所作反垄断行政复议决定依法提起诉讼的第一审行政案件，由省、自治区、直辖市人民政府所在地具有垄断民事案件管辖权的中级人民法院管辖、知识产权审判部门审理；设立知识产权法院的，由其管辖。三是，2018 年 10 月，《全国人民代表大会常务委员会关于专利等知识产权案件诉讼程序若干问题的决定》明确，由最高人民法院审理垄断民事案件二审、行政案件二审以及对已经发生法律效力一审判决、裁定、调解书的审判监督。据此，最高人民法院于 2018 年 12 月设立知识产权法庭，负责相关工作。

下一步，有关人民法院还应当进一步加强反垄断司法，依法公正高效审理垄断案件，强化竞争政策基础地位，促进形成高效规范、公平竞争的国内统一市场。

三、国家健全行政执法和司法衔接机制

对垄断行为的处理，可能涉及反垄断行政执法、行政诉讼和普通民事诉讼、民事公益诉讼，需要处理好行政执法和司法的关系。本法第六十五条规定，对反垄断执法机构的决定（或者复议决定）不服的，可以依法提起行政诉讼。同时，本法第六十条规定，经营者实施垄断行为，给他人造成损失的，依法承担民事责任（即当事人可以依法提起反垄断民事诉讼）；经营者实施垄断行为，损害社会公共利益的，设区的市级以上人民检察院可以依法向人民法院提起民事公益诉讼。反垄断案件政策性强，对经营者影响大，社会关注度高，需要做好行政执法与行政诉讼，以及它们与民事诉讼在程序、规则等方面的协调。因此，本条特别强调，国家要健全行政执法和司法衔接机制，发挥出反垄断执法、司法合力，更好地维护公平竞争秩序。2021年，国务院反垄断委员会增加最高人民法院等为成员单位，将有利于国家进一步健全行政执法和司法的衔接机制。

相关规定

中共中央《深化党和国家机构改革方案》（2018 年 3 月印发）；《第十三届全国人民代表大会第一次会议关于国务院机构改革方案的决定》。

第十二条 国务院设立反垄断委员会，负责组织、协调、指导反垄断工作，履行下列职责：

（一）研究拟订有关竞争政策；

（二）组织调查、评估市场总体竞争状况，发布评估报告；

（三）制定、发布反垄断指南；

（四）协调反垄断行政执法工作；

（五）国务院规定的其他职责。

国务院反垄断委员会的组成和工作规则由国务院规定。

新旧条文对照

2022 年反垄断法	2007 年反垄断法
第十二条 国务院设立反垄断委员会，负责组织、协调、指导反垄断工作，履行下列职责： （一）研究拟订有关竞争政策； （二）组织调查、评估市场总体竞争状况，发布评估报告； （三）制定、发布反垄断指南； （四）协调反垄断行政执法工作； （五）国务院规定的其他职责。 国务院反垄断委员会的组成和工作规则由国务院规定。	**第九条** 国务院设立反垄断委员会，负责组织、协调、指导反垄断工作，履行下列职责： （一）研究拟订有关竞争政策； （二）组织调查、评估市场总体竞争状况，发布评估报告； （三）制定、发布反垄断指南； （四）协调反垄断行政执法工作； （五）国务院规定的其他职责。 国务院反垄断委员会的组成和工作规则由国务院规定。

修改提示

本条未作修改。

条文主旨

本条是关于国务院反垄断委员会的规定。

条文解读

一、国家设立反垄断委员会

根据2007年制定反垄断法时的部门职责分工，国务院确定由国家发展改革委、商务部和原国家工商行政管理总局三家机构负责反垄断执法；同时，还需要处理好反垄断执法机构与众多行业主管部门的关系。为保证反垄断执法的统一性、公正性和权威性，迫切需要一个机构从更高层面来组织、协调、指导反垄断工作。参考有关国家的做法，2007年反垄断法（已修改）第九条规定国务院设立反垄断委员会，并明确了其职责。2008年7月28日，国务院办公厅发布《关于国务院反垄断委员会主要职责和组成人员的通知》（国办发〔2008〕104号），明确了国务院反垄断委员会主要职责（同本条规定）和组成人员：国务院副总理王岐山任主任，商务部部长、发展改革委主任、工商总局局长、国务院有关副秘书长任副主任，14家单位的有关负责同志任委员；具体工作由商务部承担。

2018年年初，党和国家机构改革，虽然将分散的反垄断执法职责全部集中划归国家市场监管总局，但仍需要发挥国务院反垄断委员会把握宏观政策、协调反垄断执法机构与行业主管部门关系等方面的作用。2018年7月11日，国务院办公厅发布《关于调整国务院反垄断委员会组成人员的通知》（国办发〔2018〕51号），改由国务委员王勇任主任，市场监管总局局长、国务院有关副秘书长任副主任，14家单位的有关负责同志任委员，办公室设在市场监管总局。2021年，国务院反垄断委员会增加中央宣传部、中央网信办、公安部、最高人民法院为成员单位，进一步加强协同配合，统筹提升监管合力。

二、国务院反垄断委员会的职责

依据本条规定，国务院反垄断委员会的主要职责是组织、协调、指导反垄断工作，具体包括：

1. 研究拟订有关竞争政策。本法第四条第二款规定，国家坚持市场化、法治化原则，强化竞争政策基础地位，制定和实施与社会主义市场经济相适应的竞争规则，完善宏观调控，健全统一、开放、竞争、有序的市场体系。国务院反垄断委员会作为负责组织、协调、指导全国反垄断工作的机构，需要从宏观角度出发，综合分析我国的经济发展状况和市场结构，拟订符合我国国情的竞争政策，以更好维护市场竞争秩序。

2. 组织调查、评估市场总体竞争状况，发布评估报告。市场的竞争状况是反垄断执法的重要依据。认定一个行为是否构成反垄断法规定的垄断行为，要结合市场总体竞争状况判断其是否排除、限制市场竞争。因此，调查、评估市场总体竞争状况，并发布评估报告，为反垄断执法提供参考和依据，是国务院反垄断委员会的一项重要职责。

3. 制定、发布反垄断指南。反垄断执法工作是一项专业性很强的工作，经营者的行为是否排除、限制竞争，构成垄断行为，需要根据实际的市场竞争状况，运用经济分析等方法进行判断。从世界主要国家和地区的做法看，反垄断法主要构建起反垄断的基本制度框架，具体的、可操作性的内容还要依靠权威机构依法制定的反垄断指南来细化。本法将制定、发布反垄断指南的职责赋予了国务院反垄断委员会。国务院反垄断委员会需要按照法律的规定，根据我国的市场竞争状况和经济发展状况，适时制定、修改有关反垄断指南，以保证反垄断法在实践中得到正确、有效贯彻实施。实践中，国务院反垄断委员会先后于2009年发布了《关于相关市场界定的指南》，2019年发布了《关于知识产权领域的反垄断指南》《关于汽车业的反垄断指南》《垄断案件经营者承诺指南》《横向垄断协议案件宽大制度适用指南》，2020年发布了《经营者反垄断合规指南》，2021年发布了《关于平台经济领域的反垄断指南》《关于原料药领域的反垄断指南》。

4. 协调反垄断行政执法工作。首先，反垄断执法工作离不开有关主管部门的支持和配合，反垄断执法机构查处特定行业涉嫌垄断行为、规范特定行业竞争行为，可能需要相关行业主管部门协助提供行业竞争状况、督促相关企业配合调查、出台规范引导行业依法竞争的政策措施等。当反垄断执法机构和有关行业主管部门需要统一认识或者协同行动时，就可能需要国务院反垄断委员会进行协调。自2008年以来，国务院反垄断委员会的组成人员，除反垄断执法机构外，还包括工信部、国资委、银保监会、证监会、国家知识产权局等部门的负责同志，也从一个侧面印证了这一点。其次，根据本法第六十一条的规定，行政机关和法律、法规授权的具有管理公共事务职能的组织滥用行政权力，实施排除、限制竞争行为的，由上级机关责令改正，对直接负责的主管人员和其他直接责任人员依法给予处分；反垄断执法机构可以向有关上级机关提出依法处理的建议。如果国务院反垄断执法机构和有关上级机关需要统一认识或者协同行动，就可能需要国务院反垄断委员会进行协调，以保证反垄断执法工作的顺利进行。

5. 国务院规定的其他职责。除前面四项职责外，国务院可以根据实际需要，赋予国务院反垄断委员会其他职责，以更好地组织、协调、指导反垄断工作。

三、国务院反垄断委员会的组成和工作规则由国务院规定

本条只是对国务院反垄断委员会的设立和职责作了规定，至于国务院反垄断委员会如何设立，委员会由哪些机构、人员组成，委员会如何履行其职责，委员会的议事方式和工作规则的制定等事项，依照本条第二款的规定，由国务院作出具体规定。如前所述，国务院办公厅分别于 2008 年、2018 年两次发布通知，明确国务院反垄断委员会的主要职责和组成人员，2021 年增补了成员单位。同时，国务院于 2008 年发布《国务院反垄断委员会工作规则》，规定了反垄断委员会的主要职责、组成、会议制度、工作制度和工作程序等。

相关规定

《国务院办公厅关于国务院反垄断委员会主要职责和组成人员的通知》（国办发〔2008〕104号）；《国务院办公厅关于调整国务院反垄断委员会组成人员的通知》（国办发〔2018〕51号）。

第十三条　国务院反垄断执法机构负责反垄断统一执法工作。

国务院反垄断执法机构根据工作需要，可以授权省、自治区、直辖市人民政府相应的机构，依照本法规定负责有关反垄断执法工作。

新旧条文对照

2022年反垄断法	2007年反垄断法
第十三条　国务院反垄断执法机构负责反垄断**统一**执法工作。 国务院反垄断执法机构根据工作需要，可以授权省、自治区、直辖市人民政府相应的机构，依照本法规定负责有关反垄断执法工作。	**第十条**　国务院规定的承担反垄断执法职责的机构（以下统称国务院反垄断执法机构）依照本法规定，负责反垄断执法工作。 国务院反垄断执法机构根据工作需要，可以授权省、自治区、直辖市人民政府相应的机构，依照本法规定负责有关反垄断执法工作。

修改提示

此次修改，主要是将“国务院规定的承担反垄断执法职责的机构（以下统称国务院反垄断执法机构）”修改为“国务院反垄断执法机构”，并明确其负责反垄断“统一”执法工作。

条文主旨

本条是关于反垄断执法机构的规定。

条文解读

一、国务院反垄断执法机构负责反垄断统一执法工作

2007年反垄断法第十条第一款规定：“国务院规定的承担反垄断执法职责的机构（以下统称国务院反垄断执法机构）依照本法规定，负责反垄断执法工作。”实践中，国务院决定，反垄断执法由国家发展改革委、商务部和原工商行政管理总局分工负责。2018年，根据中共中央《深化党和国家机构改革方案》和第十三届全国人民代表大会关于国务院机构改革方案的决定，组建国家市场监督管理总局负责反垄断统一执法，整合了国家发展改革委、商务部、原工商行政管理总局的反垄断职责；2021年11月18日，国家市场监督管理总局加挂国家反垄断局牌子，并增加编制，充实竞争监管力量。确认上述改革成果，本条第一款

明确，“国务院反垄断执法机构”依照本法规定，负责反垄断“统一”执法工作。

强调国务院反垄断执法机构负责反垄断统一执法工作，主要有两层含义：一是国家层面，原来由商务部、国家发展改革委、原国家工商行政管理总局分散行使的反垄断执法权，已经统一由国家反垄断局行使，其他部门不再行使反垄断执法权。二是反垄断执法工作的专业性很强，为严格统一执法，同时考虑到建立全国统一、开放、竞争、有序的市场体系的需要，本法将反垄断执法作为中央事权，原则上应由国务院反垄断执法机构依据本法行使，地方政府及其部门未经授权不得行使反垄断法的执法权。

二、省级反垄断执法机构根据授权负责有关反垄断执法工作

考虑到我国的实际情况，所有的垄断案件都由国务院反垄断执法机构处理，可能工作量太大，负担太重，为此，本条第二款规定，国务院反垄断执法机构可以根据工作需要，授权省、自治区、直辖市人民政府相应的机构，依照本法规定负责有关的反垄断执法工作。依据该款规定，省级政府相关机构可以在国务院反垄断执法机构授权范围内，负责有关反垄断执法工作。

实践中，在2018年之前，三个国家反垄断执法机构对地方反垄断执法机构的授权不尽相同，如商务部依法未授权地方商务部门进行经营者集中审查，原国家工商总局一般对省级工商局查处垄断案件进行个案授权，国家发展改革委则对省级发改委查处价格垄断行为进行了普遍授权。2018 年统一反垄断执法机构后，国家市场监督管理总局作出《关于反垄断执法授权的通知》（国市监反垄断〔2018〕265 号），明确了授权各省级市场监管部门负责本行政区域内有关反垄断执法工作的范围。

相关规定

中共中央《深化党和国家机构改革方案》（2018 年 3 月印发）；《第十三届全国人民代表大会第一次会议关于国务院机构改革方案的决定》；国家市场监督管理总局《关于反垄断执法授权的通知》。

第十四条 **行业协会应当加强行业自律，引导本行业的经营者依法竞争，合规经营，维护市场竞争秩序。**

新旧条文对照

2022 年反垄断法	2007 年反垄断法
第十四条 行业协会应当加强行业自律，引导本行业的经营者依法竞争，**合规经营**，维护市场竞争秩序。	**第十一条** 行业协会应当加强行业自律，引导本行业的经营者依法竞争，维护市场竞争秩序。

修改提示

此次修改，主要是增加了行业协会应当引导本行业的经营者“合规经营”的规定。

条文主旨

本条是关于行业协会在市场竞争中应当发挥的作用的规定。

条文解读

一、行业协会

行业协会，一般是指由同行业经营者组成，实行行业服务和自律管理，根据章程开展活动，依法办理登记的社会团体法人。以“学会”“商会”“同业公会”“联合会”“促进会”“联盟”等名称命名，符合上述定义的社会团体法人，均可能构成本条所称的行业协会。一般来说，行业协会主要由处于同一经济阶段，提供相同或者近似的商品或者服务，相互竞争的经营者组成；同时，也可能包括处于不同经济阶段的上下游经营者。

行业协会是我国经济建设和社会发展的重要力量。改革开放以来，随着社会主义市场经济体制的建立和完善，行业协会发展迅速，在为政府提供咨询、服务企业发展、优化资源配置、加强行业自律、创新社会治理、履行社会责任等方面发挥了积极作用。21 世纪以来，我国加快推进行业协会的改革和规范，逐步建立体制完善、结构合理、行为规范、法制健全的行业协会体系，行业协会作为中介组织和自律性行业管理组织，在促进社会主义市场经济健康发展中发挥的作用越来越突出。2007 年，国务院办公厅发布《关于加快推进行业协会商会改革和发展的若干意见》（国办发〔2007〕36 号）强调行业协会担负着实施行业自律的重要职责，要围绕规范市场秩序，健全各项自律性管理制度，制定并组织实施行业职业道德准则，大力推动行业诚信建设，建立完善行业自律性管理约束机制，规范会员行为，协调会员关系，维护公平竞争的市场环境。2014 年，党的十八届四中全会决定提出，要支持行业协会商会类社会组织发挥行业自律和专业服务功能。发挥社会组织对其成员的行为导引、规则约束、权益维护作用。

二、行业协会与反垄断

行业协会对市场竞争的影响具有两面性：一方面，行业协会应当发挥出规范、促进行业发展，维护市场竞争秩序的积极作用；另一方面，行业协会也可能被利用作为组织本行业经营者排除、限制竞争的工具。因此，各国反垄断法都重视对行业协会的引导、规范。针对行业协会的特点，本法从两个方面作了规范。

一方面，加强正面引导，本条规定，行业协会应当加强行业自律，引导本行业的经营者依法竞争，合规经营，维护市场竞争秩序。具体包括：1. 行业协会应当加强行业自律。行业协会要根据行业发展要求，研究制定自律规约，积极规范会员企业生产和经营行为；自律规约要体现公平公正、诚实信用和正当竞争的原则，不得含有排除、限制竞争的内容；要加强自律规约的执行与监督，推动行业协会建立的行业性约束和惩戒机制与政府、市场、社会形成的约束和惩戒机制相衔接，形成联动效应。2. 行业协会应当引导本行业的经营者依法竞争。行业协会要在制定技术标准、调解行业纠纷、开拓国际市场、应对贸易摩擦等方面发挥积极作用，支持、引导本行业经营者提升竞争力，促进行业健康发展。行业协会要引导本行业经营者依照本法、反不正当竞争法以及价格法、广告法等相关法律、法规的规定，开展公平有序竞争。3. 行业协会应当引导本行业的经营者合规经营。近年来，国家高度重视加强经营者合规建设。国务院 2021 年印发的《“十四五”市场监管现代化规划》，将“市场主体诚信守法、合规经营的激励约束机制更加健全”作为市场监管现代化的基本原则。实践中，国务院反垄断委员会于 2020 年 9 月印发了《经营者反垄断合规指南》（国反垄发〔2020〕1 号），国家市场监督管理总局于 2021 年 11 月印发了《企业境外反垄断合规指引》（国市监反垄发〔2021〕72 号），有关行业协会要引导本行业相关企业认真学习、严格执行。

另一方面，加强反面规范，明确行业协会不能为了行业利益而组织实施排除、限制竞争的行为，否则将承担相应的法律责任。例如，本法第二十一条明确规定，行业协会不得组织本行业的经营者从事本章禁止的垄断行为（即达成垄断协议）。同时，第五十六条第四款规定了相应的法律责任：行业协会违反本法规定，组织本行业的经营者达成垄断协议的，由反垄断执法机构责令改正，可以处三百万元以下的罚款；情节严重的，社会团体登记管理机关可以依法撤销登记。

相关规定

《中华人民共和国反垄断法》第二十一条、第五十六条第四款；国务院反垄断委员会《经营者反垄断合规指南》；国家市场监督管理总局《企业境外反垄断合规指引》。

第十五条　本法所称经营者，是指从事商品生产、经营或者提供服务的自然人、法人和非法人组织。

本法所称相关市场，是指经营者在一定时期内就特定商品或者服务（以下统称商品）进行竞争的商品范围和地域范围。

新旧条文对照

2022 年反垄断法	2007 年反垄断法
第十五条 本法所称经营者，是指从事商品生产、经营或者提供服务的自然人、法人和**非法人组织**。 本法所称相关市场，是指经营者在一定时期内就特定商品或者服务（以下统称商品）进行竞争的商品范围和地域范围。	**第十二条** 本法所称经营者，是指从事商品生产、经营或者提供服务的自然人、法人和其他组织。 本法所称相关市场，是指经营者在一定时期内就特定商品或者服务（以下统称商品）进行竞争的商品范围和地域范围。

修改提示

此次修改，主要是将第一款中的“其他组织”修改为“非法人组织”。

条文主旨

本条是关于本法所称的“经营者”和“相关市场”定义的规定。

条文解读

一、“经营者”的界定

“经营者”界定了反垄断法的规制对象。经营者的界定，对垄断行为的认定和处罚额度具有重要影响。有的大型企业集团业务领域众多，下设的子公司、分公司等层级众多；在认定市场份额、市场支配地位、是否达到经营者集中申报标准时，在计算违法所得、上一年度销售额时，是将整个集团，还是将某个业务领域的某一级下属公司作为一个经营者进行分析，其结果可能会有根本性差别。

判断一个主体是否属于反垄断法上的经营者，关键在于它是否作为法律上和经济上的独立主体参与市场经济活动，而不在于它的具体组织形式。因此，本条第一款规定，本法所称经营者，是指从事商品生产、经营或者提供服务的自然人、法人和非法人组织。具体来说，要着重把握两点：

一是该主体从事商品生产、经营或者提供服务，即参与市场经济活动。反垄断法上的经营者，包括独立参与市场经济活动的各类主体，从主体性质上看，包括自然人、法人和非法人组织；从营业性质上看，包括生产者、经销者和服务提供者。

二是该主体具有法律上和经济上的独立性。经营者的一个显著特征是享有经营自主权，不具有独立性的企业部分，如工厂、分厂、销售网点等，不能被视为经营者。

二、“相关市场”的界定

“相关市场”是指在具体的案件中，竞争关系或者垄断行为所发生的市场。任何竞争行为（包括具有或可能具有排除、限制竞争效果的行为）均发生在一定的市场范围内。界定相关市场就是明确经营者竞争的市场范围，是分析经营者的市场行为是否构成垄断的基础，在反垄断案件中常常具有决定性的意义。在查处经营者达成垄断协议，滥用市场支配地位，具有或者可能具有排除、限制竞争效果的经营者集中等反垄断执法工作中，均可能涉及相关市场的界定问题。科学合理地界定相关市场，对识别竞争者和潜在竞争者、判定经营者市场份额和市场集中度、认定经营者的市场地位、分析经营者行为对市场竞争的影响、判断经营者行为是否违法以及在违法情况下需要承担的法律责任等关键问题，均具有重要的作用。例如，在反垄断调查中涉及被调查对象所占有的市场份额时，相关市场界定得越窄，作为被调查对象的经营者的市场份额就越大，一般认为其行为对该相关市场的竞争状况的影响也越大，因而反垄断执法机构对其进行反垄断审查和规制的可能性也就越大，反则反之。

本条第二款规定，本法所称相关市场，是指经营者在一定时期内就特定商品或者服务进行竞争的商品范围和地域范围。具体而言，界定“相关市场”需要考虑商品、地域和时间三个因素。

本条所称就特定商品或者服务进行竞争的“商品范围”，是指相关市场中的商品因素。分析商品因素，需要界定相关商品市场。相关商品市场，是根据商品的特性、用途及价格等因素，由需求者认为具有较为紧密替代关系的一组或一类商品所构成的市场。认定两个或者两个以上的商品是否属于构成竞争关系的相关商品市场范围，即是否属于“同一商品市场”，关键在于需求者认为它们之间是否具有可替代性（需求替代分析），执法实践中主要考虑以下因素：（1）需求者因商品价格或其他竞争因素变化，转向或考虑转向购买其他商品的证据。（2）商品的外形、特性、质量和技术特点等总体特征和用途。商品可能在特征上表现出某些差异，但需求者仍可以基于商品相同或相似的用途将其视为紧密替代品。例如，作为消暑食品的雪糕和冰淇淋曾被认定为属于同一个商品市场；而从维生素的特殊性能和不同用途出发，7 种维生素曾被认为属于 7 个不同的商品市场。（3）商品之间的价格差异。在通常情况下，替代性较强的商品价格比较接近，而且在价格变化时表现出同向变化趋势。在分析价格时，应排除与竞争无关的因素引起价格变化的情况。（4）商品的销售渠道。销售渠道不同的商品面对的需求者可能不同，相互之间难以构成竞争关系，则成为相关商品的可能性较小。例如，一般市场上出售的便宜香水和高级化妆品店出售的高级香水，虽然性质和用途相同，但是一般被认为属于不同的商品市场。（5）其他重要因素。如需求者偏好或需求者对商品的依赖程度；可能阻碍大量需求者转向某些紧密替代商品的障碍、风险和成本；是否存在区别定价等。此外，还可以从供给角度界定相关商品市场（供给替代分析），执法实践中主要考虑以下因素：其他经营者对商品价格等竞争因素的变化作出反应的证据；其他经营者的生产流程和工艺，转产的难易程度，转产需要的时间，转产的额外费用和风险，转产后所提供商品的市场竞争力，营销渠道等。

本条所称就特定商品或者服务进行竞争的“地域”范围，是指相关市场中的地域因素。分析地域因素，需要界定相关地域市场，即经营者销售特定商品时，消费者可以获取与之具有较为紧密替代关系的商品的地域范围。从需求替代的角度看，执法实践中主要考虑以下因素：（1）需求者因商品价格或其他竞争因素变化，转向或考虑转向其他地域购买商品的证据。（2）商品的运输成本和运输特征。相对于商品价格来说，运输成本越高，相关地域市场的范围越小，如水泥等商品；商品的运输特征也决定了商品的销售地域，如需要管道运输的工业气体等商品。（3）多数需求者选择商品的实际区域和主要经营者商品的销售分布。（4）地域间的贸易壁垒，包括关税、地方性法规、环保因素、技术因素等。如关税相对商品的价格来说比较高时，则相关地域市场很可能是一个区域性市场。（5）其他重要因素。例如，特定区域需求者偏好；商品运进和运出该地域的数量。此外，还可以从供给替代角度界定相关地域市场，执法实践中主要考虑以下因素：其他地域的经营者对商品价格等竞争因素的变化作出反应的证据；其他地域的经营者供应或销售相关商品的即时性和可行性，如将订单转向其他地域经营者的转换成本等。

本条所称“一定时期”，指的是在相关市场中的时间因素。当生产周期、使用期限、季节性、流行时尚性或知识产权保护期限等已构成商品不可忽视的特征时，界定相关市场还应考虑时间性。时间因素的作用体现在它对商品因素和地域因素的影响上。随着时间的推移，昔日的替代商品可能已经被淘汰，新的替代商品会应运而生，相关商品市场随之发生变化；同理，随着时间的推移，地区差异逐渐缩小，交通运输能力逐步提高，相关地域市场也相应地发生变化。

此外，在技术贸易、许可协议等涉及知识产权的反垄断执法工作中，可能还需要界定相关技术市场，考虑知识产权、创新等因素的影响。

在分析方法方面，在经营者竞争的市场范围不够清晰或不易确定，通过供给替代和需求替代方法界定相关市场存在困难时，反垄断执法机构还可能按照“假定垄断者测试”的分析思路来界定相关市场，即借助经济学工具分析所获取的相关数据，确定假定垄断者可以将价格维持在高于竞争价格水平的最小商品集合和地域范围，从而界定相关市场。

相关规定

《国务院反垄断委员会关于印发〈关于相关市场界定的指南〉的通知》；《国务院反垄断委员会关于汽车业的反垄

断指南》；《国务院反垄断委员会关于知识产权领域的反垄断指南》；《国务院反垄断委员会关于平台经济领域的反垄断指南》；《国务院反垄断委员会关于原料药领域的反垄断指南》。

第二章　垄断协议

第十六条　本法所称垄断协议，是指排除、限制竞争的协议、决定或者其他协同行为。

新旧条文对照

2022 年反垄断法	2007 年反垄断法
第十六条　本法所称垄断协议，是指排除、限制竞争的协议、决定或者其他协同行为。	**第十三条第二款**　本法所称垄断协议，是指排除、限制竞争的协议、决定或者其他协同行为。

修改提示

此次修改主要是将垄断协议的定义单独成条，进一步明确其既适用于横向垄断协议，也适用于纵向垄断协议。

条文主旨

本条是关于“垄断协议”定义的规定。

条文解读

一、垄断协议的概念

各国及国际组织对垄断协议的称谓并不完全相同，如德国将其称为“卡特尔”，法国将其称为“非法联合行为”，日本将其称为“不正当交易限制”，欧盟将其称为“限制竞争协议”。但对垄断协议的定义基本一致，即垄断协议的实施主体是两个以上的独立经营者；垄断协议的表现形式除书面或口头协议、决议外，还包括协同行为；垄断协议具有排除、限制竞争的目的或产生排除、限制竞争的效果。

本条规定，本法所称垄断协议，是指排除、限制竞争的协议、决定或者其他协同行为。其中，“协议”是指两个或者两个以上的经营者通过书面协议或者口头协议的形式，就排除、限制竞争的行为达成一致意见；“决议”是指企业集团或者其他形式的企业联合体以决议的形式，要求其成员企业共同实施的排除、限制竞争的行为；“其他协同行为”是指企业之间虽然没有达成书面或者口头协议、决议，但是相互进行了沟通，心照不宣地实施了协调的、共同的排除、限制竞争行为。在反垄断执法实践中，认定其他协同行为，一般会考虑下列因素：（1）经营者的市场行为是否具有一致性；（2）经营者之间是否进行过意思联络或者信息交流；（3）经营者能否对行为的一致性作出合理解释；

（4）相关市场的市场结构、竞争状况、市场变化等情况。

二、垄断协议的种类

传统上，按照参与协议的主体，可以将垄断协议分为横向垄断协议和纵向垄断协议。1. 横向垄断协议是指在生产或者销售过程中处于同一阶段的经营者之间，即竞争者之间（如生产商之间、批发商之间、零售商之间）达成的协议，本法第十七条对此作了列举，包括：（1）固定或者变更商品价格；（2）限制商品的生产数量或者销售数量；（3）分割销售市场或者原材料采购市场；（4）限制购买新技术、新设备或者限制开发新技术、新产品；（5）联合抵制交易；（6）国务院反垄断执法机构认定的其他垄断协议。2. 纵向垄断协议是指在生产或者销售过程中处于不同阶段的经营者之间（如生产商与批发商之间、批发商与零售商之间）达成的协议，本法第十八条对此作了列举，包括：（1）固定向第三人转售商品的价格；（2）限定向第三人转售商品的最低价格；（3）国务院反垄断执法机构认定的其他垄断协议。近年来，出现了经营者组织其产业链上游或者下游经营者达成垄断协议的情形（轴辐协议），其实质是以纵向协议的方式达成横向协议的效果，是一种横向、纵向混合行为。本法第十九条对以轴辐协议为代表的组织、帮助达成垄断协议行为增加了相应的规范：经营者不得组织其他经营者达成垄断协议或者为其他经营者达成垄断协议提供实质性帮助。

三、垄断协议的认定

经营者之间的协议、决议或者其他协同行为，是否构成反垄断法所禁止的垄断协议，应当以该协议是否排除、限制竞争为标准。但是，如果实践中对经营者之间的协议都进行全面的调查和复杂的经济分析，以确定其对竞争秩序的影响，将会耗费大量的执法成本。在长期经验积累的基础上，不少国家针对垄断协议的性质及其对竞争秩序的影响，在执法实践中形成了两种认定原则，即本身违法原则和合理分析原则。

1. 本身违法原则。经营者之间的一些协议、决议或者协同行为，一旦形成，必然会产生排除或者限制竞争的后果，通常对这类协议采取本身违法原则，即只要经营者的协议、决议或者协同一致的行为被证实存在，就构成垄断协议。从一些国家的经验看，适用本身违法原则的一般都是横向垄断协议，如固定价格协议、限制产量或者销量协议、划分市场协议等。适用本身违法原则的协议并不是固定不变的，随着情况的变化，对有些协议也适用合理分析原则。

2. 合理分析原则。即除适用本身违法原则的协议外，对其他协议是否会排除、限制竞争，要考虑协议所涉及的市场具体情况、协议实施前后的市场变化情况，以及协议的性质和后果等因素并进行合理分析。只有在分析后确认该协议确实排除、限制了市场竞争，才能认定为垄断协议。

在我国反垄断执法实践中，关于本身违法原则和合理分析原则的适用问题，表现为是反垄断执法机构应当承担举证责任，证明当事人的行为存在排除、限制竞争效果；还是反垄断执法机构只需要证明当事人存在法定情形，当事人应当承担举证责任，证明该行为不存在排除、限制竞争效果。对此，有关方面曾存在不同看法。总结我国执法实践经验，并参考域外国家做法，此次修改对此予以明确：对本法明确列举的典型横向垄断协议，一旦出现法定情形，即可认定构成垄断协议，不能通过反证不存在排除、限制竞争效果排除适用，也不能适用垄断协议安全港规则。对本法明确列举的典型纵向垄断协议，一旦出现法定情形，即推定构成垄断协议，但经营者可以通过反证不存在排除、限制竞争效果而排除适用，也可以通过证明其在相关市场的市场份额低于国务院反垄断执法机构规定的标准，并符合国务院反垄断执法机构规定的其他条件，而适用垄断协议安全港规则。对本法未明确列举的其他垄断协议情形（包括横向和纵向），应当按照“谁主张，谁举证”的原则，由国务院反垄断执法机构证明存在排除、限制竞争的目的或者效果。对于本法未明确列举的其他垄断协议情形能否适用安全港规则，本法也作了区分，其他横向垄断协议能否适用安全港规则，由国务院反垄断执法机构在认定时一并研究论证；符合规定标准和条件的其他纵向垄断协议则由本法第十八条第三款明确可以适用安全港规则。

相关规定

《中华人民共和国反垄断法》第二章、第五十六条、第五十九条、第六十条、第六十三条、第六十四条；国家市场监督管理总局《禁止垄断协议暂行规定》。

第十七条 禁止具有竞争关系的经营者达成下列垄断协议：

（一）固定或者变更商品价格；

（二）限制商品的生产数量或者销售数量；

（三）分割销售市场或者原材料采购市场；

（四）限制购买新技术、新设备或者限制开发新技术、新产品；

（五）联合抵制交易；

（六）国务院反垄断执法机构认定的其他垄断协议。

新旧条文对照

2022 年反垄断法	2007 年反垄断法
第十七条 禁止具有竞争关系的经营者达成下列垄断协议： （一）固定或者变更商品价格；	**第十三条第一款** 禁止具有竞争关系的经营者达成下列垄断协议： （一）固定或者变更商品价格；

2022 年反垄断法	2007 年反垄断法
（二）限制商品的生产数量或者销售数量； （三）分割销售市场或者原材料采购市场； （四）限制购买新技术、新设备或者限制开发新技术、新产品； （五）联合抵制交易； （六）国务院反垄断执法机构认定的其他垄断协议。	（二）限制商品的生产数量或者销售数量； （三）分割销售市场或者原材料采购市场； （四）限制购买新技术、新设备或者限制开发新技术、新产品； （五）联合抵制交易； （六）国务院反垄断执法机构认定的其他垄断协议。

修改提示

此次修改将原第十三条第二款垄断协议定义单独成条后，第一款关于横向垄断协议的规定也相应单独成条。

条文主旨

本条是关于禁止横向垄断协议的规定。

条文解读

相互处于竞争关系的经营者之间达成协议，称为横向协议。很多横向协议往往具有排除、限制竞争目的或者效果，因此，反垄断法对此作了严格限制。横向垄断协议的主要情形包括：

1. 固定或者变更商品价格。价格竞争是经营者之间最重要、最基本的竞争方式，因此，经营者之间通过协议、决议或者协同行为，固定或者变更商品价格的行为，是最为严重的反竞争行为。实践中，典型情形有：（1）固定或者变更价格水平、价格变动幅度、利润水平或者折扣、手续费等其他费用；（2）约定采用据以计算价格的标准公式、算法等；（3）限制参与协议的经营者的自主定价权；（4）通过其他方式固定或者变更价格。

2. 限制商品的生产数量或者销售数量。产品或者服务的供应数量减少，必然会导致价格上升，损害消费者利益，因此，经营者之间限制商品的生产数量或者销售数量的协议是典型的垄断协议。实践中，典型情形有：（1）以限制产量、固定产量、停止生产等方式限制商品的生产数量，或者限制特定品种、型号商品的生产数量；（2）以限制商品投放量等方式限制商品的销售数量，或者限制特定品种、型号商品的销售数量；（3）通过其他方式限制商品的生产数量或者销售数量。

3. 分割销售市场或者原材料采购市场。经营者之间分割地域、客户或者产品市场的行为限制了商品的供应，限制了经营者之间的自由竞争。实践中，典型情形有：（1）划分商品销售地域、市场份额、销售对象、销售收入、销售利润或者销售商品的种类、数量、时间；（2）划分原料、半成品、零部件、相关设备等原材料的采购区域、种类、数量、时间或者供应商；（3）通过其他方式分割销售市场或者原材料采购市场。其中，原材料还包括经营者生产经营所必需的技术和服务。

4. 限制购买新技术、新设备或者限制开发新技术、新产品。开发新技术、新产品，有利于丰富市场供给，降低生产经营成本，提高生产经营效率，既是一种有效的竞争手段，也有利于消费者利益。经营者通过协议对新技术、新设备的购买，以及新技术、新产品的开发作出限制，是减少竞争、破坏竞争的行为。实践中，典型情形有：（1）限制购买、使用新技术、新工艺；（2）限制购买、租赁、使用新设备、新产品；（3）限制投资、研发新技术、新工艺、新产品；（4）拒绝使用新技术、新工艺、新设备、新产品；（5）通过其他方式限制购买新技术、新设备或者限制开发新技术、新产品。

5. 联合抵制交易，又称集体拒绝交易，即协议各方联合起来不与其他竞争对手、供应商或者销售商交易。实践中，典型情形有：（1）联合拒绝向特定经营者供应或者销售商品；（2）联合拒绝采购或者销售特定经营者的商品；（3）联合限定特定经营者不得与其具有竞争关系的经营者进行交易；（4）通过其他方式联合抵制交易。

6. 国务院反垄断执法机构认定的其他垄断协议。考虑到实践中情况比较复杂，本条在对横向垄断协议作出具体列举的同时，又规定了兜底条款，即授权国务院反垄断执法机构可以对除本条列举外的横向协议是否属于本法规定的垄断协议作出认定。实践中，国务院反垄断执法机构认为，认定其他垄断性协议，应当考虑下列因素：（1）经营者达成、实施协议的事实；（2）市场竞争状况；（3）经营者在相关市场中的市场份额及其对市场的控制力；（4）协议对商品价格、数量、质量等方面的影响；（5）协议对市场进入、技术进步等方面的影响；（6）协议对消费者、其他经营者的影响；（7）与认定垄断协议有关的其他因素。

本法对垄断协议的界定，是以其是否排除、限制竞争为标准。所以对本条列举的协议，如果其符合本法第十六条关于垄断协议的定义，即属于垄断协议。反之，则不属于。

在此次修改过程中，有意见提出，对国务院反垄断执法机构认定的其他横向垄断协议，应当参照本法第十八条第三款的规定设置安全港。经研究认为，实践中，国务院反垄断执法机构极少应用此项兜底条款认定其他垄断协议，为其设置安全港意义不大；如反垄断执法机构应用兜底条款认定新型横向垄断协议，应当证明其具有排除、限制竞争的目的或者效果，并对相关安全港问题一并予以明确。

在此次修改过程中，有的意见建议，进一步强化反垄断司法，明确人民法院可以对本法明确列举的横向垄断协议以外的垄断协议进行认定；也有意见提出，垄断案件的处理，政策性较强，对经济生活影响较大，现行反垄断法对类型化垄断协议作了比较完善的列举式规定，所确定的以行政执法为主、行政与司法协调配合的体制，能够适应实践中反垄断执法司法的需要，由人民法院对法律明确列举以外的垄断行为进行认定是否合适，建议慎重研究。经研究后认为，现行反垄断法对垄断案件的民事诉讼和行政诉讼均作了规定，人民法院审理垄断案件，在作出判决时需要对是否构成垄断行为作出最终判断，其中包括对除了法律明确列举以外的垄断行为作出最终判断。此次修改反垄断法，主要是落实党中央有关决策部署，解决反垄断执法实践中的突出问题，是有限修改。考虑到这一问题实践探索的不足，各方分歧较大，法律可只对加强反垄断司法作出原则性规定（第十一条），由有关方面通过加强行政执法与司法的衔接，在实践中进一步研究探索、凝聚共识。

相关规定

《中华人民共和国反垄断法》第二章、第五十六条、第五十九条、第六十条、第六十三条、第六十四条；《国务院反垄断委员会关于汽车业的反垄断指南》；《国务院反垄断委员会关于知识产权领域的反垄断指南》；《国务院反垄断委员会关于平台经济领域的反垄断指南》；《国务院反垄断委员会关于原料药领域的反垄断指南》；国家市场监督管理总局《禁止垄断协议暂行规定》。

第十八条 禁止经营者与交易相对人达成下列垄断协议：

（一）固定向第三人转售商品的价格；

（二）限定向第三人转售商品的最低价格；

（三）国务院反垄断执法机构认定的其他垄断协议。

对前款第一项和第二项规定的协议，经营者能够证明其不具有排除、限制竞争效果的，不予禁止。

经营者能够证明其在相关市场的市场份额低于国务院反垄断执法机构规定的标准，并符合国务院反垄断执法机构规定的其他条件的，不予禁止。

新旧条文对照

2022年反垄断法	2007年反垄断法
第十八条 禁止经营者与交易相对人达成下列垄断协议： （一）固定向第三人转售商品的价格； （二）限定向第三人转售商品的最低价格； （三）国务院反垄断执法机构认定的其他垄断协议。 **对前款第一项和第二项规定的协议，经营者能够证明其不具有排除、限制竞争效果的，**	**第十四条** 禁止经营者与交易相对人达成下列垄断协议： （一）固定向第三人转售商品的价格； （二）限定向第三人转售商品的最低价格； （三）国务院反垄断执法机构认定的其他垄断协议。

2022 年反垄断法	2007 年反垄断法
不予禁止。 经营者能够证明其在相关市场的市场份额低于国务院反垄断执法机构规定的标准，并符合国务院反垄断执法机构规定的其他条件的，不予禁止。	

修改提示

此次修改，新增了第二款反证、第三款安全港的规定。

条文主旨

本条是关于禁止纵向垄断协议的规定。

条文解读

一、纵向垄断协议及其类型

纵向协议是指在生产或者销售过程中处于不同阶段的经营者之间（如生产商与批发商之间、批发商与零售商之间）达成的协议。由于纵向协议的经营者之间多数不具有竞争关系，本条将纵向协议界定为经营者与交易相对人之间达成的协议。

相互之间没有竞争关系的经营者之间的纵向协议，除少数涉及价格的协议外，多数不会排除、限制竞争，因而不属于反垄断法所禁止的垄断协议。比如，生产商与销售商签订的在一定区域内的独家销售协议，虽然排除了品牌内的竞争（排除了其他销售商在该区域销售该生产商的该种商品的行为)，但并没有排除甚至加剧了品牌间的竞争(其他生产商也可以与其他销售商签订独家销售协议)，并最终使消费者受益。考虑到多数纵向协议对竞争的危害不像横向协议那么直接或者明显，许多国家对其采取合理分析原则；但是，对涉及固定价格、最低限价的纵向协议，多数情况下采取本身违法原则。考虑到纵向协议的上述特点，借鉴国外实践经验，本条只对涉及价格的纵向垄断协议类型作了明确列举：

1. 固定向第三人转售商品的价格。实践中，典型情形有：固定向第三人转售商品的价格水平、价格变动幅度、利润水平或者折扣、手续费等其他费用。固定转售商品价格协议，与横向垄断协议中的固定价格协议一样，是最为严重的排除、限制竞争行为。

2. 限定向第三人转售商品的最低价格。实践中，典型情形有：直接限定向第三人转售商品的最低价格，或者通过限定价格变动幅度、利润水平或者折扣、手续费等其他费用限定向第三人转售商品的最低价格。限制最低转售价格，不利于保护消费者利益，是最为严重的排除、限制竞争行为。

此外，考虑到实践中情况非常复杂，本条在对纵向垄断协议作出具体列举的同时，又规定了兜底条款，即授权国务院反垄断执法机构可以对本条列举之外的纵向协议是否属于本法规定的垄断协议作出认定。实践中，国务院反垄断执法机构认为，认定其他垄断协议，应当考虑下列因素：(1) 经营者达成、实施协议的事实；(2) 市场竞争状况；(3) 经营者在相关市场中的市场份额及其对市场的控制力；(4) 协议对商品价格、数量、质量等方面的影响；(5) 协议对市场进入、技术进步等方面的影响；(6) 协议对消费者、其他经营者的影响；(7) 与认定垄断协议有关的其他因素。

本法对垄断协议的界定，是以其是否排除、限制竞争为标准。所以对本条列举的协议，如果其符合本法第十六条关于垄断协议的定义，即属于垄断协议。反之，则不属于。

二、纵向垄断协议的反证

即使对于涉及价格的纵向垄断协议，本条第二款也给了经营者反证的机会：对经营者与交易相对人达成的固定向第三人转售商品的价格、限定向第三人转售商品的最低价格的垄断协议，经营者能够证明其不具有排除、限制竞争效果的，不予禁止。据此，在举证责任分配上，行政机关需要证明经营者从事了纵向价格违法行为，经营者则需要证明其行为不具有排除、限制竞争效果。

三、纵向垄断协议的安全港

企业之间的合作是否构成垄断协议，是反垄断执法、司法实践中的难点，给企业合规带来了较大的不确定性。

随着经验积累，有的国家和地区总结提出，有些行为虽然符合垄断协议的定义，但是由于参与者市场份额较小，一般不会显著排除、限制竞争，因此无须进一步调查，即进入安全港。欧盟、美国和我国执法实践中都对垄断协议安全港作了规定。

（一）欧盟和美国关于垄断协议安全港规则的规定

1. 欧盟。《欧盟运行条约》第 101 条第（1）款对禁止垄断协议作了规定。在此基础上，2014 年发布的《欧盟委员会关于未构成〈欧盟运行条约〉第 101 条第（1）款中显著限制竞争的非重要协议的通告》、《为了界定可适用〈非重要协议通告〉的协议而制定的关于具有限制竞争“目的”的指南》规定了安全港规则：当协议对成员国间的贸易或竞争未产生显著影响时（即不会显著排除、限制竞争时），《欧盟运行条约》第 101 条第（1）款不予适用。适用该安全港规则，需要满足两个条件：第一，协议各方市场份额不得超过安全港门槛。例如，对横向协议，在受该协议影响的任何相关市场上，协议各方的总市场份额不超过 10%；对纵向协议，在受该协议影响的任何相关市场上，协议各方的市场份额均不超过 15%；如果难以确定协议是横向协议还是纵向协议，则适用 10% 的门槛。第二，安全港不适用于具有阻碍、限制或扭曲内部市场竞争目的的协议（类似于本法明确列举的典型垄断协议）。具有限制竞争“目的”的类型包括：竞争者之间有关固定价格、划分市场、数量限制、串通投标、联合抵制、交换未来价格和数量信息、限制研发或者使用自有技术的协议；以及非竞争者之间维持转售价格，对于买方、被许可人、供应商的销售限制的协议等。

2. 美国。美国联邦贸易委员会和司法部2000年联合发布的《竞争者之间合作反垄断指南》规定了两类安全港：一类是通用安全港。除特殊情况外，当合作及其参与者的总市场份额不超过各相关市场的20%时，执法当局不会挑战竞争者之间合作。另一类是适用于创新市场研发竞争分析的安全港。除特殊情况外，在创新市场，如果在该合作之外还存在三个或者更多的独立控制的研发活动，并且后者拥有与该合作可近似替代的必要特定资产、特征和研发激励，执法当局不会根据活动对竞争的影响挑战竞争者合作。需要强调的是，上述两类安全港均不适用于“本身违法”的协议（典型横向垄断协议）。

（二）我国关于垄断协议安全港规则的规定

我国2007年反垄断法未对垄断协议安全港规则作出规定。实践中，反垄断执法机构对此作了一些探索。例如，国务院反垄断委员会2019年发布的《关于知识产权领域的反垄断指南》第十三条规定，为了提高执法效率，给市场主体提供明确的预期，设立安全港规则。安全港规则是指，如果经营者符合下列条件之一，通常不将其达成的涉及知识产权的协议认定为反垄断法第十三条第一款第六项和第十四条第三项规定的垄断协议（即禁止横向垄断协议和禁止纵向垄断协议的兜底条款），但是有相反的证据证明该协议对市场竞争产生排除、限制影响的除外。（一）具有竞争关系的经营者在相关市场的市场份额合计不超过20%；（二）经营者与交易相对人在受到涉及知识产权的协议影响的任一相关市场上的市场份额均不超过30%；（三）如果经营者在相关市场的份额难以获得，或者市场份额不能准确反映经营者的市场地位，但在相关市场上除协议各方控制的技术外，存在四个或者四个以上能够以合理成本得到的由其他经营者独立控制的具有替代关系的技术。2020年10月发布的《国家市场监督管理总局关于禁止滥用知识产权排除、限制竞争行为的规定》第五条也作出类似规定。根据上述规定，知识产权领域垄断协议的安全港不适用于反垄断法明确列举的典型垄断协议，仅适用于兜底条款规定的其他垄断协议；协议进入安全港后，可以通过反证其具有排除、限制竞争效果而退出（本法通过后，上述规则可能根据本法规定作相应调整）。

国务院提请全国人大常委会审议的反垄断法修正草案对垄断协议安全港规则作了规定：经营者能够证明其在相关市场的市场份额低于国务院反垄断执法机构规定的标准的，不适用本法第十六条（禁止横向垄断协议）、第十七条（禁止纵向垄断协议）、第十八条（禁止组织、帮助达成垄断协议）的规定，但有证据证明该经营者达成的协议排除、限制竞争的除外。对此，有的地方、部门、单位和专家学者建议对引入安全港规则再作斟酌；有的建议明确，对于严重限制竞争的横向垄断协议，不适用安全港规则；有的建议明确，安全港规则仅适用于本法未明确列举的垄断协议；有的提出，进入安全港以后还可能被反垄断执法机构证明该协议排除、限制竞争，导致安全港不安全。经研究认为：（1）法律明确列举的横向垄断协议，均为实践证明严重排除限制竞争的协议，对其不应适用安全港规则；对法律未明确列举的横向垄断协议，我国国务院反垄断执法机构极少应用兜底条款进行认定，为其设置安全港意义不大；如反垄断执法机构应用兜底条款认定新型横向垄断协议，应当证明其具有排除、限制竞争的目的或者效果，并对相关安全港问题一并予以明确。（2）对法律未明确列举的纵向垄断协议适用安全港规则，各方面存在共识；从我国实际情况看，对法律明确列举的纵向价格垄断协议适用安全港规则，有利于执法机构节约执法资源，集中力量查处大案要案，同时有利于经营者对行为后果进行自我判断，增强法律的确定性、可预期性。（3）为解决安全港不安全问题，将反垄断执法机构可以事后通过反证推翻，修改为国务院反垄断执法机构应当事先明确其他适用条件。因此，将相关规定移作本条第三款规定，即对经营者与交易相对人达成的纵向垄断协议，“经营者能够证明其在相关市场的市场份额低于国务院反垄断执法机构规定的标准，并符合国务院反垄断执法机构规定的其他条件的，不予禁止”。

此次修改过程中，有的意见建议，进一步强化反垄断司法，明确人民法院可以对本法明确列举的纵向垄断协议以外的垄断协议进行认定；也有意见提出，垄断案件的处理，政策性较强，对经济生活影响较大，现行反垄断法对类型化垄断协议作了比较完善的列举式规定，所确定的以行政执法为主、行政与司法协调配合的体制，能够适应实践中反垄断执法司法的需要，由人民法院对法律明确列举以外的垄断行为进行认定是否合适，建议慎重研究。经研究后认为，现行反垄断法对垄断案件的民事诉讼和行政诉讼均作了规定，人民法院审理垄断案件，在作出判决时需要对是否构成垄断行为作出最终判断，这其中包括对法律明确列举以外的垄断行为作出最终判断。此次修改反垄断法，主要是落实党中央有关决策部署，解决反垄断执法实践中的突出问题，是有限修改。考虑到这一问题实践探索不足，各方分歧较大，法律可只对加强反垄断司法作出原则规定（第十一条），由有关方面通过加强行政执法与司法的衔接，在实践中进一步研究探索、凝聚共识。

相关规定

《中华人民共和国反垄断法》第二章、第五十六条、第五十九条、第六十条、第六十三条、第六十四条；国家市场监督管理总局《禁止垄断协议暂行规定》。

第十九条 经营者不得组织其他经营者达成垄断协议或者为其他经营者达成垄断协议提供实质性帮助。

新旧条文对照

2022 年反垄断法	2007 年反垄断法
第十九条 经营者不得组织其他经营者达成垄断协议或者为其他经营者达成垄断协议提供实质性帮助。	

修改提示

本条是此次修改新增内容。

条文主旨

本条是关于禁止组织、帮助达成垄断协议的规定。

条文解读

2007 年反垄断法第十三条规定禁止经营者之间达成横向垄断协议，第十四条规定禁止经营者与交易相对人达成纵向垄断协议，第十六条规定禁止行业协会组织本行业经营者达成垄断协议；在此之外，实践中出现了经营者组织其产业链上游或者下游的经营者之间达成垄断协议的情况

（学理上称为轴辐协议），既不属于典型的横向垄断协议，又不属于典型的纵向垄断协议；2021 年国务院反垄断委员会发布《关于平台经济领域的反垄断指南》《关于原料药领域的反垄断指南》对相关问题作了探索。总结实践经验，本条增加了关于轴辐协议的规范，同时将实践中可能还存在的其他组织、帮助行为达成垄断协议的行为一并纳入调整范围。

一、轴辐协议的基本情况

轴辐协议，又称中心辐射型垄断协议，是处于产业链上下游的经营者之间达成的一种排除、限制竞争的协议，由一个经营者（轴心经营者）与其上游或者下游的多个经营者（轮缘经营者）分别订立相互平行的纵向协议，轮缘经营者之间经由轴心经营者达成横向合谋，实现排除、限制竞争的目的。这种垄断协议类似马车或者自行车的车轮，轴心经营者相当于车轴，轮缘经营者相当于辐条，因此被形象地称为轴辐协议。

轴辐协议主要有以下特点：

一是，轴辐协议中既有纵向关系，又有横向关系。纵向关系是轴心经营者与轮缘经营者之间订立纵向协议建立的，该纵向协议可能是纵向垄断协议，也可能是合法形式的代售、寄售等协议，是“明”的安排。横向关系是轮缘经营者之间“暗”的合谋，认定轴辐协议的关键就是确认横向合谋存在。这一“暗”的合谋不是轮缘经营者之间直接协商达成的，而是分别经由与轴心经营者签订相互平行的纵向协议间接达成的，是一种协同行为。

二是，轴辐协议既可以由轴心经营者主导达成，也可以由轮缘经营者主导达成。轴心经营者主导时，设计整体方案，并在轮缘经营者之间来回穿梭，协调轮缘经营者取得合谋共识，这是轴辐协议的典型做法。在轮缘经营者主导时，轴心经营者往往只是利用轮缘经营者的合谋获取自身利益。

三是，轴心经营者既可以处于产业链上游，也可以处于下游。当轴心经营者处于上游时，如制造商与多个销售商达成轴辐协议，主要是排除、限制品牌内的竞争；当轴心经营者处于下游时，如销售商与多个制造商达成轴辐协议，主要是排除、限制品牌间的竞争。

四是，轴辐协议既可以排除、限制轮缘经营者层面的竞争，也可以排除、限制轴心经营者层面的竞争。（1）在轮缘经营者层面，由于多个轮缘经营者之间自发达成横向垄断协议存在一定的技术性困难，如所销售的商品不完全相同、商品成本结构不同，在市场变化时难以就价格调整及时取得一致等。通过轴辐协议，轴心经营者可在多个轮缘经营者之间进行信息传递和沟通协调，便于组织达成横向垄断协议获得垄断利益，且使这一横向合谋更加隐蔽，起到掩盖作用。同时，横向垄断协议具有不稳定性，经营者之间信息不对称，往往会有经营者背地里违反协议，导致横向垄断协议因陷入信任危机而瓦解。通过轴辐协议，轴心经营者可以监督横向垄断协议的执行、对违反协议者进行惩罚，保障协议有效实施。（2）在轴心经营者层面，轴心经营者可通过轴辐协议，使其上游或者下游的多个轮缘经营者联合抵制轴心经营者的竞争对手，或者设定苛刻的交易条件排挤该竞争对手，从而扩大轴心经营者的市场份额，使其获得垄断利益。还有一些轴辐协议，通过复杂的机制安排，可以同时排除、限制轴心经营者、轮缘经营者两个层面的竞争，使相关经营者共同获得垄断利益。

二、部分国家处理轴辐协议的法律依据和执法实践

从目前掌握的情况来看，在域外的反垄断立法中，没有关于轴辐协议的专门规定。同时，欧盟、美国、德国、英国、日本等国家和地区在反垄断法中，一般都有关于垄断协议的一般禁止性规定，这类规定通常较为原则、宽泛，包容性强，为实践中处理轴辐协议案件提供了充分的空间。

例如，美国《谢尔曼法》第一条规定，任何限制州际间或与外国之间的贸易或商业的契约，以托拉斯形式或其他形式的联合，或共谋，都是非法的。任何人签订上述契约或从事上述联合或共谋，将构成重罪。美国近年来比较有影响的轴辐协议案件，主要是 2000 年玩具反斗城案、2013 年苹果电子书案。在玩具反斗城案中，玩具反斗城是美国最大的玩具销售商，为应对仓储式玩具销售商（实行低价批发的经营策略）的竞争，玩具反斗城（轴心经营

者）分别与十多家玩具制造商（轮缘经营者）签订一系列独家销售协议（纵向协议），约定制造商只向玩具反斗城提供相关商品。制造商与玩具反斗城签署独家销售协议，减少了销售渠道，利益受到损失，但制造商担心仓储式销售商的经营策略会使自己以后难以涨价，出于维护长期利益的考虑，在“竞争对手参加我就参加、竞争对手退出我就退出”的前提下（横向合谋），接受了玩具反斗城独家销售协议。法院认为，玩具反斗城在制造商之间来回穿梭，组织了横向垄断的交易计划；同时，制造商知道整体性交易计划的存在，且知道竞争对手也会参加该项计划，事实上各方也积极实施了该项计划，据此认定横向合谋成立，整个交易构成轴辐协议。在苹果电子书案中，亚马逊电商平台在电子书市场中占有支配地位，其与多家出版商签订寄售协议，约定在纸质书出版的数个月后，出版商通过平台以 9.99 美元的低价销售电子书（“批发模式”）。出版商对电子书的定价不满，且担心会降低消费者预期、影响纸质书的价格，但难以对抗亚马逊。为此，苹果公司（轴心经营者）分别与多家出版商（轮缘经营者）签订电子书代售协议（纵向协议），约定：出版商在苹果 iBook 应用上自行定价销售电子书，而苹果收取销售收入 30%的佣金，并享受“最惠国待遇”（即出版商在苹果平台的电子书的价格，不得高于其他任何平台的销售价格），且可以早于亚马逊上市电子书。相关协议实施后，苹果公司迅速扩大了电子书销售市场份额（先于亚马逊上市且售价相同）；出版商虽然在与苹果公司的交易中减少了电子书销售利润（支付了 30%的佣金），但通过扶植竞争对手取得了迫使亚马逊妥协的力量，亚马逊被迫放弃了“批发模式”，将电子书价格上调为 12.99 美元，出版商达到了提高电子书销售价格的目的。法院认为，苹果为多家出版商精心设计了电子书销售的“代理模式”，并向各家出版商说明“这是从亚马逊手中夺回定价权的唯一机会”，出版商之间通过与苹果的纵向协议达成横向合谋，以联合对抗下游交易对手的意图明显，相关协议构成轴辐协议。

三、我国关于禁止轴辐协议的探索

2007 年反垄断法将垄断协议划分为横向垄断协议、纵向垄断协议，分别在第十三条、第十四条加以规定；同时在第十六条对行业协会组织经营者达成垄断协议作了禁止性规定；对于轴辐协议这类由经营者组织其他经营者达成的同时涵盖纵向、横向关系的垄断协议，没有作出专门规定。在反垄断执法实践中，一般是将轴辐协议拆分为横向、纵向两个法律关系分别处理，对其中的横向垄断协议，依据反垄断法第十三条的规定处理；对其中的纵向协议，如不属于纵向垄断协议，则不按反垄断法处理。

实践中影响较大的轴辐协议案件，主要是 2012 年某市保险业垄断案、2017 年异烟肼原料药案等。

2007 年 6 月，某市保险行业协会牵头组织 11 家保险公司（轮缘经营者）与某保险经纪公司（轴心经营者）共同成立新车保险服务中心，约定各保险公司新车保险业务必须在新车保险服务中心办理，同时划分了各保险公司的市场份额，并固定了保险服务价格（横向合谋）。2012 年某省物价局对该案进行了查处，依照反垄断法第十三条、第十六条等规定，对某市保险行业协会和 6 家保险公司（另有 5 家保险公司因市场份额较小且在调查中提供了关键证据免于处罚）合计罚款 219 万元，但对于作为轴心经营者的某保险经纪公司，只是移交有关部门处理，由于缺乏反垄断法的依据，没有对其进行反垄断处罚。

2014 年，作为异烟肼原料药（用于结核病治疗）生产商的赛科公司、德威公司（均为轮缘经营者），分别与下游的某销售商和医药有限公司（轴心经营者）达成独家销售协议，赛科公司、德威公司仅向某销售商和其指定企业提供异烟肼原料药，拒绝向其他企业提供。2017 年市面上异烟肼原料药价格较 2016 年上升 3.52 倍。2017 年国家发改委对该案进行了查处，因赛科、德威共同具有相关市场支配地位，按照反垄断法关于滥用市场支配地位的规定对相关当事方进行了处罚。有学者认为，本案实际上是具有竞争关系的经营者借由产业链下游经营者达成横向价格合谋的轴辐协议案件，反垄断执法机构按照滥用市场支配地位定性查处，没有对该案的反竞争实质作出准确评价。

2021 年 2 月，国务院反垄断委员会发布《关于平台经济领域的反垄断指南》，其中第八条对平台经济领域的轴辐协议作了规定：具有竞争关系的平台内经营者可能借助与平台经营者之间的纵向关系，或者由平台经营者组织、协调，达成具有横向垄断协议效果的轴辐协议。2021 年 11 月，国务院反垄断委员会发布《关于原料药领域的反垄断指南》，其中第九条规定，经营者不得组织原料药经营者达成垄断协议或者为其达成垄断协议提供实质性帮助。具有竞争关系的原料药经营者可能借助与其他经营者之间的纵向关系，或者由其他经营者组织、协调，达成具有横向垄断协议效果的轴辐协议。分析该协议是否属于反垄断法第十三条（即修改后的反垄断法第十七条）规制的垄断协议，主要考虑原料药经营者是否应知或者明知其他经营者与同一原料药经销企业签订相同、相似或者具有相互配合关系的协议。

四、本条关于禁止组织、帮助达成垄断协议的规定

总结实践中规范轴辐协议的经验，同时将其他组织、帮助达成垄断协议的行为一并纳入调整范围，本条规定，经营者不得组织其他经营者达成垄断协议或者为其他经营者达成垄断协议提供实质性帮助。同时，本法第五十六条第二款增加了相应的处罚规定，即适用经营者达成垄断协议的处罚规定。适用本条规定，应当把握以下几点：

1. 本条规制的对象是为他人达成垄断协议起到组织或者实质性帮助作用的经营者。对相互竞争的经营者之间达成的横向垄断协议、经营者与交易相对人达成的纵向垄断协议，反垄断法第十七条、第十八条已经作了禁止性规定；因此本条主要是增加对组织者和实质性帮助提供者的规范。这些经营者虽然不是垄断协议所涉相关市场的经营者（如在轴辐协议中，轴心经营者与达成横向协议的经营者处于不同的经济阶段，没有竞争关系），但可能对垄断协议的达成发挥了重要作用，对其同样需要予以规制。

2. 本条规制的违法行为是“组织”其他经营者达成垄断协议或者为其他经营者达成垄断协议“提供实质性帮助”。“组织”其他经营者达成垄断协议，主观恶性明显，应当予以规制。为其他经营者达成垄断协议“提供实质性帮助”，一般是指某行为对达成（实施）垄断协议起到了实质性的作用。经营者从中穿针引线、组织协调、承担沟通渠道等可能被认定提供实质性帮助，但仅仅提供会议举办场所、交通便利、人员接送等一般不能被认定为提供实质性帮助。

相关规定

《中华人民共和国反垄断法》第二章、第五十六条、第五十九条、第六十条、第六十三条、第六十四条；《国务院反垄断委员会关于平台经济领域的反垄断指南》；《国务院反垄断委员会关于原料药领域的反垄断指南》。

第二十条 经营者能够证明所达成的协议属于下列情形之一的，不适用本法第十七条、第十八条第一款、第十九条的规定：

（一）为改进技术、研究开发新产品的；

（二）为提高产品质量、降低成本、增进效率，统一产品规格、标准或者实行专业化分工的；

（三）为提高中小经营者经营效率，增强中小经营者竞争力的；

（四）为实现节约能源、保护环境、救灾救助等社会公共利益的；

（五）因经济不景气，为缓解销售量严重下降或者生产明显过剩的；

（六）为保障对外贸易和对外经济合作中的正当利益的；

（七）法律和国务院规定的其他情形。

属于前款第一项至第五项情形，不适用本法第十七条、第十八条第一款、第十九条规定的，经营者还应当证明所达成的协议不会严重限制相关市场的竞争，并且能够使消费者分享由此产生的利益。

2022年反垄断法	2007年反垄断法
第二十条 经营者能够证明所达成的协议属于下列情形之一的，不适用本法**第十七条、第十八条第一款、第十九条**的规定： （一）为改进技术、研究开发新产品的； （二）为提高产品质量、降低成本、增进效率，统一产品规格、标准或者实行专业化分工的； （三）为提高中小经营者经营效率，增强中小经营者竞争力的； （四）为实现节约能源、保护环境、救灾救助等社会公共利益的； （五）因经济不景气，为缓解销售量严重下降或者生产明显过剩的； （六）为保障对外贸易和对外经济合作中的正当利益的； （七）法律和国务院规定的其他情形。 属于前款第一项至第五项情形，不适用本法**第十七条、第十八条第一款、第十九条**规定	**第十五条** 经营者能够证明所达成的协议属于下列情形之一的，不适用本法第十三条、第十四条的规定： （一）为改进技术、研究开发新产品的； （二）为提高产品质量、降低成本、增进效率，统一产品规格、标准或者实行专业化分工的； （三）为提高中小经营者经营效率，增强中小经营者竞争力的； （四）为实现节约能源、保护环境、救灾救助等社会公共利益的； （五）因经济不景气，为缓解销售量严重下降或者生产明显过剩的； （六）为保障对外贸易和对外经济合作中的正当利益的； （七）法律和国务院规定的其他情形。 属于前款第一项至第五项情形，不适用本法第十三条、第十四条规定的，经营者还应当证明所达成的协议不会严重限

2022 年反垄断法	2007 年反垄断法
的，经营者还应当证明所达成的协议不会严重限制相关市场的竞争，并且能够使消费者分享由此产生的利益。	制相关市场的竞争，并且能够使消费者分享由此产生的利益。

修改提示

此次修改，主要是将垄断协议豁免的适用范围，由横向垄断协议（原第十三条，现第十七条）、纵向垄断协议（原第十四条，现第十八条第一款），扩展至组织、帮助达成垄断协议（现第十九条）。

条文主旨

本条是关于垄断协议豁免的规定。

条文解读

一、垄断协议的豁免

垄断协议的豁免，是指经营者之间的协议、决议或者其他协同行为，虽然有排除、限制竞争的影响，但该类协议在其他方面所带来的好处要大于其对竞争的不利影响，因此法律对其予以豁免，排除适用反垄断法的禁止性规定。豁免制度是利益衡量的结果，即从经济效果和对限制竞争的影响进行利益对比，当“利大于弊”时，对该垄断协议排除适用反垄断法。

二、垄断协议豁免的情形

一些国家和地区对垄断协议的豁免情形作了规定。借鉴域外经验，并结合我国实际情况，本条规定对符合以下情形的垄断协议予以豁免：

1. 为改进技术、研究开发新产品的，即“研发卡特尔”。在激烈的市场竞争中，企业为了改进技术、研究开发新产品，有必要与其他企业进行合作。改进技术、研究开发新产品，可以提高生产效率，增加产品供给，有利于经济发展和消费者利益，相关协议应当予以豁免。欧美等国家和地区的反垄断相关规范中也多有类似规定。

2. 为提高产品质量、降低成本、增进效率，统一产品规格、标准或者实行专业化分工的，即“标准化卡特尔”或者“专业化卡特尔”。统一产品的规格、标准，主要是指经营者对各种原材料、半成品或者成品在性能、规格、质量、等级等方面规定统一要求，使商品之间具有可替代性和兼容性。实行专业化分工，是指经营者发挥各自专长，分工协作，使它们从生产多种商品的全能型企业转变为专门化企业，以优化资源配置、提高经济效率，实现经济合理化。这两种行为有利于提高产品质量、降低成本、增进效率、实现规模经济，有利于增加消费者福利，相关协议应当予以豁免。欧美等国家和地区的反垄断相关规范中也多有类似规定。

3. 为提高中小经营者经营效率，增强中小经营者竞争力的，即“中小企业合作卡特尔”。相对于大企业，中小企业在竞争中处于不利地位，因此需要在生产、研发、融资、管理、宣传、采购、销售等方面进行合作。“中小企业合作卡特尔”有利于中小企业降低成本，提高经营效率，增强竞争力，也可以使消费者获得质量更好、价格更低的产品，有利于消费者利益，相关协议应当予以豁免。欧美等国家和地区的反垄断相关规范中也多有类似规定。

4. 为实现节约能源、保护环境、救灾救助等社会公共利益的，即“公共利益卡特尔”。节约能源、保护环境、救灾救助等涉及社会公共利益的行为，有利于社会的持续发展，有利于人民群众的利益，相关协议应当予以豁免。

5. 因经济不景气，为缓解销售量严重下降或者生产明显过剩的，即“萧条卡特尔”或者“结构危机卡特尔”。这主要是针对特定经济时期作的规定。在经济不景气时，市场严重供大于求，销售量大幅度下降，生产大量过剩。在这种特定情况下，经营者达成限制产量或者销量等协议，可以减少社会资源浪费，有利于经济的恢复，相关协议应当予以豁免。

6. 为保障对外贸易和对外经济合作中的正当利益的，即“出口卡特尔”。对外贸易和对外经济合作主要是指货物进出口、技术进出口和国际服务贸易以及劳务输出等活动。为了保障我国对外贸易和经济合作中的正当利益，相关协议应当予以豁免。

7. 法律和国务院规定的其他情形。本项规定有两层含义：一是，除本条规定的豁免情形外，如果其他法律对垄断协议豁免的情形作了规定，则应当豁免适用本法；二是，本项还授权国务院可以在本法规定的豁免情形之外，规定其他的豁免情形。

三、垄断协议豁免的条件

很多国家和地区的反垄断法都对垄断协议的豁免条件作了规定。其中最为典型的是《欧盟运行条约》第 101 条第 3 款，即企业之间的任何协议，企业团体所作的任何决定、任何协同行为，如果满足以下四个条件，可以豁免适用禁止垄断协议的规定：（1）有助于改进生产或者分销产品，或者促进技术进步、经济进步；（2）使消费者公平分享由此产生的利益；（3）有关企业所受到的限制对于达到上述目标是不可缺少的；（4）在所涉及产品的相当范围内，没有排除竞争。

借鉴域外经验，并结合我国实际情况，本条第二款规定，属于前款第一项至第五项情形，不适用本法第十七条、第十八条第一款、第十九条规定的，经营者还应当证明所达成的协议不会严重限制相关市场的竞争，并且能够使消费者分享由此产生的利益。据此，即使符合法定情形，垄断协议的豁免也不是当然豁免，还要符合以下条件：一是，经营者应当证明所达成的协议不会严重限制相关市场的竞争。例如，因为达成垄断协议的经营者所占市场份额较小、垄断协议持续时间较短、相关市场进入门槛较低等原因，该协议不会严重限制相关市场的竞争。二是，经营者应当证明所达成的协议能够使消费者分享由此产生的利益。一些垄断协议有助于提升经济效率、降低成本、增加市场竞争，有其经济合理性，但企业不能独占该协议带来的获益，而应当将获益与消费者分享，如降低产品价格、增加产品供给、改进服务质量等，才可能获得垄断协议豁免。

相关规定

《中华人民共和国反垄断法》第二章。

第二十一条　行业协会不得组织本行业的经营者从事本章禁止的垄断行为。

新旧条文对照

2022 年反垄断法	2007 年反垄断法
第二十一条　行业协会不得组织本行业的经营者从事本章禁止的垄断行为。	**第十六条**　行业协会不得组织本行业的经营者从事本章禁止的垄断行为。

修改提示

本条未作修改。但是，在具体适用上，禁止行业协会组织垄断协议的情形，除原有的横向垄断协议、纵向垄断协议外，还包括经营者组织、帮助达成垄断协议的情形。

条文主旨

本条是关于行业协会不得组织垄断协议的规定。

条文解读

在市场经济条件下，行业协会在沟通本行业与政府的关系，为会员提供服务，实行行业自律，以及支持企业参与国际竞争等方面，发挥着重要作用。但行业协会的行为也存在限制竞争的可能性，特别是在本行业市场竞争激烈的时候，有些行业协会组织会员签订价格同盟协议等限制竞争的协议，排除、限制竞争。为此，许多国家和有关国际组织都将行业协会等经营者团体实施的排除、限制竞争行为纳入反垄断法的规制范围。

在我国，也出现过行业协会以“行业自律价”等形式搞价格同盟，或者组织会员企业联合限定产量等行为，限制了正常的市场竞争，损害了消费者利益。对此，本条明确规定，行业协会不得组织本行业经营者从事本章禁止的垄断行为，即不得组织经营者达成法律禁止的垄断协议，为依法禁止和查处这类违法行为提供了明确的法律依据。适用本条规定，应当把握以下几点：

1. 本条规制的对象是行业协会。行业协会，一般是指由同行业经营者组成，实行行业服务和自律管理，根据章程开展活动，依法办理登记的社会团体法人。一般来说，行业协会主要由处于同一经济阶段，提供相同或者近似的商品或者服务，相互竞争的经营者组成；同时，也可能包括处于不同经济阶段的上下游经营者。以“学会”“商会”“同业公会”“联合会”“促进会”“联盟”等名称命名，符合上述定义的社会团体法人，均可能构成本条所称的行业协会。对经营者之间达成的横向垄断协议、纵向垄断协议以及组织、帮助达成垄断协议的行为，反垄断法第十七条、第十八条、第十九条已经作了禁止性规定；因此本条主要规范的是作为组织者的行业协会。

2. 本条规制的违法行为是组织本行业的经营者从事本章禁止的垄断行为，包括达成横向垄断协议、纵向垄断协议以及组织、帮助达成垄断协议的行为。实践中，行业协会组织本行业的经营者达成垄断协议的方式可能很多，如在章程、自律规则中限定最低折扣比例，作出集体涨价的决议，提出限制产销量、分割市场的行业倡议，组织交换与固定转售价格有关的信息等，对此都应予以禁止。

3. 如果行业协会同时是法律、法规授权的具有管理公共事务职能的组织，则需要区分其行为是行使行政管理职能的行为，还是行使行业服务和自律管理职能的行为。对前者应当适用本法关于禁止滥用行政权力排除、限制竞争的规定，对后者应当适用本条规定。

相关规定

《中华人民共和国反垄断法》第十四条、第二章、第五十六条、第五十九条、第六十三条。

第三章　滥用市场支配地位

第二十二条　禁止具有市场支配地位的经营者从事下列滥用市场支配地位的行为：

（一）以不公平的高价销售商品或者以不公平的低价购买商品；

（二）没有正当理由，以低于成本的价格销售商品；

（三）没有正当理由，拒绝与交易相对人进行交易；

（四）没有正当理由，限定交易相对人只能与其进行交易或者只能与其指定的经营者进行交易；

（五）没有正当理由搭售商品，或者在交易时附加其他不合理的交易条件；

（六）没有正当理由，对条件相同的交易相对人在交易价格等交易条件上实行差别待遇；

（七）国务院反垄断执法机构认定的其他滥用市场支配地位的行为。

具有市场支配地位的经营者不得利用数据和算法、技术以及平台规则等从事前款规定的滥用市场支配地位的行为。

本法所称市场支配地位，是指经营者在相关市场内具有能够控制商品价格、数量或者其他交易条件，或者能够阻碍、影响其他经营者进入相关市场能力的市场地位。

新旧条文对照

2022 年反垄断法	2007 年反垄断法
第二十二条 禁止具有市场支配地位的经营者从事下列滥用市场支配地位的行为： （一）以不公平的高价销售商品或者以不公平的低价购买商品； （二）没有正当理由，以低于成本的价格销售商品； （三）没有正当理由，拒绝与交易相对人进行交易； （四）没有正当理由，限定交易相对人只能与其进行交易或者只能与其指定的经营者进行交易； （五）没有正当理由搭售商品，或者在交易时附加其他不合理的交易条件；	**第十七条** 禁止具有市场支配地位的经营者从事下列滥用市场支配地位的行为： （一）以不公平的高价销售商品或者以不公平的低价购买商品； （二）没有正当理由，以低于成本的价格销售商品； （三）没有正当理由，拒绝与交易相对人进行交易； （四）没有正当理由，限定交易相对人只能与其进行交易或者只能与其指定的经营者进行交易； （五）没有正当理由搭售商品，或者在交易时附加其他不合理的交易条件；

2022 年反垄断法	2007 年反垄断法
（六）没有正当理由，对条件相同的交易相对人在交易价格等交易条件上实行差别待遇； （七）国务院反垄断执法机构认定的其他滥用市场支配地位的行为。 **具有市场支配地位的经营者不得利用数据和算法、技术以及平台规则等从事前款规定的滥用市场支配地位的行为。** 本法所称市场支配地位，是指经营者在相关市场内具有能够控制商品价格、数量或者其他交易条件，或者能够阻碍、影响其他经营者进入相关市场能力的市场地位。	（六）没有正当理由，对条件相同的交易相对人在交易价格等交易条件上实行差别待遇； （七）国务院反垄断执法机构认定的其他滥用市场支配地位的行为。 本法所称市场支配地位，是指经营者在相关市场内具有能够控制商品价格、数量或者其他交易条件，或者能够阻碍、影响其他经营者进入相关市场能力的市场地位。

修改提示

此次修改，增加一款作为第二款，明确禁止滥用市场支配地位行为在平台经济领域的适用规则。

条文主旨

本条是关于禁止滥用市场支配地位的规定。

条文解读

（一）市场支配地位的概念

市场支配地位是指企业或企业集团能够左右市场竞争或者不受市场竞争机制的制约，即居于市场支配地位的企业不必被迫考虑竞争者或交易对手的反应就可以自由定价或者自由地作出其他经营决策。本条对市场支配地位概念的规定是：经营者在相关市场内具有能够控制商品价格、数量或者其他交易条件，或者能够阻碍、影响其他经营者进入相关市场能力的市场地位。简单来讲，就是经营者具有控制相关市场的能力，即控制相关市场交易条件的能力或者阻碍其他经营者进入该相关市场的能力。其中的相关市场是指经营者在一定时期内就特定商品或者服务（统称商品）进行竞争的商品范围和地域范围。其中的经营者可以是一个，也可以是数个经营者作为整体共同控制市场。

需要强调的是，反垄断法并不禁止经营者具有市场支配地位，而是禁止具有市场支配地位的经营者滥用市场支配地位，从事排除、限制竞争的行为。为此，本法在总则第七条中明确规定，具有市场支配地位的经营者，不得滥用市场支配地位，排除、限制竞争。

（二）滥用市场支配地位的概念和具体情形

滥用市场支配地位，是指具有市场支配地位的企业为维持或者增强其市场支配地位而实施的反竞争的行为，其特点是：（1）行为主体具有特定性，是在市场上具有支配地位的企业，而非其他企业。（2）行为目的具有特定性，即实施滥用行为是为了维持或增强其支配地位。（3）行为本身具有反竞争性，即滥用行为是排除、限制竞争的行为。

从一些国家和地区反垄断立法看，对禁止滥用市场支配地位行为的规范，采取两种方式。一是概括式，即只作原则性禁止，不具体规定所禁止的滥用行为，美国等国家采取这种方式；二是概括加列举式，即在作出原则性禁止规定的同时，列举一些典型的予以禁止的滥用行为，欧盟等采取这种方式。本条采取的是列举具体的滥用行为的方式。

本法规定的滥用市场支配地位行为的具体情形是：

（1）以不公平的高价销售商品或者以不公平的低价购买商品。这是指具有支配地位的企业凭借其地位在交易活动中以不公平的高价销售商品或者以不公平的低价购买商品，损害交易对方利益的行为。

（2）没有正当理由，以低于成本的价格销售商品。即掠夺性定价行为，是指具有市场支配地位的企业持续地以低于成本的价格销售商品，以便将竞争对手排挤出市场，阻止新的经营者进入市场以致成功地垄断该市场的行为。这种行为的代价是很高的，但支配企业期待将来实现的利润超过现在的损失，并能得到更多的利润。如果以低于成本的价格销售商品具有正当理由，则不属于本法规定的行为，如销售鲜活商品、处理有效期限即将届满的商品或者其他积压商品、进行季节性降价。

（3）没有正当理由，拒绝与交易相对人进行交易。即拒绝交易行为，是指制造商没有正当理由拒绝向购买者，尤其是零售商或者批发商销售商品的行为。制造商通过拒绝供货行为，可以强迫批发商或者零售商按照其规定的价格等条件销售商品，从而限制了该种商品的价格竞争，也会造成其他经营者进入该市场的障碍。

（4）没有正当理由，限定交易相对人只能与其进行交易或者只能与其指定的经营者进行交易。即独家交易行为，是指具有支配地位的企业凭借其地位，不合理地要求交易相对人只能与其进行交易，或者只能与其指定的经营者进行交易。

（5）没有正当理由搭售商品，或者在交易时附加其他不合理的交易条件。这是指具有支配地位的企业强迫交易对方购买从性质、交易习惯上均与合同无关的产品或服务的行为。搭售的目的是将市场支配地位扩大到被搭售产品的市场上，或者妨碍潜在的竞争者进入。在判定搭售行为是否违反反垄断法时，首先应考虑搭售是否是一种不合理的安排，即搭售是否出于该商品的交易习惯；若将被搭售的商品分开销售，是否有损于该商品的性能或使用价值。其次应考虑该搭售行为是否具有反竞争的效果。

（6）没有正当理由，对条件相同的交易相对人在交易价格等交易条件上实行差别待遇。即歧视待遇行为，是指支配企业没有正当理由而对条件相同的交易对方，比如对购买相同数量、相同质量货物的交易对方提供不同的价格或者其他交易条件，致使有的交易对方处于不利的竞争地位。

（7）国务院反垄断执法机构认定的其他滥用市场支配地位的行为。鉴于在实践中情况比较复杂，本条在对滥用市场支配地位行为进行类型化列举的同时，又规定了兜底条款，即授权国务院反垄断执法机构可以对本条列举之外的其他行为是否属于滥用市场支配地位行为作出认定。

（三）具有市场支配地位的经营者不得利用数据和算法、技术以及平台规则等从事前款规定的滥用市场支配地位的行为

随着平台经济等新业态快速发展，经营者滥用市场支配地位出现了一些新的特点，即利用数据和算法、技术以及平台规则等作出滥用市场支配地位的行为。实践中，通过算法进行用户画像进而进行大数据杀熟，滥用其掌握平台内经营者的数据、操纵算法进行自我优待等行为并不少见。此次修改，除在总则部分明确，经营者不得利用数据和算法、技术、资本优势以及平台规则等从事本法禁止的垄断行为外，还专门针对实践中的突出问题，规定具有市场支配地位的经营者不得利用数据和算法、技术以及平台规则等从事前款规定的滥用市场支配地位的行为，结合平台经济等新经济领域的特点提出了细化的规则条款。

需要注意的是，经营者利用数据和算法、技术以及平台规则等从事滥用市场支配地位的行为，不是独立的滥用市场支配地位的行为类型，规定经营者不得利用数据和算法、技术以及平台规则滥用市场支配地位，重在根据新特点进行强调，具体行为是否构成滥用市场支配地位，仍然要根据前款关于滥用市场支配地位行为的情形的规定来判断，具体可根据国家市场监管总局的部门规章和国务院反垄断委员会《关于平台经济领域的反垄断指南》作进一步判断。

相关规定

《中华人民共和国反垄断法》第七条、第九条、第二十三条、第二十四条、第五十七条。

第二十三条 认定经营者具有市场支配地位，应当依据下列因素：

（一）该经营者在相关市场的市场份额，以及相关市场的竞争状况；

（二）该经营者控制销售市场或者原材料采购市场的能力；

（三）该经营者的财力和技术条件；

（四）其他经营者对该经营者在交易上的依赖程度；

（五）其他经营者进入相关市场的难易程度；

（六）与认定该经营者市场支配地位有关的其他因素。

新旧条文对照

2022年反垄断法	2007年反垄断法
第二十三条 认定经营者具有市场支配地位，应当依据下列因素： （一）该经营者在相关市场的市场份额，以及相关市场的竞争状况； （二）该经营者控制销售市场或者原材料采购市场的能力； （三）该经营者的财力和技术条件； （四）其他经营者对该经营者在交易上的依赖程度； （五）其他经营者进入相关市场的难易程度； （六）与认定该经营者市场支配地位有关的其他因素。	**第十八条** 认定经营者具有市场支配地位，应当依据下列因素： （一）该经营者在相关市场的市场份额，以及相关市场的竞争状况； （二）该经营者控制销售市场或者原材料采购市场的能力； （三）该经营者的财力和技术条件； （四）其他经营者对该经营者在交易上的依赖程度； （五）其他经营者进入相关市场的难易程度； （六）与认定该经营者市场支配地位有关的其他因素。

修改提示

本条未作修改。

条文主旨

本条是关于认定经营者具有市场支配地位应当考虑的因素的规定。

条文解读

滥用市场支配地位的主体具有特定性，即不是所有的企业都能成为这一行为的主体。因此，需要对涉案经营者是否具有市场支配地位进行认定。本法第二十二条第三款对市场支配地位作了界定，即经营者在相关市场内具有能够控制商品价格、数量或者其他交易条件，或者能够阻碍、影响其他经营者进入相关市场能力的市场地位。在此基础上，本条对认定经营者具有市场支配地位应当考虑的因素作了规定，为反垄断执法机构提供认定依据。其具体内容是：

1. 该经营者在相关市场的市场份额，以及相关市场的竞争状况。“市场份额”是指特定企业的总产量、销售量或者生产能力在相关市场中所占的比例，又称为市场占有率。市场份额是判定一个企业是否具有市场支配地位的一个重要因素。“相关市场的竞争状况”是指在相关市场有无竞争，竞争是否充分。

2. 该经营者控制销售市场或者原材料采购市场的能力。这里主要是指该经营者控制销售市场和原材料采购市场的价格、数量或者其他交易条件的能力。认定经营者是否具有市场支配地位，除考虑市场份额外，还需要考虑控制上下游的能力，对上下游的控制力越强，具有市场支配地位的可能性越强。

3. 该经营者的财力和技术条件。这是指该经营者在资金规模和技术等方面与其他经营者相比的情况。

4. 其他经营者对该经营者在交易上的依赖程度。这是指该经营者在交易中所处的地位，如其他经营者是否只依靠其提供货物。

5. 其他经营者进入相关市场的难易程度。即相关市场的潜在竞争状况，是指该经营者对相关市场的控制情况，比如其他经营者是否难以进入相关市场从事经营活动。

6. 与认定该经营者市场支配地位有关的其他因素。本项是兜底条款，是指除前五项外的与市场支配地位有关的其他因素。

相关规定

《中华人民共和国反垄断法》第七条、第二十二条、第二十四条、第五十七条。

第二十四条 **有下列情形之一的，可以推定经营者具有市场支配地位：**

（一）一个经营者在相关市场的市场份额达到二分之一的；

（二）两个经营者在相关市场的市场份额合计达到三分之二的；

（三）三个经营者在相关市场的市场份额合计达到四分之三的。

有前款第二项、第三项规定的情形，其中有的经营者市场份额不足十分之一的，不应当推定该经营者具有市场支配地位。

被推定具有市场支配地位的经营者，有证据证明不具有市场支配地位的，不应当认定其具有市场支配地位。

新旧条文对照

2022年反垄断法	2007年反垄断法
第二十四条 有下列情形之一的，可以推定经营者具有市场支配地位： （一）一个经营者在相关市场的市场份额达到二分之一的； （二）两个经营者在相关市场的市场份额合计达到三分之二的； （三）三个经营者在相关市场的市场份额合计达到四分之三的。 有前款第二项、第三项规	**第十九条** 有下列情形之一的，可以推定经营者具有市场支配地位： （一）一个经营者在相关市场的市场份额达到二分之一的； （二）两个经营者在相关市场的市场份额合计达到三分之二的； （三）三个经营者在相关市场的市场份额合计达到四分之三的。 有前款第二项、第三项规

2022 年反垄断法	2007 年反垄断法
定的情形，其中有的经营者市场份额不足十分之一的，不应当推定该经营者具有市场支配地位。 被推定具有市场支配地位的经营者，有证据证明不具有市场支配地位的，不应当认定其具有市场支配地位。	定的情形，其中有的经营者市场份额不足十分之一的，不应当推定该经营者具有市场支配地位。 被推定具有市场支配地位的经营者，有证据证明不具有市场支配地位的，不应当认定其具有市场支配地位。

修改提示

本条未作修改。

条文主旨

本条是关于市场支配地位推定的规定。

条文解读

本法第二十三条对认定市场支配地位应当考虑的因素作了规定。在具体执法过程中，反垄断执法机构应当根据这些因素对经营者是否具有市场支配地位作出认定。为了节约执法成本和对经营者实行有效监管，本条规定了推定制度，即反垄断执法机构仅根据本条规定的经营者的市场份额，就可推定该经营者具有市场支配地位，因为市场份额是判断经营者是否具有市场支配地位的重要因素。一些国家的反垄断法如德国反对限制竞争法也规定了市场支配地位的推定制度。

借鉴国外经验，并结合我国实际情况，本法作了如下推定：(1) 一个经营者在相关市场的市场份额达到二分之一的；(2) 两个经营者在相关市场的市场份额合计达到三分之二的；(3) 三个经营者在相关市场的市场份额合计达到四分之三的，可以推定经营者具有市场支配地位。同时，本条第二款规定，如果其中有的经营者市场份额不足十分之一的，不应当推定该经营者具有市场支配地位。这主要是考虑“十分之一”的份额很小，对其忽略不计。将多个企业作为整体推定具有市场支配地位，主要是解决市场寡头垄断问题。如果若干企业占据了一个市场主要的市场份额，其很容易通过实施共同行为控制该市场，但反垄断执法机构却很难掌握其达成垄断协议的证据。为此，通过多个企业的市场份额合并计算来推定其中的每个企业都具有市场支配地位。这样的制度安排可以有效地对从事相同行为的寡头垄断企业（没有达成垄断协议的证据）的行为进行规范和制约。

本条第三款规定了经营者对推定予以反证的制度。推定与认定的不同，主要在于由谁承担举证责任。推定的举证责任在于被推定者，而认定的举证责任在于作出认定的一方。如果被推定者不提出反证或者反证不被认可，则该推定成立。为此，本条第三款规定被推定的经营者有权反证，即被推定具有市场支配地位的经营者，有证据证明不具有市场支配地位的，不应当认定其具有市场支配地位。被推定的经营者根据本法第二十三条规定的因素，反证其不具有市场支配地位，则不应被认定具有市场支配地位。

相关规定

《中华人民共和国反垄断法》第七条、第二十二条、第二十三条、第五十七条。

第四章　经营者集中

第二十五条　经营者集中是指下列情形：

（一）经营者合并；

（二）经营者通过取得股权或者资产的方式取得对其他经营者的控制权；

（三）经营者通过合同等方式取得对其他经营者的控制权或者能够对其他经营者施加决定性影响。

新旧条文对照

2022 年反垄断法	2007 年反垄断法
第二十五条　经营者集中是指下列情形： （一）经营者合并； （二）经营者通过取得股权或者资产的方式取得对其他经营者的控制权； （三）经营者通过合同等方式取得对其他经营者的控制权或者能够对其他经营者施加决定性影响。	**第二十条**　经营者集中是指下列情形： （一）经营者合并； （二）经营者通过取得股权或者资产的方式取得对其他经营者的控制权； （三）经营者通过合同等方式取得对其他经营者的控制权或者能够对其他经营者施加决定性影响。

修改提示

本条未作修改。

条文主旨

本条是关于经营者集中界定的规定。

条文解读

经营者集中是指经营者通过合并、购买股权或者资产、订立协议等方式取得对其他经营者控制权或者能够对其他经营者施加决定性影响的商业行为。经营者集中是市场经济条件下市场主体的自主商业活动，是优化产业结构和企业组织结构的重要手段，也是企业迅速扩张、提高规模经济效益和市场竞争力的有效手段。同时，经营者集中也往往导致经济力量的集中和市场结构的改变，会对竞争产生一定影响。经营者集中可能使相关经营者产生或者加强市场支配力量，从而排除、限制市场竞争；也容易导致市场中的竞争者数量减少，使相关市场的竞争程度降低，另外竞争者数量减少后也更容易协调一致，便于达成垄断协议。鉴于经营者集中可能存在对市场竞争的不利影响，各国普遍将经营者集中管制作为反垄断法律制度的主要规范内容之一，依法对具有或者可能具有排除、限制竞争效果的经营者集中实施管制。

本条对经营者集中进行了界定，包括三种情形：

一是经营者合并。合并是最主要和最常见的经营者集中情形。经营者合并是指两个或两个以上的经营者通过订立协议，合并为一家的行为。经营者合并可分为两种方式：一种方式是吸收合并，又称存续合并，是指一个经营者吸收其他经营者，被吸收的经营者解散；另一种方式是新设合并，是指两个或者两个以上的经营者合并设立一个新的企业，合并各方解散。经营者合并是经营者自愿的共同行为，必须遵守法律规定，通过依法订立合同来完成，并产生相应的法律后果。在证券交易所进行上市公司收购形成的企业合并也属于本法所称的经营者合并。

二是经营者通过取得股权或者资产的方式取得对其他经营者的控制权。这类经营者集中情形不涉及经营者合并，参与集中的相关经营者仍继续存在，只是通过股权或者资产交易的方式，使某一经营者取得了对其他经营者的控制权。例如，经营者通过购买、置换等方式取得另一个或几个经营者的股权，成为控股股东，进而取得对其他经营者的控制权；或者经营者通过购买、置换、抵押等方式取得另一个或几个经营者的资产，成为实际控制人，进而取得对其他经营者的控制权，等等。

三是经营者通过合同等方式取得对其他经营者的控制权或者能够对其他经营者施加决定性影响。这是经营者集中界定的兜底性条款。除经营者合并、经营者通过股权或者资产交易方式取得对其他经营者的控制权外，经营者通过合同以及其他方式取得对其他经营者的控制权，或者能够对其他经营者施加决定性影响的，都属于本法规定的经营者集中。例如，经营者通过委托经营、联营等合同方式，或者通过人事安排、技术控制等方式，与另一个或几个经营者之间形成控制与被控制关系，取得对其他经营者的控制权，或者取得对其他经营者的生产经营活动施加决定性的影响的能力，能够实际支配公司业务，等等。

第二十六条 经营者集中达到国务院规定的申报标准的，经营者应当事先向国务院反垄断执法机构申报，未申报的不得实施集中。

经营者集中未达到国务院规定的申报标准，但有证据证明该经营者集中具有或者可能具有排除、限制竞争效果的，国务院反垄断执法机构可以要求经营者申报。

经营者未依照前两款规定进行申报的，国务院反垄断执法机构应当依法进行调查。

新旧条文对照

2022 年反垄断法	2007 年反垄断法
第二十六条 经营者集中达到国务院规定的申报标准的，	**第二十一条** 经营者集中达到国务院规定的申报标准的，

2022年反垄断法	2007年反垄断法
经营者应当事先向国务院反垄断执法机构申报，未申报的不得实施集中。 **经营者集中未达到国务院规定的申报标准，但有证据证明该经营者集中具有或者可能具有排除、限制竞争效果的，国务院反垄断执法机构可以要求经营者申报。** **经营者未依照前两款规定进行申报的，国务院反垄断执法机构应当依法进行调查。**	经营者应当事先向国务院反垄断执法机构申报，未申报的不得实施集中。

修改提示

本条第二款、第三款是此次修改新增内容。

条文主旨

本条是关于经营者集中申报的规定。

条文解读

1. 鉴于经营者集中可能存在对市场竞争的不利影响，各国普遍将经营者集中管制作为反垄断法律制度的主要规范内容之一，实行经营者集中申报审查制度。从相关国家的情况来看，主要有三种做法：一是采取事前申报；二是采取事后申报；三是采取全部自愿申报，事前事后均可。对前两类申报，一般通过法律、法规确定申报标准，经营者集中达到申报标准的必须申报，即强制申报。我国采用了事前申报的强制申报制度。依照本条的规定，经营者集中达到国务院规定的申报标准的，经营者应当事先向国务院反垄断执法机构申报，未申报的不得实施集中。

对于经营者集中申报的具体标准，本条授权国务院作出具体规定。2007 年在制定反垄断法的过程中，曾对是否在法律中规定经营者集中具体申报标准问题专门作过研究。考虑到申报标准需要随着经济发展、情况变化加以适时调整，还是以授权国务院作出具体规定为妥。2008 年 8 月，国务院发布《关于经营者集中申报标准的规定》，明确经营者集中达到下列标准之一的，经营者应当事先向国务院反垄断执法机构申报：（1）参与集中的所有经营者上一会计年度在全球范围内的营业额合计超过 100 亿元人民币，并且其中至少两个经营者上一会计年度在中国境内的营业额均超过 4 亿元人民币；（2）参与集中的所有经营者上一会计年度在中国境内的营业额合计超过 20 亿元人民币，并且其中至少两个经营者上一会计年度在中国境内的营业额均超过 4 亿元人民币。目前，国务院有关部门正在研究修改该《规定》，拟进一步提高经营者集中申报的营业额标准，以提升经营者集中审查的科学性和精神性，降低企业制度性交易成本。

2. 由于经济活动非常复杂，在有些情况下，经营者集中虽然没有达到规定的申报标准，但仍有可能产生排除、限制竞争的效果。例如，有的行业经营者的营业额普遍较低，达不到申报标准，但参与集中的经营者的市场份额却相对较大，其集中行为就很有可能排除、限制竞争。对这类经营者集中，也需要有相应的控制措施。2008 年 8 月国务院发布的《关于经营者集中申报标准的规定》，对未达到申报标准的经营者集中案件的调查、处理程序作了相应规定，明确经营者集中未达到规定的申报标准，但按照规定程序收集的事实和证据表明该经营者集中具有或者可能具有排除、限制竞争效果的，国务院反垄断执法机构应当依法进行调查。此次修改反垄断法，总结反垄断执法实践经验，增加相应规定，完善了相关制度安排。本条第二款规定，授权国务院反垄断执法机构，对于未达到国务院规定的申报标准，但有证据证明具有或者可能具有排除、限制竞争效果的经营者集中，可以要求经营者进行申报。这样规定，将未达到申报标准的经营者集中案件，纳入经营者集中审查程序当中，由国务院反垄断执法机构依照本法有关经营者集中审查的规定作出相应处理，有利于规范对相关案件的处理，维护参与经营者集中相关方的合法权益和合理预期。

3. 依照本条第三款的规定，经营者达到国务院规定的申报标准而未申报的，或者虽未达到申报标准但经国务院反垄断执法机构依法要求申报而未申报的，国务院反垄断执法机构应当依法进行调查。调查后可依照本法规定追究相关当事人的法律责任。依照本法第五十八条的规定，经营者违反本法规定实施集中，且具有或者可能具有排除、限制竞争效果的，由国务院反垄断执法机构责令停止实施集中、限期处分股份或者资产、限期转让营业以及采取其他必要措施恢复到集中前的状态，处上一年度销售额百分之十以下的罚款；不具有排除、限制竞争效果的，处五百万元以下的罚款。

第二十七条 **经营者集中有下列情形之一的，可以不向国务院反垄断执法机构申报：**

（一）参与集中的一个经营者拥有其他每个经营者百分之五十以上有表决权的股份或者资产的；

（二）参与集中的每个经营者百分之五十以上有表决权的股份或者资产被同一个未参与集中的经营者拥有的。

新旧条文对照

2022 年反垄断法	2007 年反垄断法
第二十七条 经营者集中有下列情形之一的，可以不向国务院反垄断执法机构申报： （一）参与集中的一个经营者拥有其他每个经营者百分之五十以上有表决权的股份或者资产的；	**第二十二条** 经营者集中有下列情形之一的，可以不向国务院反垄断执法机构申报： （一）参与集中的一个经营者拥有其他每个经营者百分之五十以上有表决权的股份或者资产的；

2022 年反垄断法	2007 年反垄断法
（二）参与集中的每个经营者百分之五十以上有表决权的股份或者资产被同一个未参与集中的经营者拥有的。	（二）参与集中的每个经营者百分之五十以上有表决权的股份或者资产被同一个未参与集中的经营者拥有的。

修改提示

本条未作修改。

条文主旨

本条是关于经营者集中豁免申报的规定。

条文解读

依照本法第二十六条的规定，经营者集中达到国务院规定的申报标准的，经营者应当事先向国务院反垄断执法机构申报，未申报的不得实施集中。对经营者集中进行反垄断审查，主要是出于经营者集中往往导致经济力量的集中和市场结构的改变、对竞争可能产生排除、限制影响的考虑。对于不会对市场竞争状况产生实质性影响的经营者集中，就不需要进行反垄断审查。据此，本条相应规定了两种经营者集中的情形，即使其已达到国务院规定的申报标准，也可以不向国务院反垄断执法机构申报。

一种情况是，参与集中的一个经营者拥有其他每个经营者50%以上有表决权的股份或者资产的。依照我国公司法的规定，持有某一公司50%以上有表决权的股份，已成为该公司的控股股东，对股东大会、公司经营管理决策可以产生重大影响；持有某一公司50%以上的资产，实际上可以支配公司，成为公司实际控制人。在一个经营者拥有其他每个经营者50%以上有表决权的股份或者资产情况下的经营者集中，如母子公司、集团公司内部以母公司或集团公司牵头进行的股份或资产的重新组合等，不会对市场竞争状况产生实质性的影响，不需要向国务院反垄断执法机构申报。

另一种情况是，参与集中的每个经营者50%以上有表决权的股份或者资产被同一个未参与集中的经营者拥有的。在这种情况下，拥有相关经营者50%以上有表决权的股份或者资产的经营者本身不参与经营者集中，只是在其他相关股份或者资产被该经营者所拥有的经营者之间实施集中，如母子公司和集团公司的内部重新组合，母公司或集团公司的股份或财产不参与经营者集中，而子公司之间或成员公司彼此之间进行股份和资产的重新组合等，这种情况与前一种情况在性质上是相同的，不会对市场竞争状况产生实质性的影响，不需要向国务院反垄断执法机构申报。

本条规定的两类经营者集中情形，是经济活动中经常发生的事情，其在微观方面可以提高集团公司或母公司的经济效益，扩大其生产经营规模，增加内部运营的合理化并加强了自身的竞争能力，有时也可能减少了名义上的市场竞争对手数量，但从宏观的方面考虑，市场结构未发生根本变化，竞争状况没有因集中而改变，所以，本法不对其施加申报审查的义务，更不限制其集中。这也是国际上的通行做法。

第二十八条　经营者向国务院反垄断执法机构申报集中，应当提交下列文件、资料：

（一）申报书；

（二）集中对相关市场竞争状况影响的说明；

（三）集中协议；

（四）参与集中的经营者经会计师事务所审计的上一会计年度财务会计报告；

（五）国务院反垄断执法机构规定的其他文件、资料。

申报书应当载明参与集中的经营者的名称、住所、经营范围、预定实施集中的日期和国务院反垄断执法机构规定的其他事项。

新旧条文对照

2022年反垄断法	2007年反垄断法
第二十八条　经营者向国务院反垄断执法机构申报集中，应当提交下列文件、资料： （一）申报书；	**第二十三条**　经营者向国务院反垄断执法机构申报集中，应当提交下列文件、资料： （一）申报书；

2022 年反垄断法	2007 年反垄断法
（二）集中对相关市场竞争状况影响的说明； （三）集中协议； （四）参与集中的经营者经会计师事务所审计的上一会计年度财务会计报告； （五）国务院反垄断执法机构规定的其他文件、资料。 申报书应当载明参与集中的经营者的名称、住所、经营范围、预定实施集中的日期和国务院反垄断执法机构规定的其他事项。	（二）集中对相关市场竞争状况影响的说明； （三）集中协议； （四）参与集中的经营者经会计师事务所审计的上一会计年度财务会计报告； （五）国务院反垄断执法机构规定的其他文件、资料。 申报书应当载明参与集中的经营者的名称、住所、经营范围、预定实施集中的日期和国务院反垄断执法机构规定的其他事项。

修改提示

本条未作修改。

条文主旨

本条是对经营者集中申报应当提交的文件、资料的规定。

条文解读

经营者集中依法需要向国务院反垄断执法机构申报的，应当提交法律规定的文件、资料，便于国务院反垄断执法机构进行审查。本条规定了五类文件、资料，具体如下：

1. 申报书。有的国家采用格式化表格，有的国家没有规定具体的格式，通常是指参与集中的经营者各方的商事登记情况和表明经营者参与集中并提请审查的意愿。本条第二款对申报书应当载明的内容作出规定，包括参与集中的经营者的名称、住所、经营范围、预定实施集中的日期和国务院反垄断执法机构规定的其他事项。经营者名称是经市场主体在登记机关登记的区别于其他市场主体的标志；住所是其主要办事机构所在地；经营范围是指经营者从事的行业和项目种类；预定实施集中的日期是指参与集中的经营者协议中所约定的实施集中的日期；国务院反垄断执法机构规定的其他事项，是兜底规定，只要有具体规定，都应当在申报书中具体载明。申报书应当载明的内容具有法律强制性，申报书未载明相应事项的属于材料提交不完备，应当依法补充提交相关情况。

2. 集中对相关市场竞争状况影响的说明。这是对参与集中的经营者所在的市场竞争状况影响的说明性文件，通常包括集中交易概况，相关市场界定，参与集中的经营者在相关市场的市场份额及其对市场的控制力，主要竞争者及其市场份额，市场集中度，市场进入，行业发展状况，集中对市场竞争结构、行业发展、技术进步、创新、国民经济发展、消费者以及其他经营者的影响，集中对相关市场竞争影响的效果评估及依据等内容。要求经营者对集中影响相关市场竞争状况的问题作出说明，有利于国务院反垄断执法机构在集中审查中搜集掌握相关信息、科学合理地作出审查界定。

3. 集中协议。即参与集中的经营者之间订立的合同，应当是合同当事人各方真实意志的体现，遵守法律和行政法规，遵循公平合理、等价有偿、诚实信用等原则。

4. 参与集中的经营者经会计师事务所审计的上一会计年度财务会计报告。这是对参与集中的经营者生产经营的成果和财务状况的总结性书面文件，申报审查时提交这一文件，有利于国务院反垄断执法机构掌握参与集中的经营者的财务会计信息，从而对经营者的竞争能力和实际竞争状况有准确的数字资料和依据，参与集中的经营者应如实提交。

5. 国务院反垄断执法机构规定的其他文件、资料。这是一个兜底条款。经营者集中的申报审查牵涉方方面面的问题，本条授权国务院反垄断执法机构根据经营者集中反垄断审查工作的具体情况，规定其他必要的文件、资料。

第二十九条　**经营者提交的文件、资料不完备的，应当在国务院反垄断执法机构规定的期限内补交文件、资料。经营者逾期未补交文件、资料的，视为未申报。**

新旧条文对照

2022 年反垄断法	2007 年反垄断法
第二十九条　经营者提交的文件、资料不完备的，应当在	**第二十四条**　经营者提交的文件、资料不完备的，应当在

2022 年反垄断法	2007 年反垄断法
国务院反垄断执法机构规定的期限内补交文件、资料。经营者逾期未补交文件、资料的，视为未申报。	国务院反垄断执法机构规定的期限内补交文件、资料。经营者逾期未补交文件、资料的，视为未申报。

修改提示

本条未作修改。

条文主旨

本条是关于经营者补交集中申报文件、资料的规定。

条文解读

本法第二十八条对参与集中的经营者向国务院反垄断执法机构申报集中时应当提交的文件、资料作了列举规定。经营者向国务院反垄断执法机构提交的申报文件、资料不完备的，如相关文件、资料不齐备，所载明的事项不全面，不符合本法或者国务院反垄断执法机构的有关具体规定等，应当按照国务院反垄断执法机构的要求，在规定的期限内补充提交相应的文件、资料，以便于经营者集中反垄断审查工作顺利进行。国务院反垄断执法机构应当明确规定经营者补交相关文件、资料的具体期限。同时，本条还明确了经营者逾期不补交文件、资料的法律后果，即经营者未在国务院反垄断执法机构规定的期限内补交相关文件、资料的，视为经营者未申报。

第三十条 国务院反垄断执法机构应当自收到经营者提交的符合本法第二十八条规定的文件、资料之日起三十日内，对申报的经营者集中进行初步审查，作出是否实施进一步审查的决定，并书面通知经营者。国务院反垄断执法机构作出决定前，经营者不得实施集中。

国务院反垄断执法机构作出不实施进一步审查的决定或者逾期未作出决定的，经营者可以实施集中。

新旧条文对照

2022年反垄断法	2007年反垄断法
第三十条 国务院反垄断执法机构应当自收到经营者提交的符合本法**第二十八条**规定的文件、资料之日起三十日内，对申报的经营者集中进行初步审查，作出是否实施进一步审查的决定，并书面通知经营者。国务院反垄断执法机构作出决定前，经营者不得实施集中。 国务院反垄断执法机构作出不实施进一步审查的决定或者逾期未作出决定的，经营者可以实施集中。	**第二十五条** 国务院反垄断执法机构应当自收到经营者提交的符合本法第二十三条规定的文件、资料之日起三十日内，对申报的经营者集中进行初步审查，作出是否实施进一步审查的决定，并书面通知经营者。国务院反垄断执法机构作出决定前，经营者不得实施集中。 国务院反垄断执法机构作出不实施进一步审查的决定或者逾期未作出决定的，经营者可以实施集中。

修改提示

对所引用条文的序号作出相应调整。

条文主旨

本条是关于经营者集中初步审查的规定。

条文解读

对经营者集中进行反垄断审查，依法禁止具有或者可能具有排除、限制竞争效果的经营者集中，是保护市场竞争、预防制止垄断行为的需要，但同时也会对正当合理的经营者集中活动的效率产生一定影响。为规范经营者集中反垄断审查工作程序，保障审查工作顺利进行，本法对经营者集中审查程序作出了相应规定，分为初步审查和进一步审查两个阶段。经初步审查，对竞争没有影响或影响不大的经营者集中予以放行；对竞争影响较大、具有或者可能具有排除、限制竞争效果的经营者集中，由国务院反垄断执法机构实施进一步审查。这样安排，既有利于经营者及时实施集中，提高商业活动效率，也有利于执法机构集中资源和精力审查重点案件，保护市场竞争。这也是国际上经营者集中审查的普遍做法。

本条是关于经营者集中初步审查的规定。国务院反垄断执法机构自收到经营者提交的符合本法第二十八条规定的文件、资料后，应当在30日内就是否进一步审查作出相应决定。初步审查导致两种结果：一种是经营者参与的集中对竞争没有影响或影响不大，不需要进一步审查，国务院反垄断执法机构应当作出相应决定并书面通知申报参与集中的经营者，可以进行经营者集中；另一种是如果认为该集中有可能影响竞争或对竞争造成威胁，国务院反垄断执法机构应作出实施进一步审查的决定，并书面通知申报参与集中的经营者。为维护经营者集中审查秩序，在国务院反垄断执法机构作出上述决定前，经营者不得实施集中。经营者违反上述规定实施集中的，由国务院反垄断执法机构依照本法第五十八条的规定追究其相应的法律责任。

本条第二款规定，国务院反垄断执法机构作出不实施进一步审查的决定或者逾期未作出决定的，经营者可以实施集中。这是为保护参与集中的经营者的利益而作出的规定。本条第一款要求国务院反垄断执法机构在初步审查的30日内作出是否实施进一步审查的决定，如果国务院反垄断执法机构未按期作出是否实施进一步审查的决定，为了保护经营者实施集中的权利，避免因执法机构的原因导致集中不能及时进行，本条规定在这种情况下，经营者可以实施集中。这有利于加快执法机构的审查速度，提高审查效率，同时，也在一定程度上减少了执法成本。

相关规定

《中华人民共和国反垄断法》第二十八条。

第三十一条 国务院反垄断执法机构决定实施进一步审查的，应当自决定之日起九十日内审查完毕，作出是否禁止经营者集中的决定，并书面通知经营者。作出禁止经营者集中的决定，应当说明理由。审查期间，经营者不得实施集中。

有下列情形之一的，国务院反垄断执法机构经书面通知经营者，可以延长前款规定的审查期限，但最长不得超过六十日：

（一）经营者同意延长审查期限的；

（二）经营者提交的文件、资料不准确，需要进一步核实的；

（三）经营者申报后有关情况发生重大变化的。

国务院反垄断执法机构逾期未作出决定的，经营者可以实施集中。

新旧条文对照

2022 年反垄断法	2007 年反垄断法
第三十一条 国务院反垄断执法机构决定实施进一步审查的，应当自决定之日起九十日内审查完毕，作出是否禁止经营者集中的决定，并书面通知经营者。作出禁止经营者集中的决定，应当说明理由。审查	**第二十六条** 国务院反垄断执法机构决定实施进一步审查的，应当自决定之日起九十日内审查完毕，作出是否禁止经营者集中的决定，并书面通知经营者。作出禁止经营者集中的决定，应当说明理由。审查

2022 年反垄断法	2007 年反垄断法
期间，经营者不得实施集中。 有下列情形之一的，国务院反垄断执法机构经书面通知经营者，可以延长前款规定的审查期限，但最长不得超过六十日： （一）经营者同意延长审查期限的； （二）经营者提交的文件、资料不准确，需要进一步核实的； （三）经营者申报后有关情况发生重大变化的。 国务院反垄断执法机构逾期未作出决定的，经营者可以实施集中。	期间，经营者不得实施集中。 有下列情形之一的，国务院反垄断执法机构经书面通知经营者，可以延长前款规定的审查期限，但最长不得超过六十日： （一）经营者同意延长审查期限的； （二）经营者提交的文件、资料不准确，需要进一步核实的； （三）经营者申报后有关情况发生重大变化的。 国务院反垄断执法机构逾期未作出决定的，经营者可以实施集中。

修改提示

本条未作修改。

条文主旨

本条是关于经营者集中进一步审查的规定。

条文解读

国务院反垄断执法机构依照本法第三十条的规定对申报的经营者集中进行初步审查，并作出实施进一步审查的决定后，该项经营者集中进入进一步审查阶段。对经营者集中实施进一步审查，是经营者集中的主要审查程序。本条对进一步审查作了具体规定。

1. 审查期限。为了使进行集中申报的经营者尽快消除集中的不确定性，防止贻误集中的时机、影响经济运行的效率，保障国务院反垄断执法机构有充分的时间对集中进行审查，科学地对集中作出禁止或不予禁止的决定，本条第一款规定，国务院反垄断执法机构决定实施进一步审查的，应当自决定之日起 90 日内审查完毕，作出是否禁止经营者集中的决定。

同时，经营者集中的审查是专业性强、较为复杂的行政活动，审查期限也要具有一定的灵活性，以确保执法机构作出的决定符合市场的竞争状况。为此，本条第二款规定，在符合法定情形的前提下，国务院反垄断执法机构经书面通知经营者，可以在 90 日的基础上，进一步延长审查期限。为了防止执法机构滥用延长审查期限的制度，保护参与集中的经营者的合法利益，本法作出了两项限制性规定：一是对延长审查期限的三种情形作出了明确规定，即经营者同意延长审查期限的；经营者提交的文件、资料不准确，需要进一步核实的；经营者申报后，有关情况发生重大变化的。凡是不属于这三种情形之一的，国务院反垄断执法机构不能延长审查期限，必须在 90 日的期限内审查完毕，作出是否禁止经营者集中的决定。二是对延长的期限的上限作出规定，最长不得超过 60 日。

2. 审查决定。国务院反垄断执法机构实施进一步审查后作出的决定，对参与集中的经营者有着重大的影响。国务院反垄断执法机构作出不予禁止决定的，经营者按照协议尽快实施集中；作出禁止决定的，经营者不能再按照原定的计划实施集中，违法实施集中的，根据本法规定还要承担较为严重的法律责任。因此，本法对国务院反垄断执法机构作出审查决定作出了相应规范：一是要求国务院反垄断执法机构将作出的决定书面通知经营者。一方面，可使经营者尽快消除集中的不确定性状态，根据反垄断执法机构的书面决定实施相应的活动；另一方面，也便于对集中审查决定不服的经营者依法提起行政复议、行政诉讼。二是要求国务院反垄断执法机构对禁止集中的决定说明理由。反垄断执法机构在经营者集中案件审查中有着较大的自由裁量权，作出的决定对参与集中的经营者的利益有着重大的影响，为了保护参与集中的经营者的合法权益，本条要求国务院反垄断执法机构在作出禁止经营者集中的决定时，应当说明理由。三是要求国务院反垄断执法机构在本法规定的审查期限内作出决定。反垄断执法机构应当在 90 日内完成进一步审查；具有法定延长审查期限的情形时，最长可以延长 60 日的审查期限，即最长应当在 150 日内完成进一步审查，作出是否禁止经营者集中的决定。为了提高执法机构的审查效率，保护参与集中的经营者的合法利益，本条规定，国务院反垄断执法机构逾期未作出决定的，经营者可以实施集中。

3. 审查期间经营者不得实施集中。进一步审查期间和初步审查期间一样，都属于“等待期间”。如果在国务院反垄断执法机构作出相关决定前，经营者就实施了集中，而该集中将对市场竞争产生严重的排除、限制影响的，尽管国务院反垄断执法机构可以依照本法规定做出责令停止实施集中，限期处分股份、资产，限期转让营业以及采取其他必要措施恢复到集中前的状态，但成本很高，对社会资源是较大的浪费。因此，本条规定，审查期间经营者不得实施集中。经营者违反上述规定实施集中的，由国务院反垄断执法机构依照本法第五十八条的规定追究其相应的法律责任。

第三十二条　有下列情形之一的，国务院反垄断执法机构可以决定中止计算经营者集中的审查期限，并书面通知经营者：

（一）经营者未按照规定提交文件、资料，导致审查工作无法进行；

（二）出现对经营者集中审查具有重大影响的新情况、新事实，不经核实将导致审查工作无法进行；

（三）需要对经营者集中附加的限制性条件进一步评估，且经营者提出中止请求。

自中止计算审查期限的情形消除之日起，审查

期限继续计算，国务院反垄断执法机构应当书面通知经营者。

新旧条文对照

2022 年反垄断法	2007 年反垄断法
第三十二条　有下列情形之一的，国务院反垄断执法机构可以决定中止计算经营者集中的审查期限，并书面通知经营者： （一）经营者未按照规定提交文件、资料，导致审查工作无法进行； （二）出现对经营者集中审查具有重大影响的新情况、新事实，不经核实将导致审查工作无法进行； （三）需要对经营者集中附加的限制性条件进一步评估，且经营者提出中止请求。 自中止计算审查期限的情形消除之日起，审查期限继续计算，国务院反垄断执法机构应当书面通知经营者。	

修改提示

本条是此次修改新增内容。

条文主旨

本条是关于经营者集中审查期限中止计算的规定。

条文解读

为规范审查程序，提高审查效率，保护参与集中经营者的合法权益，本法对经营者集中审查期限作出具体规定。从实践情况看，一些经营者集中案件情况较为复杂，有时经营者需要补充提交文件、资料，有时需要对审查中的有关问题和情况进行调查核实等，为避免超出审查期限，实践中出现经营者采用反复撤回重新申报的办法，既增加经营者的负担，也浪费执法资源。为适应审查工作实际，解决审查工作实践中的突出问题，本条针对审查中的一些特定情形，设置了审查期限的“停钟”制度。从相关国家和地区的情况看，也普遍在经营者集中审查中设置了相应的制度，如美国、欧盟、韩国允许在经营者补充提交相关文件、资料时“停钟”；德国还允许在经营者同意的情况下“停钟”等。

本条规定的经营者集中审查期限“停钟”制度，是指国务院反垄断执法机构在经营者集中审查过程中，在法定情形下，可以中止计算经营者集中的审查期限，待中止计算审查期限的情形消除后审查期限继续计算的制度。本条规定了三种可以中止计算经营者集中审查期限的情形。

1. 经营者未按照规定提交文件、资料，导致审查工作无法进行。经营者集中审查实践中，国务院反垄断执法机构根据审查工作需要，往往会要求申报人在规定的时间内补充提交相关文件、资料，便于进行审查、作出决定。经营者未按照国务院反垄断执法机构的规定提交相关文件、资料，导致审查工作无法进行时，可以按照本条规定触发“停钟”，国务院反垄断执法机构可决定中止计算审查期限，待经营者提交符合规定的文件、资料后，审查期限继续计算。

2. 出现对经营者集中审查具有重大影响的新情况、新事实，不经核实将导致审查工作无法进行。出现对经营者集中审查有重大影响的新情况、新事实，且不经核实则审查工作无法进行时，反垄断执法机构、经营者都可能需要时间对有关情况、事实进行核实，了解有关具体情况，以便于经营者、反垄断执法机构科学地作出判断和决策。这属于经营者进行集中申报后新出现的问题，反垄断执法机构可决定中止计算审查期限，待有关新情况、新事实核实完毕后，审查期限继续计算。

3. 需要对经营者集中附加的限制性条件进一步评估，且经营者提出中止请求。可能需要附加限制性条件的经营者集中案件，通常是属于具有或者可能具有排除、限制竞争的效果的案件，需要通过相关限制性条件，来降低集中对竞争的影响。这类案件情况较为复杂，对相关限制性条件的确定、效果等评估需要一定的时间。如果因对限制性条件进行评估，导致审查期限将届满，反垄断执法机构作出禁止集中的决定，对经营者是不利的。在这种情况下，由经营者提出中止计算审查期限的请求，反垄断执法机构可决定中止计算审查期限，待对有关限制性条件评估完毕后，审查期限继续计算。

此外，为保障经营者的权益，本条规定，国务院反垄断执法机构依法决定中止计算审查期限，以及有关情形消除后继续计算审查期限的，均应当以书面方式通知经营者。

第三十三条 审查经营者集中，应当考虑下列因素：

（一）参与集中的经营者在相关市场的市场份额及其对市场的控制力；

（二）相关市场的市场集中度；

（三）经营者集中对市场进入、技术进步的影响；

（四）经营者集中对消费者和其他有关经营者的影响；

（五）经营者集中对国民经济发展的影响；

（六）国务院反垄断执法机构认为应当考虑的影响市场竞争的其他因素。

新旧条文对照

2022 年反垄断法	2007 年反垄断法
第三十三条 审查经营者集中，应当考虑下列因素： （一）参与集中的经营者在相关市场的市场份额及其对市场的控制力； （二）相关市场的市场集中度； （三）经营者集中对市场进入、技术进步的影响； （四）经营者集中对消费者和其他有关经营者的影响； （五）经营者集中对国民经济发展的影响； （六）国务院反垄断执法机构认为应当考虑的影响市场竞争的其他因素。	**第二十七条** 审查经营者集中，应当考虑下列因素： （一）参与集中的经营者在相关市场的市场份额及其对市场的控制力； （二）相关市场的市场集中度； （三）经营者集中对市场进入、技术进步的影响； （四）经营者集中对消费者和其他有关经营者的影响； （五）经营者集中对国民经济发展的影响； （六）国务院反垄断执法机构认为应当考虑的影响市场竞争的其他因素。

修改提示

本条未作修改。

条文主旨

本条是关于经营者集中审查考虑因素的规定。

条文解读

国务院反垄断执法机构审查经营者集中，重点是审查该集中是否具有或者可能具有排除、限制竞争的效果，从而对经营者集中作出禁止或者不予禁止的决定。为了便于国务院反垄断执法机构对经营者集中是否具有排除、限制竞争的效果进行科学分析和准确定性，本条对经营者集中审查应当考虑的因素作了列举规定。

1. 参与集中的经营者在相关市场的市场份额及其对市场的控制力。通常来看，经营者在相关市场的市场份额越大，对市场的控制力就越大，就越有能力自主决定在市场上的交易条件，就越有可能排挤竞争对手，限制甚至排除竞争。为了避免经营者集中产生排除、限制竞争的后果，维护有效竞争的市场结构，本条将参与集中的经营者在相关市场的市场份额及其对市场的控制力，作为审查经营者集中的因素之一。其中，对于相关经营者市场控制力的评估，通常可以从相关产品或者服务的替代程度、控制销售市场或者原材料采购市场的能力、财力和技术条件，以及相关市场的市场结构、其他经营者的生产能力、下游客户购买能力和转换供应商的能力、潜在竞争者进入的抵消效果等方面进行判断。

2. 相关市场的市场集中度。市场集中度与市场支配地位有着密切的联系，市场集中度越高，产生或者加强市场支配地位的可能性也就越大，具有排除或者限制竞争效果的可能性也会越大。与市场份额相比，市场集中度比较全面、精确地分析了市场结构，可以更加科学、合理地反映经营者集中对市场竞争的影响。

3. 经营者集中对市场进入、技术进步的影响。市场进入的难度直接决定了申报集中的经营者是否存在潜在的竞争者。集中后的经营者即使取得或者加强了市场支配地位，可能实施排除、限制竞争的行为，如降低产量、抬高价格、强制交易等，如果相关市场没有或者只有很低的进入障碍，潜在的竞争者很快就会进入这个市场，抢占市场份额，形成市场竞争格局。相反，如果经营者集中的结果大大抬高了潜在竞争者的市场进入门槛，则会增加排除、限制竞争的因素。因此，对市场进入的影响是审查经营者集中一个重要的因素。评估经营者集中对市场进入的影响，通常可以从经营者通过控制生产要素、销售和采购渠道、关键技术、关键设施、数据等方式影响市场进入的情况，以及进入的可能性、及时性和充分性等方面进行判断。同时，技术创新与进步是经济增长的决定性因素，此次修法也将“鼓励创新”写入本法立法目的条款，为了保持市场的竞争性，防止集中后的经营者在没有竞争压力的情况下失去危机感，不再有技术创新的动力去降低产品成本、提高产品质量，反垄断执法机构在进行经营者集中审查时，也要考虑对技术进步的影响。评估经营者集中对技术进步的影响，通常可以从集中对技术创新动力、技术研发投入和利用、技术资源整合方面影响等进行判断。

4. 经营者集中对消费者和其他有关经营者的影响。经营者集中是否具有或者可能具有排除、限制竞争的效果，除了通过市场份额、市场集中度、对市场进入和技术进步的影响等因素进行分析，还可以通过对消费者和其他有关经营者的影响反映出来。如果集中的结果是降低了产品价格，提高了产品质量，使得消费者从中获得利益，而且对同行业竞争者、上下游经营者的市场进入、交易机会等竞争条件没有产生实质性的影响，那么该集中一般不具有排除、限制竞争的效果。审查经营者集中对消费者和其他有关经营者的影响时，不仅要考虑集中后的短期影响，更要考虑长期影响。评估经营者集中对消费者的影响，通常可以从集中对产品或者服务的数量、价格、质量、多样化等方面进行判断；评估经营者集中对其他有关经营者的影响，通常可以从集中对同一相关市场、上下游相关市场或者关联市场经营者的市场进入、交易机会等竞争条件的影响方面进行判断。

5. 经营者集中对国民经济发展的影响。审查经营者集中，不仅要考虑集中对市场竞争的影响，也要考虑集中的经济效率、经营规模及其对相关行业发展等对国民经济发展的影响。

6. 国务院反垄断执法机构认为应当考虑的影响市场竞

争的其他因素。随着经济的发展、技术的进步，审查经营者集中所应当考虑的因素还会不断地丰富。因此，本条授权国务院反垄断执法机构还可以在执法实践中认定应当考虑的影响市场竞争的其他因素。

第三十四条　**经营者集中具有或者可能具有排除、限制竞争效果的，国务院反垄断执法机构应当作出禁止经营者集中的决定。但是，经营者能够证明该集中对竞争产生的有利影响明显大于不利影响，或者符合社会公共利益的，国务院反垄断执法机构可以作出对经营者集中不予禁止的决定。**

新旧条文对照

2022 年反垄断法	2007 年反垄断法
第三十四条　经营者集中具有或者可能具有排除、限制竞争效果的，国务院反垄断执法机构应当作出禁止经营者集中的决定。但是，经营者能够证明该集中对竞争产生的有利影响明显大于不利影响，或者符合社会公共利益的，国务院反垄断执法机构可以作出对经营者集中不予禁止的决定。	**第二十八条**　经营者集中具有或者可能具有排除、限制竞争效果的，国务院反垄断执法机构应当作出禁止经营者集中的决定。但是，经营者能够证明该集中对竞争产生的有利影响明显大于不利影响，或者符合社会公共利益的，国务院反垄断执法机构可以作出对经营者集中不予禁止的决定。

修改提示

本条未作修改。

条文主旨

本条是关于经营者集中审查决定的规定。

条文解读

经营者集中是经济活动中的常见现象，是经营者扩大规模、拓展现有市场或者进入新的市场、从事新的经济活动的一种方式，也是优化产业结构和企业组织结构的重要手段。通过经营者集中，能够实现资源重组，形成规模经济，改善经济效益，提高经营者在市场上的竞争力，从而给竞争和消费者带来好处。同时，经营者集中也可能减少相关市场的竞争，产生或者加强经营者的市场支配地位，减少市场中的竞争者数量，从而导致商品的供应减少，价格提高，质量降低，阻碍市场进入和技术进步，损害消费者的利益。因此，本法原则上将具有或者可能具有排除、限制竞争效果作为禁止经营者集中的判断标准，对于具有或者可能具有排除、限制竞争效果的经营者集中，国务院反垄断执法机构应当依法作出禁止经营者集中的决定，以保护竞争的市场结构，维护相关市场的有效竞争。

同时，鉴于经营者集中有着积极因素和消极因素两个方面，反垄断执法机构应当对每一个具体的经营者集中的利弊进行比较和衡量，如果集中的利大于弊，集中应当得到批准，以保护经营者的合法权益和市场经济的健康发展，同时鼓励经营者依法实施集中，做大做强，扩大经营规模，提高市场竞争能力。为了提高反垄断执法机构的审查效率，充分发挥经营者的积极性，本条规定由经营者承担举证责任来证明集中的利大于弊。经营者证明的具体方式有两种：一种是集中对竞争产生的有利影响明显大于不利影响。反垄断执法机构审查经营者集中，关键是审查该集中对市场竞争的影响，因此如果集中对竞争产生的有利影响明显大于不利影响，则可以得到豁免。另一种是集中符合社会公共利益。维护社会公共利益是本法的立法目的之一。某项经营者集中虽然具有或者可能具有排除、限制竞争的效果，但符合社会公共利益，如有利于在相当大的程度上促进就业，明显推动技术进步、增强国际竞争力等，也可以得到豁免。

第三十五条 **对不予禁止的经营者集中，国务院反垄断执法机构可以决定附加减少集中对竞争产生不利影响的限制性条件。**

新旧条文对照

2022年反垄断法	2007年反垄断法
第三十五条 对不予禁止的经营者集中，国务院反垄断执法机构可以决定附加减少集中对竞争产生不利影响的限制性条件。	**第二十九条** 对不予禁止的经营者集中，国务院反垄断执法机构可以决定附加减少集中对竞争产生不利影响的限制性条件。

修改提示

本条未作修改。

条文主旨

本条是关于经营者集中附加限制性条件的规定。

条文解读

依照本法第三十四条的规定，国务院反垄断执法机构对于具有或者可能具有排除、限制竞争效果的经营者集中，在经营者能够证明该集中对竞争产生的有利影响明显大于不利影响，或者符合社会公共利益不予禁止的情况下，可以不予禁止。这类经营者集中，虽然对竞争产生的有利影响明显大于不利影响，或者符合社会公共利益，但或多或少仍会对竞争产生不利的影响。为了使集中对竞争产生的不利影响降低到最小的程度，充分地保护和促进市场竞争，本条规定，国务院反垄断执法机构对不予禁止的经营者集中，可以决定附加减少集中对竞争产生不利影响的限制性条件。对不予禁止的集中附加限制性条件是世界各国反垄断执法机构审查经营者集中常用的一种方式，绝大多数申报后被审查发现具有反竞争效果的集中，都附加一定的限制性条件才被批准。为了保护经营者的合法利益，防止反垄断执法机构滥用权力，这些限制性条件必须与竞争因素紧密相关，即为了减少集中对竞争产生的不利影响，不能无限扩大限制性条件的范围。从有关执法实践情况来看，对经营者集中附加的相关限制性条件，通常包括剥离有形资产、知识产权等无形资产或者相关权益等结构性条件，开放其网络或者平台等基础设施、许可关键技术（包括专利、专有技术或者其他知识产权）、终止排他性协议等行为性条件，以及结构性条件和行为性条件相结合的综合性条件等。

第三十六条　国务院反垄断执法机构应当将禁止经营者集中的决定或者对经营者集中附加限制性条件的决定，及时向社会公布。

新旧条文对照

2022 年反垄断法	2007 年反垄断法
第三十六条 国务院反垄断执法机构应当将禁止经营者集中的决定或者对经营者集中附加限制性条件的决定，及时向社会公布。	**第三十条** 国务院反垄断执法机构应当将禁止经营者集中的决定或者对经营者集中附加限制性条件的决定，及时向社会公布。

修改提示

本条未作修改。

条文主旨

本条是关于经营者集中审查决定公开的规定。

条文解读

公开是现代行政程序中的一项重要原则。公开的本意是不加隐蔽，行政程序中的公开，要求行政法规、规章、行政政策以及行政机关作出影响行政相对人权利、义务的行为的标准、条件、程序应当依法公布，允许相对人依法查阅、复制。公开是一种手段，只有公开才能促进公平、公正的实现，“暗箱操作”是没有公平、公正可言的。而公开的实现，必须通过程序来保障，没有法定的程序，公开既无法实现，也没有判断标准。

反垄断执法机构审查经营者集中，作为行政行为的一种，也要遵循公开的原则。依照本法规定，国务院反垄断执法机构对经营者集中进行审查后作出的决定可分为四种，分别为：对经营者集中不实施进一步审查的决定；对经营者集中不予禁止的决定；禁止经营者集中的决定；对经营者集中附加限制性条件的决定。由于后两种决定不仅涉及参与集中的经营者的利益，而且对消费者和其他经营者的利益有重要影响，为了确保这两种决定的公平、公正、科学、合理，本条规定，相关决定必须及时向社会公布。而前两种决定一般仅涉及参与集中的经营者的利益，对消费者和其他经营者的利益没有实质性的影响，本法没有对其向社会公布提出要求，国务院反垄断执法机构可以根据实际的需要向社会公布。这一规定有助于保护申报集中的经营者的合法权益，帮助上下游或者同行业的其他经营者理解、把握反垄断执法机构的集中审查标准和竞争政策，从而提高反垄断执法机构的行政效率，增强反垄断执法的透明度。

第三十七条　**国务院反垄断执法机构应当健全经营者集中分类分级审查制度，依法加强对涉及国计民生等重要领域的经营者集中的审查，提高审查质量和效率。**

新旧条文对照

2022 年反垄断法	2007 年反垄断法
第三十七条　国务院反垄断执法机构应当健全经营者集中分类分级审查制度，依法加强对涉及国计民生等重要领域的经营者集中的审查，提高审查质量和效率。	

修改提示

本条是此次修改新增内容。

条文主旨

本条是关于经营者集中审查工作要求的规定。

条文解读

2022 年 3 月《中共中央、国务院关于加快建设全国统一大市场的意见》明确要求"加快建设高效规范、公平竞争、充分开放的全国统一大市场"，并提出"健全经营者集中分类分级反垄断审查制度"，"加强对金融、传媒、科技、民生等领域和涉及初创企业、新业态、劳动密集型行业的经营者集中审查，提高审查质量和效率"等要求。按照党中央相关决策部署，本条对国务院反垄断执法机构的经营者集中审查工作提出相应要求。国务院反垄断执法机构应当健全经营者集中分类分级审查制度，对依法申报的经营者集中实行分类、分级管理，科学配置审查力量和资源，提升审查工作的科学性、针对性、时效性，提高经营者集中审查的质量和效率。对于涉及国计民生等重要领域的经营者集中，国务院反垄断执法机构应当依法加强审查工作，如强化对相关领域市场的分析研判、关注相关领域并购趋势，依法严格开展经营者集中审查、加大对相关领域违法实施经营者集中行为的查处力度等，切实维护相关重要领域市场公平竞争，保护消费者合法权益。

在国务院提请全国人大常委会审议的反垄断法修正草案中曾规定，国务院反垄断执法机构应当依法加强民生、金融、科技、媒体等领域经营者集中的审查。在全国人大常委会审议和征求意见的过程中，针对修正草案的这一规定，有的地方、部门建议增加列举重点审查领域；有的常委会委员和单位、专家学者提出，经营者集中审查的重点领域将随着形势变化不断调整，法律只作原则要求，为实践留出空间，更为积极稳妥。经研究，修改后的反垄断法对经营者集中审查重点领域作出了相应的原则性规定。

第三十八条　对外资并购境内企业或者以其他方式参与经营者集中，涉及国家安全的，除依照本法规定进行经营者集中审查外，还应当按照国家有关规定进行国家安全审查。

新旧条文对照

2022 年反垄断法	2007 年反垄断法
第三十八条 对外资并购境内企业或者以其他方式参与经营者集中，涉及国家安全的，除依照本法规定进行经营者集中审查外，还应当按照国家有关规定进行国家安全审查。	**第三十一条** 对外资并购境内企业或者以其他方式参与经营者集中，涉及国家安全的，除依照本法规定进行经营者集中审查外，还应当按照国家有关规定进行国家安全审查。

修改提示

本条未作修改。

条文主旨

本条是关于外资并购国家安全审查的衔接性规定。

条文解读

随着我国经济的发展和对外开放的不断扩大，外资并购我国国内企业的数量也在增长。我们在继续坚持扩大开放方针，积极有效利用外资的同时，也要重视外资并购对我国国家安全的影响，从法律、政策等多方面采取有效措施，预防和化解国家安全风险。依照本条规定，外资并购我国境内企业或者以其他方式进行经营者集中的，在依照本法关于经营者集中的规定进行反垄断审查的同时，对可能影响国家安全的，还要依照国家有关规定进行国家安全审查。

外商投资国家安全审查制度，是指东道国可以涉及国家安全为理由，对纳入审查范围的外商投资行为进行审查，评估该投资行为对东道国国家的风险和影响，并据此对该外商投资采取禁止或者限制措施的制度。该制度最早由美国于20世纪70年代创设，后被英国、德国、法国、日本等主要市场经济国家认可和效仿，目前已经成为外商投资管理方面的一项基本制度，在平衡经济利益与国家安全方面发挥了重要作用。我国相关法律对外资安全审查制度作了规定。除反垄断法的上述规定外，2015年制定的国家安全法第五十九条规定，国家建立国家安全审查和监管的制度和机制，对影响或者可能影响国家安全的外商投资等事项和活动，进行国家安全审查，有效预防和化解国家安全风险。2019年制定的外商投资法第三十五条规定，国家建立外商投资安全审查制度，对影响或者可能影响国家安全的外商投资进行安全审查，依法作出的安全审查决定为最终决定。实践中，2002年国务院制定的《指导外商投资方向规定》中明确规定，禁止外商投资“危害国家安全或者损害社会公共利益”的项目。2006年8月商务部等六部门联合发布的《关于外国投资者并购境内企业的规定》中明确规定，外国投资者并购境内企业取得实际控制权，涉及重点行业、存在影响或可能影响国家经济安全因素或者导致拥有驰名商标或中华老字号的境内企业实际控制权转移的，须向商务部申报审查。2011 年 2 月国务院办公厅印发《关于建立外国投资者并购境内企业安全审查制度的通知》，对外资并购的安全审查制度作了规定。2015 年 4 月，国务院办公厅印发《自由贸易试验区外商投资国家安全审查试行办法》，对自由贸易试验区内的外商投资安全审查制度作了规定。2020 年 12 月，报经国务院批准，国家发改委、商务部公布《外商投资安全审查办法》，对外商投资安全审查制度统一作出规定，明确了外商投资安全审查的工作机制、审查程序、法律责任等。

为使本法关于经营者集中实行反垄断审查的规定与有关法律、法规、规章等关于外资并购实行国家安全审查的规定相衔接，本条作出了上述规定。

相关规定

《中华人民共和国国家安全法》第五十九条；《中华人民共和国外商投资法》第三十五条。

第五章　滥用行政权力排除、限制竞争

第三十九条　行政机关和法律、法规授权的具有管理公共事务职能的组织不得滥用行政权力，限定或者变相限定单位或者个人经营、购买、使用其指定的经营者提供的商品。

新旧条文对照

2022 年反垄断法	2007 年反垄断法
第三十九条　行政机关和法律、法规授权的具有管理公共事务职能的组织不得滥用行政权力，限定或者变相限定单位或者个人经营、购买、使用其指定的经营者提供的商品。	**第三十二条**　行政机关和法律、法规授权的具有管理公共事务职能的组织不得滥用行政权力，限定或者变相限定单位或者个人经营、购买、使用其指定的经营者提供的商品。

修改提示

本条未作修改。

条文主旨

本条是关于不得滥用行政权力指定经营者的规定。

条文解读

行政机关和法律、法规授权的具有管理公共事务职能的组织应当严格依法办事，不得违反法律、法规的规定，滥用行政权力，排除、限制竞争。实践中滥用行政权力排除、限制竞争的行为有多种表现形式，本条列举了一种，即限定或者变相限定单位或者个人经营、购买、使用其指定的经营者提供的商品，并明确予以禁止。

首先，行政机关和法律、法规授权的具有管理公共事务职能的组织滥用行政权力对交易进行限定，使被指定商品的经营者因行政权力产生了实质上的市场力量，迫使受限定相对人接受其商品。

其次，限定和变相限定表现形式也有多种，都有一定的强制性。行政机关等主体的限定与变相限定行为表现主要有明确要求、暗示或者拒绝、拖延行政许可或重复检验等方式。明确要求的方式主要是直接通过文件等形式表明限定要求，或者是不采用公开竞争等形式上的竞争程序，从而限定特定的经营者的商品。如某市交通运输局发文要求市内所有网约车均应配备其指定公司生产的卫星定位装置。

最后，限定交易行为的认定标准应在于“相关市场内其他竞争者交易机会的剥夺与限制”。限定交易行为破坏了市场竞争秩序，使本应由经营者或消费者可以自由选择交易企业的自由竞争模式，变为经营者或消费者别无选择地只能与被指定商品的经营者进行交易，造成被指定经营者拥有市场力量，导致其他经营者无法进入市场，使被指定商品的经营者获得一种控制价格的可能性。如有的行政机关未经公开竞争性程序，确定某银行作为违章罚款的唯一代收银行，排除、限制了其他具有合格资质和服务能力的银行参与交通违章罚款代收业务竞争。

相关规定

《制止滥用行政权力排除、限制竞争行为暂行规定》第四条。

第四十条 **行政机关和法律、法规授权的具有管理公共事务职能的组织不得滥用行政权力，通过与经营者签订合作协议、备忘录等方式，妨碍其他经营者进入相关市场或者对其他经营者实行不平等待遇，排除、限制竞争。**

新旧条文对照

2022 年反垄断法	2007 年反垄断法
第四十条　行政机关和法律、法规授权的具有管理公共事务职能的组织不得滥用行政权力，通过与经营者签订合作协议、备忘录等方式，妨碍其他经营者进入相关市场或者对其他经营者实行不平等待遇，排除、限制竞争。	

修改提示

本条是此次修改新增内容。一些地方出现新型行政性限制竞争行为，即通过与某些企业签订合作协议、备忘录等方式来指定特定企业经营某些业务，而排除其他经营者进入市场的可能，究其实质，是滥用行政权力排除、限制竞争的一种行为类型，本条对此明确予以禁止。

条文主旨

本条是关于不得滥用行政权力妨碍其他经营者进入相关市场或者对其他经营者实行不平等待遇的规定。

条文解读

1. 行政机关和法律、法规授权的具有管理公共事务职能的组织在行使行政权力、管理公共事务的过程中，可能会涉及与经营者进行合作，如通过政府购买服务的方式向社会提供公共产品等。行政机关与经营者的合作，有很多好处：一方面，政府购买服务可以提高公共服务供给的水平和效率，克服公共服务传统依靠政府自己设立机构、养人办事所带来的弊端，提高财政资金使用效率，促进服务业发展，等等；另一方面，这种合作毕竟涉及行政权力和经济活动的结合，如不能保证公开、公平，也会带来一些弊端，甚至会出现干扰市场竞争秩序，排除、限制竞争的效果。

同时，随着市场经济的不断发展以及公平竞争秩序理念得到越来越多的认可，直接以行政规定或者行政命令的形式排除、限制市场竞争，越来越不为市场和社会所接受，也很难实施。实践中，有些地方行政机关和法律、法规授权的具有管理公共事务职能的组织，滥用行政权力，通过与经营者签订合作协议、备忘录等方式，妨碍其他经营者进入相关市场或者对其他经营者实行不平等待遇，排除、限制竞争。例如，有些地方政府通过与经营者直接签订合作协议、备忘录等方式授予其特许经营权，违反了公平竞争原则，侵犯了其他经营者公平参与市场竞争的权利。因此，这次修改反垄断法，根据实际中存在的问题，把签订合作协议、备忘录等形式排除、限制竞争，作为一种新的滥用行政权力排除、限制竞争的行为类型进行规制。

2. 以签订合作协议、备忘录等形式排除限制竞争，在行为构成上需满足三个要件：一是表现形式是签订合作协议、备忘录等。二是核心是滥用行政权力，这也是最关键的判断因素。对于什么样的行为构成滥用行政权力，一般应考虑相关行为是否有法律或者政策依据，相关程序是否保证公平对待所有的经营者等。三是行为后果是妨碍其他经营者进入相关市场或者对其他经营者实行不平等待遇，排除、限制竞争。

第四十一条 行政机关和法律、法规授权的具有管理公共事务职能的组织不得滥用行政权力，实施下列行为，妨碍商品在地区之间的自由流通：

（一）对外地商品设定歧视性收费项目、实行歧视性收费标准，或者规定歧视性价格；

（二）对外地商品规定与本地同类商品不同的技术要求、检验标准，或者对外地商品采取重复检验、重复认证等歧视性技术措施，限制外地商品进入本地市场；

（三）采取专门针对外地商品的行政许可，限制外地商品进入本地市场；

（四）设置关卡或者采取其他手段，阻碍外地商品进入或者本地商品运出；

（五）妨碍商品在地区之间自由流通的其他行为。

新旧条文对照

2022 年反垄断法	2007 年反垄断法
第四十一条 行政机关和法律、法规授权的具有管理公共事务职能的组织不得滥用行政权力，实施下列行为，妨碍商品在地区之间的自由流通： （一）对外地商品设定歧视性收费项目、实行歧视性收费标准，或者规定歧视性价格； （二）对外地商品规定与本地同类商品不同的技术要求、检验标准，或者对外地商品采取重复检验、重复认证等歧视性技术措施，限制外地商品进入本地市场； （三）采取专门针对外地商品的行政许可，限制外地商品进入本地市场； （四）设置关卡或者采取其他手段，阻碍外地商品进入或者本地商品运出； （五）妨碍商品在地区之间自由流通的其他行为。	**第三十三条** 行政机关和法律、法规授权的具有管理公共事务职能的组织不得滥用行政权力，实施下列行为，妨碍商品在地区之间的自由流通： （一）对外地商品设定歧视性收费项目、实行歧视性收费标准，或者规定歧视性价格； （二）对外地商品规定与本地同类商品不同的技术要求、检验标准，或者对外地商品采取重复检验、重复认证等歧视性技术措施，限制外地商品进入本地市场； （三）采取专门针对外地商品的行政许可，限制外地商品进入本地市场； （四）设置关卡或者采取其他手段，阻碍外地商品进入或者本地商品运出； （五）妨碍商品在地区之间自由流通的其他行为。

修改提示

本条未作修改。

条文主旨

本条是关于行政机关和法律、法规授权的具有管理公共事务职能的组织不得滥用行政权力，妨碍商品在地区之间的自由流通的规定。

条文解读

我国加快建设全国统一大市场，需要加快建立全国统一的市场制度规则，打破地方保护和市场分割，打通制约经济循环的关键堵点，促进商品要素资源在更大范围内畅通流动。实行社会主义市场经济，需要在全国范围内建立健全统一、开放、竞争、有序的现代市场体系，应当坚持对各类市场主体一视同仁、平等对待。有的地方政府、部门或者法律、法规授权的具有管理公共事务职能的组织，违反法律和国务院的规定，滥用行政权力，采取不正当的方式阻碍不同地区的商品在本地之间的自由流通，形成地方保护和区域壁垒，阻碍了全国统一大市场的形成。本条对这种行为的几种具体表现形式，在法律上明确予以禁止。

1. 对外地商品设定歧视性收费项目、实行歧视性收费标准，或者规定歧视性价格。

外地商品是指非本地企业和个人生产、加工、制造的商品。歧视性，是指不同于本地商品，对外地商品，包括设定歧视性收费项目、实行歧视性收费标准，或者规定歧视性价格，如某省交通运输厅仅对本省客运专车实行通行费优惠政策。外地商品通过市场流动到本地销售，本地行政机关和法律、法规授权的具有管理公共事务职能的组织对待外地商品，应当与本地经营者生产、加工、制造的商品一视同仁，依法进行收费或价格管理，保护各市场主体的公平竞争权益。但有些地方行政机关和法律、法规授权的具有管理公共事务职能的组织为了保护本地商品，滥用行政权力，针对外地商品增加额外的收费项目或者对同一收费项目采取不同的收费标准，或者规定与本地商品不同的歧视性价格，使外地商品在当地的流通中增加了额外成本，处于不利的竞争地位，从而排除和限制了公平竞争，妨碍了商品在地区间的自由流通，本条予以禁止。

2. 对外地商品采取与本地同类商品不同的技术要求、检验标准，或者对外地商品采取重复检验、重复认证等歧视性技术措施，限制外地商品进入本地市场。

有的地方行政机关或法律、法规授权的具有管理公共事务职能的组织，违反国家有关规定，对外地商品采取与本地商品不同的技术要求、检验标准，对外地商品进入本地市场设置不合理的技术壁垒，实行歧视性待遇，使外地商品难以进入当地市场；有的地方的行政机关和法律、法规授权的具有管理公共事务职能的组织，不承认外地合法的商品检验结果或认证机构依法出具的相关证书或证明，要求外地商品必须在当地有关机构重复检验或认证，直接或者间接地增加了外地商品的经济负担，也可能导致外地商品错过销售时机，破坏了法制和市场的统一，其后果比较严重，本条明确禁止。

3. 采取专门针对外地商品的行政许可，限制外地商品进入本地市场。

行政许可是指行政机关根据公民、法人或者其他组织的申请，经依法审查，准予其从事特定活动的行为。依照行政许可法第五条第一款的规定，设定和实施行政许可，应当遵循公开、公平、公正、非歧视的原则。行政机关设定行政许可，应当公平适用于市场主体，不得歧视任何人，不得采取专门针对外地产品或者服务的专营、专卖、审批、许可等手段，实行歧视性待遇，限制外地产品或者服务进入本地市场。有的地方行政机关为了保护本地商品，采取专门针对外地商品的行政许可措施，限制外地商品进入本地市场，这是违反法律法规的。本条明确禁止这类滥用行政权力的地方保护行为。

4. 设置关卡或者采取其他手段，阻碍外地商品进入或者本地商品运出。

除上述对外地商品实行歧视性价格、歧视性技术措施、歧视性行政许可的地区封锁行为外，一些地方的行政机关和法律、法规授权的具有管理公共事务职能的组织，在道路、车站、港口、航空港或者本行政区域边界设置关卡，阻碍外地商品进入或者本地商品运出，阻碍商品在地区之间自由流通。需要注意的是，本项不但禁止阻碍外地商品进入本地市场，还禁止阻碍本地商品运出本地，这两种行为都阻碍了商品在地区之间自由流通，都属于地区封锁行为，本条均明确禁止。

5. 妨碍商品在地区之间自由流通的其他行为。这是一项兜底性规定。由于行政性限制竞争的特殊性，一些行政机关和法律、法规授权的组织为了地方和局部利益，采取各种手段，分割、封锁市场，妨碍商品在地区之间自由流通的行为类型，很难在本条中一一列举。规定兜底性规定，可以囊括未来产生新的行为类型，确保对妨碍商品在地区之间自由流通的行为予以规制。

相关规定

《国务院关于禁止在市场经济活动中实行地区封锁的规定》第四条、《制止滥用行政权力排除、限制竞争行为暂行规定》第五条。

第四十二条　行政机关和法律、法规授权的具有管理公共事务职能的组织不得滥用行政权力，以设定歧视性资质要求、评审标准或者不依法发布信息等方式，排斥或者限制经营者参加招标投标以及其他经营活动。

新旧条文对照

2022 年反垄断法	2007 年反垄断法
第四十二条 行政机关和法律、法规授权的具有管理公共事务职能的组织不得滥用行政权力，以设定歧视性资质要求、评审标准或者不依法发布信息等方式，排斥或者限制经营者参加招标投标**以及其他**经营活动。	**第三十四条** 行政机关和法律、法规授权的具有管理公共事务职能的组织不得滥用行政权力，以设定歧视性资质要求、评审标准或者不依法发布信息等方式，排斥或者限制外地经营者参加本地的招标投标活动。

修改提示

2007 年反垄断法第三十四条中的“排斥或者限制外地经营者参加本地的招标投标活动”的表述适用情形偏窄，为全面规制招投标领域滥用行政权力排除、限制竞争行为，此次将其修改为“排斥或者限制经营者参加招标投标以及其他经营活动”。

条文主旨

本条是关于不得滥用行政权力，排斥或者限制经营者参加招标投标以及其他经营活动。

条文解读

1. 我国社会主义市场经济的基本特点是要充分发挥竞

争机制作用，使市场主体在平等条件下公平竞争、优胜劣汰，从而实现资源的优化配置。我国市场经济发展仍然不平衡、不充分，由于多种原因，一些地方的行政机关和法律、法规授权的具有管理公共事务职能的组织滥用行政权力，排斥或者限制经营者参加招标投标以及其他经营活动的情况时有发生。本条专门对此予以规制，对相关行为予以明确禁止。

2. 招标投标活动是行政主体采购的主要形式，并且与经营者的经营活动关系密切，如果存在行政性限制竞争行为，将对经营者平等地参与市场竞争造成重要影响。招标投标活动应当遵循公开、公平、公正和诚实信用的原则。依法必须进行招标的项目，其招标投标活动不受地区或者部门的限制。任何单位和个人不得违法限制或者排斥本地区、本系统以外的法人或者其他组织参加投标，不得以任何方式非法干涉招标投标活动。同时，行政机关和法律、法规授权的具有管理公共事务职能的组织也不得滥用行政权力，以设定歧视性资质要求、评审标准或者不依法发布信息等方式，排斥或者限制经营者的其他经营活动。

实践中，有的地方行政机关和法律、法规授权的具有管理公共事务职能的组织，采取对本地区以外的承包商或供应商设定歧视性资质要求、评审标准或者不依法发布信息等方式，排斥、限制本地区以外的经营者参加本地区的投标竞争；有的地方行政机关和法律、法规授权的具有管理公共事务职能的组织甚至直接要求本地区的采购单位只能将采购项目交给属于本地区的单位，本地区以外的单位不得参与本地区采购项目的投标；有的地方行政机关和法律、法规授权的具有管理公共事务职能的组织的工作人员则在项目采购中搞权钱交易，以权谋私，收受不法供应商、承包商的好处，利用手中的权力，干预正常的招标投标活动，要求所属的采购单位将采购项目交给其指定的供应商、承包商。上述行为，都是本法所明令禁止的。

相关规定

《国务院关于禁止在市场经济活动中实行地区封锁的规定》第四条；《制止滥用行政权力排除、限制竞争行为暂行规定》第六条。

第四十三条 **行政机关和法律、法规授权的具有管理公共事务职能的组织不得滥用行政权力，采取与本地经营者不平等待遇等方式，排斥、限制、强制或者变相强制外地经营者在本地投资或者设立分支机构。**

新旧条文对照

2022 年反垄断法	2007 年反垄断法
第四十三条 行政机关和法律、法规授权的具有管理公共事务职能的组织不得滥用行政权力，采取与本地经营者不平等待遇等方式，排斥、限制、**强制或者变相强制**外地经营者在本地投资或者设立分支机构。	**第三十五条** 行政机关和法律、法规授权的具有管理公共事务职能的组织不得滥用行政权力，采取与本地经营者不平等待遇等方式，排斥或者限制外地经营者在本地投资或者设立分支机构。

修改提示

2007 年反垄断法第三十五条仅规定了“排斥或者限制”外地经营者在本地投资或者设立分支机构的行为，实践中又出现了“强制或者变相强制”外地经营者在本地投资或者设立分支机构的行为，为了解决实践中此类现象，此次修改增加了对“强制或者变相强制”外地经营者在本地投资或设立分支机构的禁止性规定。

条文主旨

本条是关于不得滥用行政权力排斥、限制、强制或者变相强制外地经营者在本地投资或者设立分支机构的规定。

条文解读

1. 地区封锁是指地方政府或者其职能部门通过行政权力建立起市场壁垒的行为。任何单位或者个人违反法律、行政法规和国务院的规定，以任何方式排斥、限制、强制或者变相强制外地经营者在本地投资或者设立分支机构，限制公平竞争，都属于经济活动中的地区封锁的行为。我国加快建设全国统一大市场，不搞“小而全”的自我小循环，更不能以“内循环”的名义搞地区封锁。鼓励各地区持续优化营商环境，依法开展招商引资活动，防止招商引资恶性竞争行为，以优质的制度供给和制度创新吸引更多优质企业投资。

行政机关和法律、法规授权的具有管理公共事务职能的组织滥用行政权力，排斥、限制、强制或者变相强制外地经营者在本地投资或者设立分支机构，通过采取不平等待遇等方式，增加外地投资者的额外负担，使外地经营者和本地经营者无法公平竞争，其结果会使可竞争的统一市场转变为趋向垄断的市场结构，破坏比较优势，保护落后，最终也不利于本地区经济的发展，同时通过行政权力实施地区封锁的过程中也极易官商勾结，滋生腐败。为此，本条规定对此明确予以禁止。

2. 本条主要规制地方行政机关和法律、法规授权的具有管理公共事务职能的组织采取与本地经营者不平等待遇等方式，对外地投资者在本地投资或者设立分支机构作出限制或者提出要求。禁止的行为，既包括排斥、限制外地经营者在本地投资或者设立分支机构，也包括强制或者变相强制外地经营者在本地投资或设立分支机构。

在表现形式上包括：拒绝或者要求外地经营者在本地投资或者设立分支机构；没有法律、法规依据，对外地经营者在本地投资的规模、方式以及设立分支机构的地址、商业模式等进行限制；对外地经营者在本地的投资或者设立的分支机构在投资、经营规模、经营方式、税费缴纳等方面规定与本地经营者不同的要求，在安全生产、节能环保、质量标准等方面实行歧视性待遇；排斥、限制、强制和变相强制外地经营者在本地投资或者设立分支机构的其他行为；等等。

相关规定

《国务院关于禁止在市场经济活动中实行地区封锁的规定》第五条；《制止滥用行政权力排除、限制竞争行为暂行规定》第七条。

第四十四条　行政机关和法律、法规授权的具有管理公共事务职能的组织不得滥用行政权力，强制或者变相强制经营者从事本法规定的垄断行为。

新旧条文对照

2022 年反垄断法	2007 年反垄断法
第四十四条 行政机关和法律、法规授权的具有管理公共事务职能的组织不得滥用行政权力，强制**或者变相强制**经营者从事本法规定的垄断行为。	**第三十六条** 行政机关和法律、法规授权的具有管理公共事务职能的组织不得滥用行政权力，强制经营者从事本法规定的垄断行为。

修改提示

2007 年反垄断法第三十六条对“强制”经营者从事本法规定的垄断行为作了规范。随着市场经济的不断发展以及公平竞争秩序理念得到越来越多的认可，行政性限制竞争行为也以更加隐蔽的方式出现。为更好地适应现实的需要，更好地禁止各种不同形式的强制经营者从事垄断行为，此次将“强制”修改为“强制或者变相强制”。

条文主旨

本条是关于不得滥用行政权力，强制或者变相强制经营者从事本法规定的垄断行为的规定。

条文解读

我国实行中国特色社会主义市场经济，强调让市场在配置资源中起决定性作用，同时要更好地发挥政府的作用。作为市场主体的经营者之间的公平竞争，是实现优化资源配置，完善市场结构，增进消费者福利的动力。行政机关和法律、法规授权的具有管理公共事务职能的组织滥用行政权力，强制或者变相强制经营者从事本法规定的垄断行为的做法，违反了建立和完善社会主义市场经济体制的要求，侵害了经营者依法享有的经营自主权，也会损害消费者的合法权益。

“强制”通常以行政命令或者要求等形式体现，而“变相强制”的范围更加宽泛，包括但不限于指示、直接组织等看似不具备强制力，但对经营者产生强制效果，使其丧失选择权利的行为。在实践中，行政机关往往不会通过直接强制等手段要求经营者达成垄断协议等，更多地是引导组织经营者达成垄断协议或实施滥用市场支配地位行为。如行政指导型的行政性限制竞争行为，虽不具有法律上的强制力，但由于行政相对人惧于行政机关的权威而服从行政指导，因此可能具有事实上的强制力；在实践中，曾发生过地方行政机关引导经营者达成垄断协议的案例，如某市住建委引导游船经营者达成以执行质量控制价为主要内容的自律准则，某市交通委鼓励经营者达成统一票价并组织指导具体的价格垄断协议。

行政机关和法律、法规授权的具有管理公共事务职能的组织滥用行政权力，强制或者变相强制经营者从事本法规定的垄断行为与经营者自发的垄断行为存在以下不同：(1) 实施主体不同。后者的主体是市场经济的主要参与者——经营者；而前者的主体表面上是经营者，实质上是行政机关和法律、法规授权的具有管理公共事务职能的组织。(2) 目的不同。后者的目的是追求企业自身的经济利益；而前者的实施主体在谋求本地区、本部门等经济利益的同时，还可能附带自身的经济的和非经济的利益。(3) 是否属于企业的自愿行为不同。后者是经营者自愿的逐利行为；前者则是在行政权力拥有者主导下的强制行为，未必符合经营者的经济利益，经营者往往是非自愿的。(4) 危害性不同。后者虽然已经严重危害市场竞争，但是，前者具有超经济的强制性和排斥竞争的封闭性，往往具有更大的危害性。所以，对行政机关和法律、法规授权的具有管理公共事务职能的组织滥用行政权力，强制或者变相强制经营者从事本法规定的垄断行为的行为，更要加以关注，坚决予以反对，依法进行查处。当然，要解决这一问题，还需要更多方面的努力，包括加强行政法治建设，强化科学行政、依法行政意识，树立正确的政绩观，摆正行政机关和法律、法规授权的具有管理公共事务职能的组织的角色定位等。

相关规定

《制止滥用行政权力排除、限制竞争行为暂行规定》第八条。

第四十五条　行政机关和法律、法规授权的具有管理公共事务职能的组织不得滥用行政权力，制定含有排除、限制竞争内容的规定。

新旧条文对照

2022 年反垄断法	2007 年反垄断法
第四十五条　行政机关**和法律、法规授权的具有管理公共事务职能的组织**不得滥用行政权力，制定含有排除、限制竞争内容的规定。	**第三十七条**　行政机关不得滥用行政权力，制定含有排除、限制竞争内容的规定。

修改提示

行政机关和法律、法规授权的具有管理公共事务职能的组织都是抽象行政行为的主体，实践中，法律、法规授权的具有管理公共事务职能的组织制定发布的规范性文件也可能会产生排除或限制市场竞争的后果，应当被纳入反垄断法所禁止的抽象行政性限制竞争行为范畴。因此，此次将本条中的“行政机关”扩展修改为“行政机关和法律、法规授权的具有管理公共事务职能的组织”。

条文主旨

本条是关于不得滥用行政权力以抽象行政行为排除、限制竞争的规定。

条文解读

实践中，抽象行政性限制竞争行为给市场竞争带来的影响往往更大，同时很多具体行政性限制竞争行为均产生于抽象行政行为，因此有必要重点规制，以避免行政主体通过此类行为排除、限制市场竞争。

1. 抽象行政行为是指以不特定的人或事为对象，制定具有普遍约束力的规范性文件的行为。其实施主体，既包括行政机关，也包括“法律、法规授权的具有管理公共事务职能的组织”。行政机关以抽象行政行为排除、限制竞争，是指行政机关滥用行政权力，在其发布的有约束力的规范性文件中制定含有排除、限制竞争内容的规定。本条中的“规定”一般包括行政机关、法律法规授权的组织所发布的具有普遍约束力的法规、规章和具有普遍约束力的决定、命令。实践中，行政机关、法律法规授权的组织可能以规定、办法、决定、公告、通知、意见、会议纪要等形式，制定、发布含有排除、限制竞争内容的市场准入、产业发展、招商引资、招标投标、政府采购、经营行为规范、资质标准等涉及市场主体经济活动的规章、规范性文件和其他政策措施。

与以具体行政行为排除、限制竞争相比，以抽象行政行为排除、限制竞争有以下特点：第一，针对的对象是不特定的人或者事；第二，其效力具有普遍性；第三，该规定可以反复适用，而不是只适用一次；第四，该行为通常创立了一种新的行为模式。实践中，行政主体不仅可能通过具体行政行为，强制市场主体与其指定的经营者进行交易，或者限制商品、资本等要素在不同地区的自由流动，还可能通过制定规章、意见、会议纪要、联合发文或者其他文件的方式，干预市场竞争，使部分经营者获得竞争优势，或者使部分经营者处于不利的竞争地位。因此，采用抽象行政行为的方式排除、限制竞争往往影响面更广、危害更大。

本法第五章“滥用行政权力排除、限制竞争”分别列举了具体行政性限制竞争行为和抽象行政性限制竞争行为，第三十九条至第四十四条分别是对行政主体的具体行政性限制竞争行为进行列举，本条是针对抽象行政性限制竞争行为的禁止。采取这样分别规定的逻辑结构，是由于抽象行政行为与具体行政行为存在较大区别，有必要对抽象行政性限制竞争行为进行专门规定。为此，本条对行政机关和法律、法规授权的具有管理公共事务职能的组织滥用行政权力，制定含有排除、限制竞争的规定的行为，明确予以禁止。

2. 公平竞争审查制度针对行政机关和法律、法规授权的具有管理公共事务职能的组织制定的涉及市场主体经济活动的可能产生排除、限制竞争效果的规章、规范性文件和其他政策措施进行事前审查。事前审查是指在规章、规范性文件和其他政策措施出台实施前，需经过公平竞争审查，经审查认为不具有排除、限制竞争效果的，可以实施；具有排除、限制竞争效果的，应当不予出台或者调整至符合相关要求后出台；未经公平竞争审查的，不得出台。公平竞争审查制度能够有效地预防行政主体通过抽象行政行为排除、限制市场竞争。本条将义务主体由行政机关扩展到了法律、法规授权的具有管理公共事务职能的组织，这样，抽象行政行为的主体与公平竞争竞争审查的主体保持了一致，从而使得预防和制止滥用行政权力排除、限制竞争制度与公平竞争审查制度有效衔接，避免形成管理漏洞。

本条对禁止抽象行政性限制竞争行为作了明确规定。同时，本法第五十五条、第六十一条对行政性限制竞争行为的约谈和法律责任作出规定，行政机关和法律、法规授权的具有管理公共事务职能的组织，涉嫌违反本法规定的，反垄断执法机构可以对法定代表人或者负责人进行约谈，要求其提出改进措施；反垄断执法机构还可以向有关上级机关提出依法处理的建议。公平竞争审查制度与本条前呼后应，在反垄断法层面上为杜绝滥用行政权力排除、限制竞争的抽象行政行为提供了抓手与落实方案，更有效地预防抽象行政性限制竞争行为的产生。

相关规定

《制止滥用行政权力排除、限制竞争行为暂行规定》第九条。

第六章　对涉嫌垄断行为的调查

第四十六条　反垄断执法机构依法对涉嫌垄断行为进行调查。

对涉嫌垄断行为，任何单位和个人有权向反垄断执法机构举报。反垄断执法机构应当为举报人保密。

举报采用书面形式并提供相关事实和证据的，反垄断执法机构应当进行必要的调查。

新旧条文对照

2022 年反垄断法	2007 年反垄断法
第四十六条　反垄断执法机构依法对涉嫌垄断行为进行调查。 对涉嫌垄断行为，任何单位和个人有权向反垄断执法机构举报。反垄断执法机构应当为举报人保密。 举报采用书面形式并提供相关事实和证据的，反垄断执法机构应当进行必要的调查。	**第三十八条**　反垄断执法机构依法对涉嫌垄断行为进行调查。 对涉嫌垄断行为，任何单位和个人有权向反垄断执法机构举报。反垄断执法机构应当为举报人保密。 举报采用书面形式并提供相关事实和证据的，反垄断执法机构应当进行必要的调查。

修改提示

本条沿用了原反垄断法第三十八条的内容，此次未作修改。

条文主旨

本条是关于反垄断执法机构的调查权和举报制度的规定。

条文解读

1. 反垄断执法具有很强的专业化特点，需要赋予反垄断执法机构相应的执法权。反垄断执法机构执法权的内容，既涉及程序上的权力，又涉及实体上的权力。本条第一款赋予反垄断执法机构调查涉嫌垄断行为的权力，属于程序上的权力。这里的“涉嫌垄断行为”，是指有证据表明其可能构成本法规定的“垄断行为”的行为，但是否确实构成垄断，是否违法，还需要进一步调查分析。此外，依据第一款规定，反垄断执法机构调查涉嫌垄断行为应当“依法”进行。

2. 经济生活的各个领域均可能出现垄断现象，涉及市场主体数量众多且情况十分复杂，反垄断执法机构仅凭自身的人力、财力和物力资源难以及时发现各种垄断行为。因此，对涉嫌垄断行为的监督，除依靠反垄断执法机构自身外，还需要鼓励社会力量的参与。通过知悉真相的单位和个人的举报，反垄断执法机构可以及时发现垄断违法行为线索，迅速立案、开展调查和作出处理决定，可以大大提高和增强反垄断执法的效率和效果。举报，是指单位、个人以口头或书面形式向有关部门投诉、检举其所发现或了解到的有关违法行为并要求处理的制度。举报是我国法律赋予公民、组织的一项权利。举报制度是我国各级国家机关一直实行的一种有利于加强同人民群众联系，充分发挥人民群众对违法行为监督作用的行之有效的制度。反垄断执法机构作为垄断行为的执法机关，应当最大限度地依靠社会公众，才能更好地做好监督管理工作。因此，本条第二款规定，对涉嫌垄断行为，任何单位和个人有权向反垄断执法机构举报。这里的“任何单位和个人”既包括合法权益受到涉嫌垄断行为侵害的单位和个人，也包括没有受到涉嫌垄断行为侵害，但掌握相关情况、线索的单位和个人。社会公众分散在社会和市场的各个领域，而垄断行为的影响也存在于社会和市场的各个方面，社会公众往往是垄断活动最广泛、最直接的感受者、发现者，也可能是最先发现垄断行为线索的。因此，社会公众是反垄断执法机构最好的辅助监督力量。

反垄断执法机构应当向社会公开举报信箱、举报电话、电子邮件地址等，创造方便知情人举报的条件，充分发挥社会监督的重要作用。

3. 为了保护举报人的安全，保证举报人的积极性，鼓励社会监督，本条第二款还规定了反垄断执法机构为举报人保密的义务。也就是说，反垄断执法机构应当对举报人的身份信息予以保密，即对举报人的姓名、联系方式、工作单位、家庭住址、家庭成员情况等可以表明举报人身份的信息以及和举报有关的情况予以严格保密，不能泄露，切实保护举报人的人身安全和合法权利。

4. 反垄断执法机构对单位和个人就涉嫌垄断行为的举报，应当按照规定的程序及时进行核实和处理，有助于及时掌握涉嫌垄断违法行为的情况、线索，对开展进一步调查起到积极作用。举报采取书面形式并提供相关事实和证据的，表明举报情况可信程度较高，实施了垄断行为的可能性较大，对此，本条第三款明确要求，反垄断执法机构应当进行必要的调查。

相关规定

《中华人民共和国反垄断法》第六十六条。

第四十七条 **反垄断执法机构调查涉嫌垄断行为，可以采取下列措施：**

（一）进入被调查的经营者的营业场所或者其他有关场所进行检查；

（二）询问被调查的经营者、利害关系人或者其他有关单位或者个人，要求其说明有关情况；

（三）查阅、复制被调查的经营者、利害关系人

或者其他有关单位或者个人的有关单证、协议、会计账簿、业务函电、电子数据等文件、资料；

（四）查封、扣押相关证据；

（五）查询经营者的银行账户。

采取前款规定的措施，应当向反垄断执法机构主要负责人书面报告，并经批准。

新旧条文对照

2022 年反垄断法	2007 年反垄断法
第四十七条 反垄断执法机构调查涉嫌垄断行为，可以采取下列措施： （一）进入被调查的经营者的营业场所或者其他有关场所进行检查； （二）询问被调查的经营者、利害关系人或者其他有关单位或者个人，要求其说明有关情况； （三）查阅、复制被调查的经营者、利害关系人或者其他有关单位或者个人的有关单证、协议、会计账簿、业务函电、电子数据等文件、资料； （四）查封、扣押相关证据； （五）查询经营者的银行账户。	**第三十九条** 反垄断执法机构调查涉嫌垄断行为，可以采取下列措施： （一）进入被调查的经营者的营业场所或者其他有关场所进行检查； （二）询问被调查的经营者、利害关系人或者其他有关单位或者个人，要求其说明有关情况； （三）查阅、复制被调查的经营者、利害关系人或者其他有关单位或者个人的有关单证、协议、会计账簿、业务函电、电子数据等文件、资料； （四）查封、扣押相关证据； （五）查询经营者的银行账户。

2022 年反垄断法	2007 年反垄断法
采取前款规定的措施，应当向反垄断执法机构主要负责人书面报告，并经批准。	采取前款规定的措施，应当向反垄断执法机构主要负责人书面报告，并经批准。

修改提示

本条沿用了原反垄断法第三十九条的内容，此次未作修改。

条文主旨

本条是对反垄断执法机构调查时有权采取的措施的规定。

条文解读

1. 根据本法第十三条规定，我国有权对涉嫌垄断行为进行调查的执法机构为国务院反垄断执法机构及其授权的省、自治区、直辖市人民政府相应的机构。反垄断执法机构对涉嫌垄断行为进行调查时，可以根据调查的实际需要，依据本条规定采取相应的调查措施，具体包括以下几项：

（1）现场检查。即进入被调查的经营者的营业场所或者其他有关场所进行检查。一旦经营者有涉嫌垄断行为的情况，反垄断执法机构就需要在查清事实、了解真相的基础上确定该行为是否构成垄断行为并依法进行处理。查明事实的重要途径之一，是到有涉嫌垄断行为的经营者的营业场所或者其他有关场所，通过听取汇报、查验有关资料等方式进行现场检查。因此，本条规定反垄断执法机构有权进入被调查的经营者的营业场所或者其他有关场所进行检查，以获取有关证据，便于为依法确认和处理有关垄断违法活动提供事实依据。需要强调的是，反垄断执法机构在行使现场检查权时，应当遵守下列原则：一是确有必要；二是检查场所应仅限于“涉嫌垄断的经营者的营业场所或者其他有关场所”，对于与涉嫌垄断行为无关的场所，不得进入检查，同时还要注意遵守有关行政程序的法律规定，防止随意干扰经营者的正常生产经营活动和侵犯经营者的合法权益。

（2）询问有关单位和个人。即询问被调查的经营者、利害关系人（如竞争对手和客户）或者其他有关单位或者个人，要求其说明有关情况。反垄断执法机构要了解事件的事实真相，就需要从各个角度进行调查，其中包括询问被调查的经营者、利害关系人或者和被调查事件有关的单位和个人，要求他们就与被调查行为有关的事项作出说明，然后认真核实、去伪存真，真正做到作出处理决定以事实为依据。

（3）查阅、复制有关单证、协议等文件、资料。本条赋予反垄断执法机构查阅、复制被调查的经营者、利害关系人或者其他有关单位或者个人的有关单证、协议、会计账簿、业务函电、电子数据等文件、资料的权力，这样有利于了解被调查的经营者的有关经济活动，如业务往来、资金流向等，取得相关证据，以确认被调查对象的行为是否构成垄断，有利于案件的正确处理。需要注意的是，查阅、复制的文件、资料必须是与被调查的涉嫌垄断行为有关的单证、协议、会计账簿、业务函电、电子数据等文件、资料，不得扩大查阅、复制文件、资料的范围。

（4）查封、扣押相关证据。为了查明事实，保存证据，防止涉嫌违法的经营者转移、隐匿、损毁有关的文件和资料等证据，反垄断执法机构有权查封、扣押相关证据。“查封”和“扣押”是行政强制法规定的由行政机关直接对当事人的场所、设施或财物予以暂时性控制的行政强制措施。“查封”是行政机关限制当事人对其财产使用和处分的强制措施，主要针对不动产或者其他不便移动的财产，由行政机关以加贴封条的方式限制当事人对财产的移动或使用。“扣押”是行政机关解除当事人对其财物的占有，并限制其处分的强制措施，主要针对可以移动的财产，扣押的财产由行政机关保管。需要强调的是，查封、扣押属于行政强制措施，对当事人影响较大，如果运用不当，会对当事人的财产造成不必要的损害，反垄断执法机构采取这些措施时一定要特别慎重，应当注意以下事项：第一，必须符合行政强制法规定的目的，即行政机关在行政管理过程中，为制止违法行为、防止证据损毁、避免危害发生、控制危险扩大等情形。第二，只能查封、扣押与涉嫌垄断行为直接相关的证据，不得查封、扣押与违法行为无关的场所、设施或者财物，不得查封、扣押公民个人及其所扶养家属的生活必需品。当事人的场所、设施或者财物已被其他国家机关依法查封的，不得重复查封。第三，应当严格遵守行政强制法关于“查封、扣押”的主体、对象、实施程序、期限、解除、财物保管、财物处理等的相关规定。第四，查封、扣押是为了便于调查案件作出行政决定，不是制裁手段，因此采取查封、扣押措施后，应当及时查清事实，作出处理决定；发现查封、扣押措施不当的，应当立即解除查封、扣押措施。

（5）查询经营者的银行账户。通过查询涉嫌垄断行为的经营者的银行账户，可以了解经营者的经济活动状况，以利于发现违法行为。为此，本条赋予反垄断执法机构查询涉嫌垄断行为的经营者的银行账户的权力。

2. 反垄断执法机构采取的调查措施直接关系到经营者、利害关系人或者其他有关单位或者个人的基本权利，不能随意作出。为了保证反垄断执法机构及其工作人员正当行使调查权，防止权力被滥用，损害被调查对象的合法权益，本条第二款规定了反垄断执法机构采取调查措施的内部程序要求，即采取本条第一款规定的各项调查措施，应当向反垄断执法机构主要负责人书面报告，并经批准后方可实施。

需要强调的是：反垄断执法机构在采取调查措施时，应当遵循比例原则，即选择适当的调查措施，在多种措施都可以实现调查目的的情况下，反垄断执法机构应当采用对当事人权益损害最小的措施，才是适当和合理的。也就是说，在强制措施和非强制措施都能达到调查目的时，应当采用非强制措施；在达到调查目的的前提下，应当采用对当事人损害最小的措施。

相关规定

《中华人民共和国宪法》第四十条；《中华人民共和国行政强制法》；《中华人民共和国反垄断法》第十三条。

第四十八条　反垄断执法机构调查涉嫌垄断行为，执法人员不得少于二人，并应当出示执法证件。

执法人员进行询问和调查，应当制作笔录，并由被询问人或者被调查人签字。

新旧条文对照

2022 年反垄断法	2007 年反垄断法
第四十八条　反垄断执法机构调查涉嫌垄断行为，执法人员不得少于二人，并应当出示执法证件。 执法人员进行询问和调查，应当制作笔录，并由被询问人或者被调查人签字。	**第四十条**　反垄断执法机构调查涉嫌垄断行为，执法人员不得少于二人，并应当出示执法证件。 执法人员进行询问和调查，应当制作笔录，并由被询问人或者被调查人签字。

修改提示

本条沿用了原反垄断法第四十条的内容，此次未作修改。

条文主旨

本条是关于反垄断执法机构调查程序的规定。

条文解读

为提高监管效能，本法赋予反垄断执法机构较大的权力，但是如果权力不加约束，就会导致滥用，公正、严格的程序是约束权力的有效方法。因此，本条规定了反垄断执法机构调查涉嫌垄断行为时应当遵守的程序。

1. 执法人员不得少于二人。反垄断执法机构对涉嫌垄断行为调查时，实际到场进行调查的执法人员，至少应当为二人或者二人以上。其目的是使反垄断执法机构的执法人员互相监督制约，保证其依法履行职责，防止一名执法人员在没有监督制约的情况下出现滥用权力、侵犯被调查当事人合法权益的行为。

2. 执法人员应当依法出示执法证件。了解执法人员的执法身份，是当事人应有的权利。反垄断执法机构的执法人员对涉嫌垄断行为进行调查时，向被调查对象出示执法证件，是表明其作为反垄断执法机构执法人员的身份和执行调查任务的合法性。

3. 执法人员应当依法制作笔录并由有关人员签字。询问和调查笔录是在询问、调查过程中制作的，用以记载调查过程中提出的问题和回答，以及询问和调查过程中所发生事项的重要文书。准确制作询问调查笔录，既有利于反垄断执法机构查明事实，正确处理案件，又有利于保护被调查对象陈述和申辩的权利。为了保障询问调查笔录的客观、准确，在询问调查笔录制作完毕后，经核对无误，应当由被询问人或者被调查人签字。这样既表明调查人、被调查人对记录内容负责的态度，又可以防止篡改、伪造询问笔录。

相关规定

《中华人民共和国反垄断法》第五十条；《中华人民共和国行政强制法》；《中华人民共和国行政诉讼法》第三十三条。

第四十九条　反垄断执法机构及其工作人员对执法过程中知悉的商业秘密、个人隐私和个人信息依法负有保密义务。

新旧条文对照

2022 年反垄断法	2007 年反垄断法
第四十九条　反垄断执法机构及其工作人员对执法过程中知悉的商业秘密、**个人隐私和个人信息依法**负有保密义务。	**第四十一条**　反垄断执法机构及其工作人员对执法过程中知悉的商业秘密负有保密义务。

修改提示

本条对原反垄断法第四十一条的内容进行了完善，将保密义务的范围从“商业秘密”扩大到“商业秘密、个人隐私和个人信息”，并在“负有保密义务”前增加了“依法”的表述。

条文主旨

本条是对反垄断执法机构及其工作人员保密义务的规定。

条文解读

反垄断执法机构及其工作人员在依法履行职责的过程中常常会接触到经营者的商业秘密和自然人的个人隐私和个人信息。如果反垄断执法机构及其工作人员没有强烈的保密意识，导致这些商业秘密、个人隐私和个人信息被泄露或者公开，有可能对相关企业、个人的权益造成极大的损害，社会后果也是极为严重的。因此，本条规定，反垄断执法机构及其工作人员对执法过程中知悉的商业秘密、个人隐私和个人信息依法负有保密义务。

1. 反垄断执法机构及其工作人员在执法过程中，有可能涉及、了解有关单位和个人的商业秘密，对其知悉的商业秘密依法予以保密是对反垄断执法机构及其工作人员的基本要求。根据反不正当竞争法第九条第四款的规定，商业秘密，是指不为公众所知悉、具有商业价值并经权利人采取相应保密措施的技术信息和经营信息等商业信息。确定某一技术信息或者经营信息属于商业秘密，需要具备下列要件：（1）该信息不为公众所知悉，即具有秘密性。但是如果该信息是所属领域相关人员普遍知悉或者容易获得的，就不属于商业秘密。（2）该信息具有商业价值。首先，是指该信息能够给经营者带来经济利益或者竞争优势；其次，该信息既可以是能够带来直接的、现实的经济利益或者竞争优势的信息，也可以是能够带来间接的、潜在的经济利益或者竞争优势的信息。（3）权利人采取了相应保密措施。首先，保密措施的方式是多种多样的。例如，制定保密规则，向员工提出保密要求，与员工签订保密协议，向员工支付保密费，对涉密信息采取加密、加锁、加保密提示、限定知悉范围、控制接触人群等措施。其次，保密措施应当与商业秘密的商业价值、独立获取难度等因素“相应”。商业秘密的价值越大，他人通过独立研发、反向工程获取的难度越大，经营者就应当采取越严格的保密措施。（4）该信息应当是技术信息或者经营信息等商业信息。“技术信息”可以包括产品配方、设计方案、加工工艺、操作手法、控制程序、制作方法等信息。“经营信息”可以包括客户信息（名称、地址、联系方式以及交易记录、交易习惯、交易意向等）、货源情报、产销策略、招投标中的标底及标书内容等信息。商业秘密一旦被泄露，往往会给原拥有商业秘密的单位和个人的生产、经营活动带来不利的影响，造成经济损失。反垄断执法机构及其工作人员在执法过程中，对知悉的商业秘密应当依法予以保密，不得非法向外界泄露、传播、扩散，让不该知悉的人知悉。

2. 隐私权是一种重要的人格权，我国十分重视对个人隐私的法律保护。根据民法典第一百一十条、第一千零三十二条和第一千零三十三条的规定，自然人享有隐私权。任何组织或者个人不得以刺探、侵扰、泄露、公开等方式侵害他人的隐私权。隐私是自然人的私人生活安宁和不愿为他人知晓的私密空间、私密活动、私密信息。反垄断执法机构及其工作人员在执法过程中，对知悉的个人隐私信息应当依法予以保密，不得非法向外界泄露、传播、扩散，让不该知悉的人知悉。

3. 近年来，我国不断加大对个人信息的保护力度，高度重视个人信息保护相关立法，在制定关于加强网络信息保护的决定、网络安全法、电子商务法，以及修改消费者权益保护法等工作中，确立了个人信息保护的主要规则；在修改刑法过程中，完善了惩治侵害个人信息犯罪的刑事法律责任；在制定民法典过程中，在总则编和人格权编中均对自然人的个人信息保护作出了规定。2021 年 11 月 1 日起施行的个人信息保护法进一步全面完善了个人信息保护法律制度规范。

根据民法典和个人信息保护法的规定，个人信息是以电子或者其他方式记录的与已识别或者可识别的自然人有关的各种信息，包括自然人的姓名、出生日期、身份证件号码、生物识别信息、住址、电话号码、电子邮箱、健康信息、行踪信息等，不包括匿名化处理后的信息。反垄断执法机构及其工作人员应当遵守本法及相关法律关于个人信息保护的规定，不得泄露或者向他人非法提供。

4. 在反垄断执法过程中，反垄断执法机构及其工作人员容易接触到企业的商业秘密以及利害关系人和其他相关人员的个人隐私和个人信息，其应当严格遵守职业操守，对执行职务时知悉的商业秘密、个人隐私和个人信息予以保密，否则应当依法承担相应的法律责任。根据本法第六十六条规定，反垄断执法机构工作人员滥用职权、玩忽职守、徇私舞弊或者泄露执法过程中知悉的商业秘密、个人隐私和个人信息的，依法给予处分。

相关规定

《中华人民共和国反不正当竞争法》第九条；《中华人民共和国民法典》第一百一十条、第一百一十一条、第九百九十条、第四编第六章（第一千零三十二条、第一千零三十三条、第一千零三十四条、第一千零三十九条）；《中华人民共和国反垄断法》第六十六条。

第五十条 被调查的经营者、利害关系人或者其他有关单位或者个人应当配合反垄断执法机构依法履行职责，不得拒绝、阻碍反垄断执法机构的调查。

新旧条文对照

2022 年反垄断法	2007 年反垄断法
第五十条 被调查的经营者、利害关系人或者其他有关单位或者个人应当配合反垄断执法机构依法履行职责，不得拒绝、阻碍反垄断执法机构的调查。	**第四十二条** 被调查的经营者、利害关系人或者其他有关单位或者个人应当配合反垄断执法机构依法履行职责，不得拒绝、阻碍反垄断执法机构的调查。

修改提示

本条沿用了原反垄断法第四十二条的内容，此次未作修改。

条文主旨

本条是关于被调查对象负有配合义务的规定。

条文解读

反垄断执法机构依法采取调查措施，当事人的配合往往对调查进展和调查结果起到关键作用。因此，本条规定了当事人的配合义务，即被调查的经营者、利害关系人或者其他有关单位和个人负有配合反垄断执法机构调查的义务。

1. 本法第四十七条对反垄断执法机构调查涉嫌垄断行为时有权采取的措施作了规定。对于反垄断执法机构依法进行的调查，被调查的经营者、利害关系人或者其他有关单位和个人应当主动配合，为反垄断执法机构查明事实真相提供便利条件，接受现场调查，接受询问，说明有关情况，在其查阅、复制有关文件、资料时提供真实的有关文件和资料，在其查封、扣押相关证据或者查询有关银行账户时积极配合。

2. 反垄断执法机构依法进行调查时，如果要求被调查的单位和个人予以配合，如实提供有关文件和资料，被调查的单位和个人不得拒绝，也不得隐瞒、掩盖事实真相，隐匿、销毁、转移证据；更不得采用暴力、威胁或者其他手段妨碍反垄断执法机构依法行使职权，获得真实可靠的文件和资料。拒不配合反垄断执法机构调查的单位和个人，应当依法承担相应的法律责任。根据本法第六十二条的规定，对反垄断执法机构依法实施的审查和调查，拒绝提供有关材料、信息，或者提供虚假材料、信息，或者隐匿、销毁、转移证据，或者有其他拒绝、阻碍调查行为的，由反垄断执法机构责令改正，对单位处上一年度销售额百分之一以下的罚款，上一年度没有销售额或者销售额难以计算的，处五百万元以下的罚款；对个人处五十万元以下的罚款。此外，根据本法第六十三条规定，违反本法规定，情节特别严重、影响特别恶劣、造成特别严重后果的，国务院反垄断执法机构可以在本法第六十二条规定的罚款数额的二倍以上五倍以下确定具体罚款数额。

相关规定

《中华人民共和国反垄断法》第四十七条、第六十二条、第六十三条。

第五十一条　被调查的经营者、利害关系人有权陈述意见。反垄断执法机构应当对被调查的经营者、利害关系人提出的事实、理由和证据进行核实。

新旧条文对照

2022 年反垄断法	2007 年反垄断法
第五十一条　被调查的经营者、利害关系人有权陈述意见。反垄断执法机构应当对被调查的经营者、利害关系人提出的事实、理由和证据进行核实。	**第四十三条**　被调查的经营者、利害关系人有权陈述意见。反垄断执法机构应当对被调查的经营者、利害关系人提出的事实、理由和证据进行核实。

修改提示

本条沿用了原反垄断法第四十三条的内容，此次未作修改。

条文主旨

本条是关于被调查对象有权陈述意见以及反垄断执法机构核实义务的规定。

条文解读

1. 行政调查是行政主体行使职权的程序性行为，调查方法必须合法、合理和适当。行政机关进行行政调查，一方面是为了查明案件事实，另一方面是通过调查程序为当事人提供主张权利和保护其合法权益的机会。行政机关行使行政权力作出行政决定之前，尤其是在作出不利于当事人的决定之前，应当听取他们的意见。

陈述权是行政相对人的一项基本程序性权利，其法理依据是：行政机关在作出对当事人不利决定前，应当听取当事人的意见。反垄断执法机构的调查权需要当事人的监督，因此本条规定，被调查的经营者、利害关系人有权陈述意见。这里的陈述意见，是指被调查的经营者、利害关系人对反垄断执法机构调查中所认定的事实、理由和证据是否准确、适当，陈述自己的看法和意见，同时提出自己的主张和要求。陈述意见包括书面陈述和口头陈述等形式。反垄断执法机构应当保障被调查的经营者、利害关系人陈述意见的权利，对其提出陈述意见的要求不能拒绝，应当听取。

2. 本条还规定，反垄断执法机构应当对被调查的经营者、利害关系人提出的事实、理由和证据进行核实。这样规定要求反垄断执法机构对被调查的经营者、利害关系人所提出的事实、理由和证据必须进行调查和分析，只有全面掌握情况并认真核实，才能保证依法作出的决定客观、公正。

相关规定

《中华人民共和国反垄断法》第六十二条、第六十六条。

第五十二条　反垄断执法机构对涉嫌垄断行为调查核实后，认为构成垄断行为的，应当依法作出处理决定，并可以向社会公布。

新旧条文对照

2022 年反垄断法	2007 年反垄断法
第五十二条　反垄断执法机构对涉嫌垄断行为调查核实后，认为构成垄断行为的，应当依法作出处理决定，并可以向社会公布。	**第四十四条**　反垄断执法机构对涉嫌垄断行为调查核实后，认为构成垄断行为的，应当依法作出处理决定，并可以向社会公布。

修改提示

本条沿用了原反垄断法第四十四条的内容，此次未作修改。

条文主旨

本条是关于反垄断执法机构对垄断行为处理决定的规定。

条文解读

1. 根据本条规定，反垄断执法机构对涉嫌垄断行为调查核实后，认为构成垄断行为的，应当依法作出处理决定。对经营者的涉嫌垄断行为，反垄断执法机构应当依据本法第六章的规定进行调查，并依据本法第二章至第四章规定的标准判断该行为是否构成垄断行为，认为构成垄断行为的，应当依法作出决定，依照本法第七章的规定追究法律责任。反垄断执法机构对经调查核实的垄断行为，应当依法作出处理决定，这是反垄断执法机构的法定职责。反垄断执法机构作出处理决定的内容，根据构成垄断行为的情节和类型不同，主要包括：责令停止违法行为、责令改正、责令停止实施集中、限期处分股份或者资产、限期转让营业以及采取其他必要措施恢复到集中前的状态、没收违法所得、罚款等；在经营者集中审查中还要作出是否进一步审查的决定、禁止经营者集中的决定、不予禁止的决定、不予禁止并附加限制性条件的决定等。

2. 本条还规定，反垄断执法机构对垄断行为作出的处理决定，可以向社会公布。行政公开是对行政权进行制约的有效途径。行政处理决定公开是行政公开的重要内容之一。反垄断执法机构将对垄断行为的处理决定向社会公布具有重要意义。行政处理决定公开是规范行政的要求，这有利于保障社会公众的知情权，使得公众能够了解政府决策的背景，法律、法规、政策的执行效果；有利于充分发挥舆论监督的作用，监督反垄断执法机构依法行政；有利于警示其他经营者依法经营；有利于消费者和其他经营者维护自身的合法权益（反垄断执法机构的处理决定常常成为遭受损失的消费者和其他经营者追究违法经营者的民事责任的重要证据）。同时，行政处理结果的公开，使行政相对人可以维护自己的合法权益，其他利益相关方也可以对行政机关的行政执法进行有效监督；还有利于宣传反垄断法，培养全社会的反垄断意识。

相关规定

《中华人民共和国反垄断法》第二章至第四章、第六章、第七章；《中华人民共和国政府信息公开条例》第五条。

第五十三条　对反垄断执法机构调查的涉嫌垄断行为，被调查的经营者承诺在反垄断执法机构认可的期限内采取具体措施消除该行为后果的，反垄断执法机构可以决定中止调查。中止调查的决定应当载明被调查的经营者承诺的具体内容。

反垄断执法机构决定中止调查的，应当对经营者履行承诺的情况进行监督。经营者履行承诺的，反垄断执法机构可以决定终止调查。

有下列情形之一的，反垄断执法机构应当恢复调查：

（一）经营者未履行承诺的；

（二）作出中止调查决定所依据的事实发生重大变化的；

（三）中止调查的决定是基于经营者提供的不完整或者不真实的信息作出的。

新旧条文对照

2022 年反垄断法	2007 年反垄断法
第五十三条 对反垄断执法机构调查的涉嫌垄断行为，被调查的经营者承诺在反垄断执法机构认可的期限内采取具体措施消除该行为后果的，反垄断执法机构可以决定中止调查。中止调查的决定应当载明被调查的经营者承诺的具体内容。 反垄断执法机构决定中止调查的，应当对经营者履行承诺的情况进行监督。经营者履行承诺的，反垄断执法机构可以决定终止调查。	**第四十五条** 对反垄断执法机构调查的涉嫌垄断行为，被调查的经营者承诺在反垄断执法机构认可的期限内采取具体措施消除该行为后果的，反垄断执法机构可以决定中止调查。中止调查的决定应当载明被调查的经营者承诺的具体内容。 反垄断执法机构决定中止调查的，应当对经营者履行承诺的情况进行监督。经营者履行承诺的，反垄断执法机构可以决定终止调查。

2022 年反垄断法	2007 年反垄断法
有下列情形之一的，反垄断执法机构应当恢复调查： （一）经营者未履行承诺的； （二）作出中止调查决定所依据的事实发生重大变化的； （三）中止调查的决定是基于经营者提供的不完整或者不真实的信息作出的。	有下列情形之一的，反垄断执法机构应当恢复调查： （一）经营者未履行承诺的； （二）作出中止调查决定所依据的事实发生重大变化的； （三）中止调查的决定是基于经营者提供的不完整或者不真实的信息作出的。

条文主旨

本条是关于涉嫌垄断行为经营者承诺制度的规定。

修改提示

本条沿用了原反垄断法第四十五条的内容，此次未作修改。

条文解读

1. 经营者承诺制度，一般是指涉嫌垄断行为的经营者在接受反垄断调查过程中，主动承诺停止或者放弃被指控的垄断行为，并采取具体措施消除对竞争的不利影响，反垄断执法机构经评估后可以接受承诺，作出中止调查和终止调查的决定。许多国家和地区的反垄断司法实践中都施行这一制度，在有些国家和地区，这一制度也被称为“和解”制度。

反垄断执法的目的不是处罚经营者，而是预防和制止垄断行为，保护市场竞争，维护消费者合法权益，促进经济健康发展。对于反垄断执法机构而言，垄断行为的调查取证困难，一般较为复杂，研究分析具有较大的不确定性，是一项内容复杂、耗时长、成本高的工作，而且没有被调查的经营者的配合，消除垄断行为的后果也比较困难。对于被调查的经营者而言，反垄断调查将有损其声誉，如果其经营行为最终被认定违反反垄断法，面临的严厉处罚更会对经营者的生产经营活动造成不利影响。所以，经营者承诺在反垄断执法机构认可的期限内采取具体措施消除涉嫌垄断行为的后果，以换取反垄断执法机构中止乃至终止调查，是一个多赢的结果，应当鼓励。有助于提高反垄断执法效率，节约行政执法资源，同时也能够有效实现保护市场公平竞争、维护消费者利益和社会公共利益的目标。实践中需要注意的是，经营者承诺制度的施行，是由于经营者实施了被调查的涉嫌垄断的行为，至于该行为是否真的构成垄断行为，并不能确定，因为这一问题实际上被搁置了。因此，经营者的承诺并不能成为反垄断执法机构用来证明经营者实施垄断行为的证据。

2. 本条规定承诺制度中止调查的条件是，被调查的经营者承诺在反垄断执法机构认可的期限内采取具体措施消除该行为的后果。这一规定包含以下实质要求：第一，经营者必须在反垄断执法机构已经受理案件且调查进行过程中提出承诺。第二，承诺必须由经营者自愿提出。第三，经营者承诺采取的措施应当是有效和切实可行的。第四，该措施应当能够在反垄断执法机构认可的合理期限内消除该行为的后果。反垄断执法机构接受承诺，一个重要考虑就是将涉嫌垄断行为对市场竞争的影响降到最低，这就要求在尽可能短的时间内消除阻碍竞争的因素；如果允许经营者以承诺为名，拖延对其涉嫌垄断行为的调查处理，承诺制度就失去了应有的价值。因此，经营者履行承诺措施的期限，由反垄断执法机构根据具体案情决定。

如果反垄断执法机构接受经营者的承诺，就应当作出中止调查的决定，并在决定中载明承诺的具体内容。对于经营者的承诺，反垄断执法机构没有必须接受的义务。本条规定“反垄断执法机构可以决定中止调查”，即将是否接受经营者承诺的判断权交由反垄断执法机构裁量决定。从其他一些国家和地区的执法经验看，对于一些严重的垄断行为，经营者往往希望通过承诺来避免或者延缓处罚，其结果可能使反垄断执法结果大打折扣。因此，有些国家和地区在立法中明确规定了某些严重的垄断行为不适用承诺制度，如欧盟规定承诺决定不适用于承诺方同意价格控制或划分客户（区域）的核心卡特尔。在我国执法实践中，2019 年 1 月国务院反垄断委员会印发的《国务院反垄断委员会垄断案件经营者承诺指南》对经营者承诺制度的适用范围作出规定：对具有竞争关系的经营者之间固定或者变更商品价格、限制商品生产或者销售数量、分割销售市场或者原材料采购市场的横向垄断协议案件，执法机构不应接受经营者提出承诺，实施中止调查。对于其他垄断案件，经营者主动提出承诺，执法机构可以决定中止调查及终止调查程序。

3. 本条第二款规定，反垄断执法机构决定中止调查的，应当对经营者履行承诺的情况进行监督。经营者履行承诺的，反垄断执法机构可以决定终止调查。

具体来说，为了落实被调查的经营者的承诺，应当对经营者履行承诺的情况进行监督，视市场竞争状况是否得到改善采取进一步措施。如果经营者履行承诺，并且切实消除了垄断行为的不良影响，改善了市场竞争状况，维护了消费者的合法权益，反垄断执法机构可以决定终止调查，制作终止调查决定书。此处的“可以”表明，决定终止调查属于反垄断执法机构的自由裁量权，由反垄断执法机构根据承诺执行情况和实际效果决定。

4. 本条第三款规定，如果反垄断执法机构发现存在下列情形之一，应当恢复调查：（1）经营者未履行承诺的。“未履行”包括根本没有履行和未充分履行，后者的判断标准不仅应当考虑承诺规定的内容，还应当考虑执行承诺的实际效果。经营者未履行承诺，反垄断执法机构应当恢复调查。（2）作出中止调查决定所依据的事实发生重大变化的。行政决定的事实基础发生重大变化，反垄断执法机构应当恢复调查。(3) 中止调查的决定是基于经营者提供的不完整或者不真实的信息作出的。这里所称的“不完整或者不真实的信息”是指经营者为了使反垄断执法机构接受其承诺而提供的、对反垄断执法机构作出中止调查决定产生实质影响的信息。并不是任何资料细节的错漏都会导致反垄断执法机构恢复调查，如果中止调查决定是经营者通过欺诈获得的，应当恢复调查。

相关规定

《中华人民共和国反垄断法》第六十六条。

第五十四条 反垄断执法机构依法对涉嫌滥用行政权力排除、限制竞争的行为进行调查，有关单位或者个人应当配合。

新旧条文对照

2022 年反垄断法	2007 年反垄断法
第五十四条 反垄断执法机构依法对涉嫌滥用行政权力排除、限制竞争的行为进行调查，有关单位或者个人应当配合。	

修改提示

2007年反垄断法中没有反垄断执法机构对涉嫌滥用行政权力排除、限制竞争行为进行调查的规定。本条是此次修改新增的内容，进一步加强了对反垄断执法的保障。

条文主旨

本条是关于对涉嫌滥用行政权力排除、限制竞争行为进行调查的规定。

条文解读

1. 实践中，滥用行政权力排除、限制竞争（以下简称行政性限制竞争）的现象在我国还不同程度地存在，这类行为扭曲竞争机制，损害经营者和消费者合法权益，妨碍全国统一、公平竞争市场体系的建立和完善，社会各界对此普遍关注。本法第十条规定，行政机关和法律、法规授权的具有管理公共事务职能的组织不得滥用行政权力，排除、限制竞争。本法第五章“滥用行政权力排除、限制竞争”专门用一章的内容对行政性限制竞争行为作出具体规定，明确禁止实践中较为典型的滥用行政权力排除、限制竞争行为。本条通过授权反垄断执法机构依法对涉嫌滥用行政权力排除、限制竞争行为进行调查，明确有关单位和个人的配合义务，进一步加强了反垄断执法机构对行政性限制竞争行为执法的制度保障。

2. 对涉嫌滥用行政权力排除、限制竞争的当事人及有关单位和个人进行调查，是反垄断执法机构在依法履职过程中有权采取的措施。为了保证反垄断执法机构依法对涉嫌滥用行政权力排除、限制竞争行为的调查顺利进行，本条规定了有关单位和个人应当配合的义务。这里的有关单位和个人，既包括涉嫌滥用行政权力排除、限制竞争的行政机关和法律、法规授权的具有管理公共事务职能的组织，以及该单位中对涉嫌滥用行政权力排除、限制竞争的行为直接负责的主管人员和其他直接责任人员，也包括与涉嫌滥用行政权力排除、限制竞争行为有关的其他单位和个人。接受调查的有关单位和个人应当主动配合，为反垄断执法机构查明事实真相提供便利条件，接受询问调查。

相关规定

《中华人民共和国反垄断法》第十条、第五章。

第五十五条　经营者、行政机关和法律、法规授权的具有管理公共事务职能的组织，涉嫌违反本法规定的，反垄断执法机构可以对其法定代表人或者负责人进行约谈，要求其提出改进措施。

新旧条文对照

2022年反垄断法	2007年反垄断法
第五十五条　经营者、行政机关和法律、法规授权的具有管理公共事务职能的组织，涉嫌违反本法规定的，反垄断执法机构可以对其法定代表人或者负责人进行约谈，要求其提出改进措施。	

修改提示

本条是此次修改新增的内容。

条文主旨

本条是关于约谈制度的规定。

条文解读

本条在反垄断监管领域引入约谈制度，进一步加强了反垄断执法的制度保障。

1. 约谈，是指依法行使监督管理职权的行政主体，为了防止发生违法行为或者核实、了解情况，在约定的时间、地点与有关当事人进行谈话规劝、警示告诫的一种非强制性行政措施。

2. 本条规定的反垄断执法机构可以采取约谈措施的情形是经营者、行政机关和法律、法规授权的具有管理公共事务职能的组织，涉嫌违反本法规定的，其中既包括涉嫌从事本法禁止的垄断行为，也包括涉嫌从事本法规定的滥用行政权力排除、限制竞争的行为。约谈对象是涉嫌违反本法规定的经营者、行政机关和法律、法规授权的具有管理公共事务职能的组织的法定代表人或者负责人，即经营者的法定代表人，或者行政机关和法律、法规授权的具有管理公共事务职能的组织的负责人。

本条规定的约谈虽然不是行政处罚，但具有警示性、责任性，被约谈的对象应当按照反垄断执法机构的要求提出改进措施。

相关规定

《中华人民共和国反垄断法》第六十六条。

第七章 法律责任

第五十六条 经营者违反本法规定，达成并实施垄断协议的，由反垄断执法机构责令停止违法行为，没收违法所得，并处上一年度销售额百分之一以上百分之十以下的罚款，上一年度没有销售额的，处五百万元以下的罚款；尚未实施所达成的垄断协议的，可以处三百万元以下的罚款。经营者的法定代表人、主要负责人和直接责任人员对达成垄断协议负有个人责任的，可以处一百万元以下的罚款。

经营者组织其他经营者达成垄断协议或者为其他经营者达成垄断协议提供实质性帮助的，适用前款规定。

经营者主动向反垄断执法机构报告达成垄断协议的有关情况并提供重要证据的，反垄断执法机构可以酌情减轻或者免除对该经营者的处罚。

行业协会违反本法规定，组织本行业的经营者达成垄断协议的，由反垄断执法机构责令改正，可以处三百万元以下的罚款；情节严重的，社会团体登记管理机关可以依法撤销登记。

新旧条文对照

2022 年反垄断法	2007 年反垄断法
第五十六条 经营者违反本法规定，达成并实施垄断协议的，由反垄断执法机构责令停止违法行为，没收违法所得，并处上一年度销售额百分之一以上百分之十以下的罚款，**上一年度没有销售额的，处五百万元以下的罚款**；尚未实施所达成的垄断协议的，可以处**三百万元**以下的罚款。**经营者的法定代表人、主要负责人和直接责任人员对达成垄断协议负有个人责任的，可以处一百万元以下的罚款。** **经营者组织其他经营者达成垄断协议或者为其他经营者达成垄断协议提供实质性帮助的，适用前款规定。** 经营者主动向反垄断执法机构报告达成垄断协议的有关情况并提供重要证据的，反垄断执法机构可以酌情减轻或者免除对该经营者的处罚。 行业协会违反本法规定，组	**第四十六条** 经营者违反本法规定，达成并实施垄断协议的，由反垄断执法机构责令停止违法行为，没收违法所得，并处上一年度销售额百分之一以上百分之十以下的罚款；尚未实施所达成的垄断协议的，可以处五十万元以下的罚款。 经营者主动向反垄断执法机构报告达成垄断协议的有关情况并提供重要证据的，反垄断执法机构可以酌情减轻或者免除对该经营者的处罚。 行业协会违反本法规定，组织本行业的经营者达成垄断协议的，反垄断执法机构可以处五十万元以下的罚款；情节严重的，社会团体登记管理机关可以依法撤销登记。

2022 年反垄断法	2007 年反垄断法
织本行业的经营者达成垄断协议的，**由反垄断执法机构责令改正**，可以处**三百万元**以下的罚款；情节严重的，社会团体登记管理机关可以依法撤销登记。	

修改提示

相对于修改前的反垄断法第四十六条，本条的修改主要包括以下四个方面：一是增加“上一年度没有销售额的，处五百万元以下罚款”的规定，补充完善了对实践中存在的上一年度没有销售额等复杂情况进行处罚的内容；二是将尚未实施垄断协议的罚款数额由“五十万元以下”提高到“三百万元以下”，加大对此类行为的惩处力度；三是在第一款最后增加“经营者的法定代表人、主要负责人和直接责任人员对达成垄断协议负有个人责任的，可以处一百万元以下的罚款”的规定，对经营者及其负有经营管理职责的人员实行双重处罚，加强法律的威慑作用，督促经营管理人员自觉遵守反垄断法的规定，保护市场公平竞争；四是增加第二款内容，对违反本法第十九条“经营者不得组织其他经营者达成垄断协议或者为其他经营者达成垄断协议提供实质性帮助”，按照本条第一款进行处罚。

条文主旨

本条是对经营者实施垄断协议、组织其他经营者达成垄断协议或者为其他经营者达成垄断协议提供实质性帮助行为的法律责任及宽容条款的规定。

条文解读

本条共分为四款，规定以下四个方面的内容。

一、第一款是经营者达成并实施垄断协议和未实施所达成垄断协议的法律责任，是对违反本法第十七条和第十八条规定的处罚

本款所称“经营者违反本法规定”，是指经营者既违反本法第十七条关于禁止横向垄断协议的规定和第十八条关于禁止纵向垄断协议的规定，又不能够证明所达成的协议满足本法第二十条规定可以豁免的情形。

依照本款规定，经营者达成并实施垄断协议的，反垄断执法机构应当责令其停止违法行为，不得继续实施垄断协议。同时，反垄断执法机构还应当没收其违法所得，并处以一定数额的罚款。本法将罚款数额定为上一年度销售额百分之一以上百分之十以下，尤其是最高可以处上一年度销售额百分之十的罚款，是比较严厉的规定，主要是出于以下三个方面考虑：其一，由于垄断行为对市场经济的危害性极大，不设定较高的罚款，难以达到有效的惩戒效果；其二，垄断协议难以发现和取证，只有赋予反垄断执法机构足够大的处罚权，才能够对经营者起到有效的威慑作用，让他们不敢轻易达成和实施垄断协议；其三，本条设定了一个较宽的处罚幅度，反垄断执法机构拥有较大的裁量权，可以根据该协议对市场竞争状况的损害程度确定具体的处罚数额。在实践中，还需要规定更明确和具体的操作规定，既要严厉查处违法行为，也要预防滥用自由裁量权造成处罚幅度上畸轻畸重、同事不同罚的现象。反垄断法不但要制止已发生的垄断行为，更要防患于未然，在垄断行为发生损害市场竞争的后果之前就制止它，发挥反垄断法的一般预防作用。本条第一款规定，只要有证据证明经营者达成了垄断协议，即使尚未实施，反垄断执法机构也有权根据其违法情节处以三百万元以下的罚款。

关于“没收违法所得”。没收违法所得，是指行政机关依法将当事人因从事违法行为而获得金钱收入强制无偿收归国有的行政处罚；其中，违法所得，按照行政处罚法第二十八条第二款的规定，是指实施违法行为所取得的款项。违法所得的计算，是反垄断执法实践中的难点问题。在国务院提请全国人大常委会审议的反垄断法修正草案中曾增加规定：“对违法所得难以准确计算的，反垄断执法机构应当将违法所得作为确定具体罚款数额时的考虑因素。”在常委会审议和征求意见的过程中，对这一规定提出很多意见：有的提出，将违法所得作为确定具体罚款数额时的考虑因素，是不是允许不没收违法所得了，这与行政处罚法第二十八条关于当事人有违法所得的、应当予以没收的规定是否相冲突；还有的提出，违法所得难以计算，如何将其作为确定罚款数额的考虑因素，逻辑不清楚。根据有关方面意见，同时考虑到行政处罚法第二十八条已经明确，法律、行政法规、部门规章对违法所得的计算另有规定的，从其规定，修改决定删除了上述规定，相关问题可由执法部门依据行政处罚法有关规定在实践中具体把握。

关于“法定代表人”“主要负责人”“直接责任人员”“个人责任”。法定代表人，是指经营者的董事长、执行董事或者经理，具体由公司章程规定。主要负责人，是指单位法定代表人或者法律、行政法规规定代表单位行使职权的主要负责人。直接责任人员，是指在单位中实际行使管理职权的负责人员，具体认定要结合其在单位承担的管理职责。个人责任，是指上述人员不履行或者不正确履行职责或者违反法律规定的义务，致使企业违法的，应当负有个人责任，依法予以处罚或者对以后从业进行限制。依照本款规定，经营者的法定代表人、主要负责人和直接责任人员对达成垄断协议负有个人责任的，可以处一百万元以下的罚款。

二、关于组织其他经营者达成垄断协议或者为其他经营者达成垄断协议提供实质性帮助行为的法律责任

第二款是此次修改新增加的内容，是对违反本法第十九条规定的处罚。依照本款规定，对于组织其他经营者达成垄断协议或者为其他经营者达成垄断协议提供实质性帮助的处罚，依照第一款规定，由反垄断执法机构责令停止违法行为，没收违法所得，并处上一年度销售额百分之一以上百分之十以下的罚款，上一年度没有销售额的，处五百万元以下的罚款；尚未实施所达成的垄断协议的，可以处三百万元以下的罚款。经营者的法定代表人、主要负责人和直接责任人员对达成垄断协议负有个人责任的，可以处一百万元以下的罚款。

三、关于垄断协议行为处罚的宽容条款

从其他一些国家的反垄断执法经验看，由于面临严厉的处罚，经营者往往采取隐蔽的方式制定和实施垄断协议，反垄断执法机构获取有效证据的难度较大，进一步调查取证的成本高昂。为了更加有效地查处反垄断案件和节约执法成本，本条借鉴其他国家和地区的经验，引入了宽容条款，即经营者主动向反垄断执法机构报告达成垄断协议的有关情况并提供重要证据的，反垄断执法机构可以酌情减轻或者免除对该经营者的处罚。本款所称“经营者”，是指参与了该垄断协议的经营者；所称“主动向反垄断执法机构报告达成垄断协议的有关情况”，是指在反垄断执法机构对其开展反垄断调查之前和调查过程中，经营者向反垄断执法机构提供了有关垄断协议的详细且准确的情报，一般包括参与的经营者、涉及的产品范围、达成协议的方式、协议的具体实施情况等情况；所称“提供重要证据”，是指经营者主动向反垄断执法机构提供对于查处反垄断案件有较大证明力的证据。反垄断执法机构可以根据经营者所提供情报的重要性以及所提供证据的证明力大小，决定对该经营者减轻或者免除处罚的程度。

四、关于行业协会违反本法规定，组织本行业的经营者达成垄断协议的法律责任

本条第四款所称“行业协会违反本法规定”，是指行业协会违反本法第二十一条的规定，组织本行业的经营者达成垄断协议。行业协会不属于本法第十五条定义的“经营者”；但是，在实践中，行业协会组织经营者达成垄断协议的情况却时有发生，其危害性往往比经营者自己达成的垄断协议更大。因此，本法专门对这种行为规定了法律责任，即行业协会组织本行业的经营者达成垄断协议的，反垄断执法机构可以对其处以三百万元以下的罚款；情节严重的，社会团体登记管理机关可以依法撤销登记。需要注意的是，经营者参加行业协会组织的垄断协议的，同样要按照本条第一款、第二款的规定承担相应的法律责任，不能以行业协会的组织行为为理由要求减轻或者免除处罚。

相关规定

《中华人民共和国反垄断法》第十六条、第十七条、第十八条、第二十条；《中华人民共和国刑法》第六十四条；《中华人民共和国行政处罚法》第二十八条。

第五十七条 经营者违反本法规定，滥用市场支配地位的，由反垄断执法机构责令停止违法行为，没收违法所得，并处上一年度销售额百分之一以上百分之十以下的罚款。

新旧条文对照

2022 年反垄断法	2007 年反垄断法
第五十七条 经营者违反本法规定，滥用市场支配地位的，由反垄断执法机构责令停止违法行为，没收违法所得，并处上一年度销售额百分之一以上百分之十以下的罚款。	**第四十七条** 经营者违反本法规定，滥用市场支配地位的，由反垄断执法机构责令停止违法行为，没收违法所得，并处上一年度销售额百分之一以上百分之十以下的罚款。

修改提示

本条未作修改。

条文主旨

本条是关于经营者滥用市场支配地位法律责任的规定。

条文解读

本条所称"经营者违反本法规定"，是指根据本法规定被认定为具有市场支配地位的经营者，滥用其市场支配地位，从事本法第二十二条第一款规定的垄断行为，具体包括低买高卖、掠夺性定价、拒绝交易、强制交易或者限定交易对象、搭售、差别待遇等。

经营者违反本法规定滥用市场支配地位的，反垄断执法机构应当首先责令其停止违法行为；经营者有违法所得的，反垄断执法机构应当没收其违法所得；此外，还应当对经营者处以上一年度销售额百分之一以上百分之十以下的罚款，以示惩戒，使其不再滥用其市场支配地位。

各国的反垄断立法实践中，对于经营者滥用市场地位处罚数额的规定主要有三种模式：（1）欧盟模式，以经营者上一营业年度全球销售额的一定比例为罚款上限。欧盟理事会《关于执行欧共体条约第 81 条和第 82 条竞争规则的 1/2003 号条例》规定，对经营者滥用市场支配地位的行为，可以处以企业上一营业年度总销售额的 10%以下的罚款。德国、罗马尼亚等国家也有类似规定。（2）美国模式，规定具体数额标准。美国《谢尔曼法》规定，任何人垄断或企图垄断，或与他人联合、共谋垄断州际间或与外国间的商业和贸易，是严重犯罪。如果参与人是公司，将处以 1000 万美元以下罚款；如果参与人是个人，将处以 35 万美元以下的罚款，或 3 年以下监禁，也可由法院酌情并用两种处罚。2004 年 6 月，《反托拉斯刑事惩罚加强与改革法》对《谢尔曼法》进行修订，将对公司的最高罚金从 1000 万美元提高到 1 亿美元，同时将对自然人的最长监禁期限从 3 年提高到 10 年，对个人的最高罚金从 35 万美元提高到 100 万美元。

（3）日本和韩国的课征金制度。日本《禁止私人垄断及确保公正交易法》和韩国《规制垄断与公平交易法》都规定，对于经营者滥用市场支配地位的行为，处以一定数额的课征金，该数额由政令或者总统令规定处罚基数的具体计算方法，由法律规定具体的处罚比例。本条研究借鉴了国外有关立法例，根据我国具体情况，对经营者滥用市场支配地位的违法行为的罚款处罚作了规定，具体罚款数额由反垄断执法机构根据违法行为的具体情形在法定范围内裁量。

相关规定

《中华人民共和国反垄断法》第二十二条、第二十三条、第二十四条。

第五十八条 经营者违反本法规定实施集中，且具有或者可能具有排除、限制竞争效果的，由国务院反垄断执法机构责令停止实施集中、限期处分股份或者资产、限期转让营业以及采取其他必要措施恢复到集中前的状态，处上一年度销售额百分之十以下的罚款；不具有排除、限制竞争效果的，处五百万元以下的罚款。

新旧条文对照

2022 年反垄断法	2007 年反垄断法
第五十八条 经营者违反本法规定实施集中，**且具有或者可能具有排除、限制竞争效果**的，由国务院反垄断执法机构责令停止实施集中、限期处分股份或者资产、限期转让营业以及采取其他必要措施恢复到集中前的状态，**处上一年度销售额百分之十以下的罚款；不具有排除、限制竞争效果的，处五百万元**以下的罚款。	**第四十八条** 经营者违反本法规定实施集中的，由国务院反垄断执法机构责令停止实施集中、限期处分股份或者资产、限期转让营业以及采取其他必要措施恢复到集中前的状态，可以处五十万元以下的罚款。

修改提示

本条是对修改前的反垄断法第四十八条的修改。包括以下两个方面：一是对违法实施的集中，区分“具有或者可能具有排除、限制竞争效果”和“不具有排除、限制竞争效果”两种不同情形，分别规定相应的法律责任。二是将销售额作为罚款的基数，违法实施的经营者集中，具有或者可能具有排除、限制竞争效果的，处上一年度销售额百分之十以下的罚款；不具有排除、限制竞争效果的，处五百万元以下的罚款。

条文主旨

本条是关于经营者违法实施集中的法律责任的规定。

条文解读

本条规定了经营者违法实施集中的两种情形的处罚。一是经营者违反本法规定实施集中，且具有或者可能具有排除、限制竞争效果的处罚；二是经营者违反本法规定实施集中，不具有排除、限制竞争效果的处罚。

一、经营者违反本法规定实施集中，且具有或者可能具有排除、限制竞争效果

本法对经营者集中作了一系列的规定，如经营者集中达到国务院规定的申报标准的，应当事先向国务院反垄断执法机构申报；未达到申报标准，经国务院反垄断执法机构要求申报的，也应当申报。经营者向国务院反垄断执法机构申报集中，应当提交具有法律规定内容的申报书、集中对相关市场竞争状况影响的说明、集中协议、参与集中的经营者经会计师事务所审计的上一会计年度财务会计报告、国务院反垄断执法机构规定的其他文件和资料。经营者提交的上述文件、资料不完备，又未在国务院反垄断执法机构规定的期限内补交的，视为没有申报。该申报未申报的，不得实施集中。国务院反垄断执法机构在对经营者集中的申报进行审查期间，经营者不得实施集中。国务院反垄断执法机构审查后作出禁止集中的决定的，经营者不得实施集中。经营者违反本法规定实施集中，还没有完成的，由国务院反垄断执法机构责令停止继续实施集中；已经完成或者已部分完成集中的，由国务院反垄断执法机构依据经营者集中采取的具体方式，责令经营者限期处分股份、资产、转让营业以及其他必要措施恢复到集中前的状态。国务院反垄断执法机构可以对违反本法规定实施集中，且具有或者可能具有排除、限制竞争效果的经营者处上一年度销售额百分之十以下的罚款。具体数额由国务院反垄断执法机构依据经营者违反本法规定实施集中的性质、程度、持续时间和消除违法行为后果的情况等因素决定。

二、经营者违反本法规定实施集中，不具有排除、限制竞争效果

违反本法规定实施集中，不具有排除、限制竞争效果的，实行定额罚，处五百万元以下的罚款。

实践中需要注意的是，执法中要正确甄别、区分经营者集中是否具有排除、限制竞争的效果，以作出合理的处罚。

相关规定

《中华人民共和国反垄断法》第二十六条。

第五十九条 对本法第五十六条、第五十七条、第五十八条规定的罚款，反垄断执法机构确定具体罚款数额时，应当考虑违法行为的性质、程度、持续时间和消除违法行为后果的情况等因素。

新旧条文对照

2022 年反垄断法	2007 年反垄断法
第五十九条 对本法**第五十六条、第五十七条、第五十八条**规定的罚款，反垄断执法机构确定具体罚款数额时，应当考虑违法行为的性质、程度、持续时间**和消除违法行为后果的情况**等因素。	**第四十九条** 对本法第四十六条、第四十七条、第四十八条规定的罚款，反垄断执法机构确定具体罚款数额时，应当考虑违法行为的性质、程度和持续的时间等因素。

修改提示

本条是对修改前的反垄断法第四十九条的修改。此次修改，增加“消除违法行为后果的情况”作为确定具体罚款数额的考虑因素。

条文主旨

本条是关于确定实施垄断行为罚款数额时应考虑因素的规定。

条文解读

本条是关于确定实施垄断行为罚款数额时应考虑因素的规定。本法第五十六条规定，经营者违反本法规定，达成并实施垄断协议的，由反垄断执法机构责令停止违法行为，没收违法所得，并处上一年度销售额百分之一以上百分之十以下的罚款，上一年度没有销售额的，处五百万元以下的罚款；尚未实施所达成的垄断协议的，可以处三百万元以下的罚款。经营者的法定代表人、主要负责人和直接责任人员对达成垄断协议负有个人责任的，可以处一百万元以下的罚款；经营者主动向反垄断执法机构报告达成垄断协议的有关情况并提供重要证据的，反垄断执法机构可以酌情减轻或者免除对该经营者的处罚。第五十七条规定，经营者违反本法规定，滥用市场支配地位的，由反垄断执法机构处以上一年度销售额百分之一以上百分之十以下的罚款。第五十八条规定，经营者违反本法规定实施集中，且具有或者可能具有排除、限制竞争效果的，由国务院反垄断执法机构责令停止实施集中、限期处分股份或者资产、限期转让营业以及采取其他必要措施恢复到集中前的状态，处上一年度销售额百分之十以下的罚款；不具有排除、限制竞争效果的，处五百万元以下的罚款。这三条规定的罚款数额幅度较大，给予反垄断执法机构较大的自由裁量权，如不能正确把握和实施，可能导致处罚中的随意性。为了规范反垄断执法机构的罚款行为，有必要对反垄断执法机构在确定对违法经营者的罚款数额时应考虑的主要因素作出规定。经营者实施的垄断行为的性质、程度、持续时间和消除违法行为后果的情况等不同，对竞争秩序和社会公共利益损害也不同，反垄断执法机构应根据具体案件中违法行为的不同情况，确定具体的罚款数额。

相关规定

《中华人民共和国反垄断法》第五十六条、第五十七条、第五十八条；《中华人民共和国行政处罚法》第二十八条。

第六十条　经营者实施垄断行为，给他人造成损失的，依法承担民事责任。

经营者实施垄断行为，损害社会公共利益的，设区的市级以上人民检察院可以依法向人民法院提起民事公益诉讼。

新旧条文对照

2022 年反垄断法	2007 年反垄断法
第六十条　经营者实施垄断行为，给他人造成损失的，依法承担民事责任。	**第五十条**　经营者实施垄断行为，给他人造成损失的，依法承担民事责任。

2022 年反垄断法	2007 年反垄断法
经营者实施垄断行为，损害社会公共利益的，设区的市级以上人民检察院可以依法向人民法院提起民事公益诉讼。	

修改提示

本条修改增加第二款规定："经营者实施垄断行为，损害社会公共利益的，设区的市级以上人民检察院可以依法向人民法院提起民事公益诉讼。"增加该款规定，有利于拓宽反垄断行为违法后果的救济渠道，维护人民群众合法权益和社会公共利益。

条文主旨

本条是关于实施垄断行为给他人造成损失依法承担民事责任和人民检察院可以依法提起民事公益诉讼的规定。

条文解读

本条共有两款，规定了两个方面内容。

一、关于实施垄断行为给他人造成损失的民事责任的规定

市场经济是法治经济，也是竞争经济，市场中的经营者都享有参与竞争的权利，其他经营者都不得剥夺。同时，经营者应当依法参与竞争，不得实施垄断行为，排除、限制竞争。经营者实施垄断行为，排除、限制竞争，给他人造成损害的，应当承担相应的民事责任。民事责任是民事法律关系人不履行民事法律义务所应当承担的法律后果。民事责任具有以下特点：一是以财产责任为主；二是以等价、补偿为主；三是向特定的权利人或者受害人承担责任。民法典第一百七十九条规定，承担民事责任的方式主要有十一种：停止侵害；排除妨碍；消除危险；返还财产；恢复原状；修理、重作、更换；继续履行；赔偿损失；支付违约金；消除影响、恢复名誉；赔礼道歉。经营者实施垄断行为对他人造成损失具体承担何种民事责任，依据具体情况和有利于受损失人的原则确定。

二、关于设区的市级以上人民检察院可以依法向人民法院提起民事公益诉讼的规定

2017 年 6 月第十二届全国人大常委会第二十八次会议修改民事诉讼法，从法律上确立了检察机关提起民事公益诉讼制度，对检察机关提起公益诉讼的范围、程序作了规定。民事诉讼法第五十八条规定，对污染环境、侵害众多消费者合法权益等损害社会公共利益的行为，法律规定的机关和有关组织可以向人民法院提起诉讼；人民检察院在履行职责中发现破坏生态环境和资源保护、食品药品安全领域侵害众多消费者合法权益等损害社会公共利益的行为，在没有前款规定的机关和组织或者前款规定机关和组织不提起诉讼的情况下，可以向人民法院提起诉讼。2018 年 3 月《最高人民法院、最高人民检察院关于检察公益诉讼案件适用法律若干问题的解释》、2021 年 7 月《人民检察院公益诉讼办案规则》明确了检察机关办理公益诉讼案件的基本原则，细化了公益诉讼案件调查方式和保障措施。

这次修改反垄断法，根据有关方面意见，增加了人民检察院对垄断行为提起民事公益诉讼的规定，明确经营者实施垄断行为，损害社会公共利益的，设区的市级以上人民检察院可以依法向人民法院提起民事公益诉讼。在反垄断领域确立民事公益诉讼制度，有利于发挥检察机关的法律监督职能，提高经济运行效率，更好地保护市场公平竞争和保护国家利益、社会公共利益。

相关规定

《中华人民共和国民法典》第一百七十九条；《中华人民共和国民事诉讼法》第五十五条。

第六十一条 **行政机关和法律、法规授权的具有管理公共事务职能的组织滥用行政权力，实施排除、限制竞争行为的，由上级机关责令改正；对直接负责的主管人员和其他直接责任人员依法给予处分。反垄断执法机构可以向有关上级机关提出依法处理的建议。行政机关和法律、法规授权的具有管**

理公共事务职能的组织应当将有关改正情况书面报告上级机关和反垄断执法机构。

法律、行政法规对行政机关和法律、法规授权的具有管理公共事务职能的组织滥用行政权力实施排除、限制竞争行为的处理另有规定的，依照其规定。

新旧条文对照

2022 年反垄断法	2007 年反垄断法
第六十一条　行政机关和法律、法规授权的具有管理公共事务职能的组织滥用行政权力，实施排除、限制竞争行为的，由上级机关责令改正；对直接负责的主管人员和其他直接责任人员依法给予处分。反垄断执法机构可以向有关上级机关提出依法处理的建议。**行政机关和法律、法规授权的具有管理公共事务职能的组织应当将有关改正情况书面报告上级机关和反垄断执法机构。** 法律、行政法规对行政机关和法律、法规授权的具有管理公共事务职能的组织滥用行政权力实施排除、限制竞争行为的处理另有规定的，依照其规定。	**第五十一条**　行政机关和法律、法规授权的具有管理公共事务职能的组织滥用行政权力，实施排除、限制竞争行为的，由上级机关责令改正；对直接负责的主管人员和其他直接责任人员依法给予处分。反垄断执法机构可以向有关上级机关提出依法处理的建议。 法律、行政法规对行政机关和法律、法规授权的具有管理公共事务职能的组织滥用行政权力实施排除、限制竞争行为的处理另有规定的，依照其规定。

修改提示

本条是对修改前的反垄断法第五十一条的修改。在第一款最后增加“行政机关和法律、法规授权的具有管理公共事务职能的组织应当将有关改正情况书面报告上级机关和反垄断执法机构”，以督促行政机关和法律、法规授权的具有管理公共事务职能的组织落实改正责任，进一步加强反垄断执法的保障。

条文主旨

本条是关于滥用行政权力排除、限制竞争法律责任的规定。

条文解读

本法第五章对行政机关和法律、法规授权的具有管理公共事务职能的组织滥用行政权力，实施排除、限制竞争的行为作了禁止性规定。违反上述规定的，应当依照本条规定追究法律责任。根据本条的规定，行政机关或法律、法规授权的具有管理公共事务职能的组织滥用行政权力，实施排除、限制竞争行为的，由该行政机关或者法律、法规授权的具有管理公共事务职能的组织的上级机关责令改正，该行政机关和组织应当依法改正。对直接负责的主管人员和其他直接责任人员，根据公务员法第六十一条、第六十二条、第六十四条的规定，公务员因违纪违法行为应当承担纪律责任的，依法给予处分，处分分为：警告、记过、记大过、降级、撤职、开除。同时，对行政机关和法律、法规授权的具有管理公共事务职能的组织的上述违法行为，反垄断执法机构可以向有关上级机关提出依法处理的建议。行政机关和法律、法规授权的具有管理公共事务职能的组织应当将有关改正情况书面报告上级机关和反垄断执法机构。

行政性限制竞争行为属于行政权力的不当使用，解决这一问题，一方面要严格执行现行法律、法规的有关规定，对该行为按照组织程序及时纠正，追究直接责任人员的法律责任，同时，也要在行政体制内通过加强行政监督，实行严格的行政责任追究制来解决。应进一步深化经济体制改革和行政管理体制改革，转变政府职能，综合治理行政性限制竞争行为。本条第二款关于对行政机关和法律、法规授权的具有管理公共事务职能的组织滥用行政权力实施排除、限制竞争行为的处理，可以适用法律、行政法规的特别规定，也为综合治理行政性限制竞争行为预留了空间。

相关规定

《中华人民共和国反垄断法》第五十五条；《中华人民共和国公务员法》第六十一条、第六十二条、第六十四条。

第六十二条 对反垄断执法机构依法实施的审查和调查，拒绝提供有关材料、信息，或者提供虚假材料、信息，或者隐匿、销毁、转移证据，或者有其他拒绝、阻碍调查行为的，由反垄断执法机构责令改正，对单位处上一年度销售额百分之一以下的罚款，上一年度没有销售额或者销售额难以计算的，处五百万元以下的罚款；对个人处五十万元以下的罚款。

新旧条文对照

2022年反垄断法	2007年反垄断法
第六十二条 对反垄断执法机构依法实施的审查和调查，拒绝提供有关材料、信息，或者提供虚假材料、信息，或者隐匿、销毁、转移证据，或者有其他拒绝、阻碍调查行为的，由反垄断执法机构责令改正，对单位处**上一年度销售额百分之一以下的罚款，上一年度没有销售额或者销售额难以计算的，处五百万元以下的罚款；**对个人处**五十万元**以下的罚款。	**第五十二条** 对反垄断执法机构依法实施的审查和调查，拒绝提供有关材料、信息，或者提供虚假材料、信息，或者隐匿、销毁、转移证据，或者有其他拒绝、阻碍调查行为的，由反垄断执法机构责令改正，对个人可以处二万元以下的罚款，对单位可以处二十万元以下的罚款；情节严重的，对个人处二万元以上十万元以下的罚款，对单位处二十万元以上一百万元以下的罚款；构成犯罪的，依法追究刑事责任。

修改提示

本条是对修改前的反垄断法第五十二条的修改。此次修改将妨碍反垄断执法机构依法实施审查和调查行为的处罚由"对个人可以处二万元以下的罚款，对单位可以处二十万元以下的罚款；情节严重的，对个人处二万元以上十万元以下的罚款，对单位处二十万元以上一百万元以下的罚款"修改为"对单位处上一年度销售额百分之一以下的罚款，上一年度没有销售额或者销售额难以计算的，处五百万元以下的罚款；对个人处五十万元以下的罚款"，提高了对个人罚款数额的上限，并将上一年度销售额作为确定单位罚款的基数。

条文主旨

本条是关于妨碍反垄断执法机构依法实施审查和调查的法律责任的规定。

条文解读

根据本法有关规定，被审查、调查的经营者、利害关系人或者其他有关单位或者个人应当配合反垄断执法机构依法履行职责，不得拒绝、阻碍。本条是对相关违法行为法律责任的规定，包括两个方面的内容：一是规定妨碍审查、调查的行为，包括拒绝提供有关材料、信息；提供虚假材料、信息；隐匿、销毁、转移证据等具体行为以及兜底性规定

“其他拒绝、阻碍调查行为”。二是对妨碍审查和调查行为的处罚。由反垄断执法机构责令改正，对单位处上一年度销售额百分之一以下的罚款，上一年度没有销售额或者销售额难以计算的，处五百万元以下的罚款；对个人处五十万元以下的罚款。本条增强了反垄断的执法力度，强化了单位和个人配合调查、支持调查的义务，强化了执法权限。

1. 这一条款是对行政执法调查权的保障和加强。反垄断执法机构进行审查和调查，并作出行政决定，需要真实、准确、完整的材料、信息。本法在“经营者集中”一章中规定了申报集中的经营者应当向反垄断执法机构提交有关申请书、集中对相关市场竞争状况影响的说明、集中协议、参与集中的经营者经会计师事务所审计的财务会计报告等文件、资料；在“对涉嫌垄断行为的调查”一章中规定了反垄断执法机构在调查涉嫌垄断行为时可以要求被调查者、利害关系人或者其他有关单位和个人提供有关的单证、协议、会计账簿、业务函电、电子数据等文件、资料，被调查的单位和个人应当配合反垄断执法机构依法进行的调查，不得拒绝或者阻碍。

2. 本条规定的禁止行为的主体包括经营者、利害关系人或者其他有关单位或者个人，既可能是垄断行为的实施主体，也有可能仅是实施了拒绝、阻碍调查的行为主体，不以实施垄断行为为前提。行为方式既包括暴力、以暴力相威胁，也包括故意拖延时间等非暴力不合作方式，其中以暴力、威胁方法拒绝、阻碍调查行为，构成犯罪的，应当依照刑法第二百七十七条妨害公务罪的规定追究刑事责任。

3. 责令改正，是指责令被调查人或者单位，履行配合调查的义务。对拒绝履行配合义务的单位，处上一年度销售额百分之一以下的罚款，上一年度没有销售额或者销售额难以计算的，处五百万元以下的罚款；对拒绝履行配合义务的个人，处五十万元以下的罚款。这一规定的目的是预防和减少当事人隐匿、破坏、销毁涉及垄断行为的财物或其他证据材料，以保证案件查办的顺利进行。

实践中需要注意的是，根据情节轻重，在修改后的处罚幅度内对妨碍执法行为进行处罚。同时，本法增加第六十七条规定，违反本法规定，构成犯罪的，依法追究刑事责任。对于妨碍审查和调查行为，构成犯罪的，可依照刑法第二百七十七条妨害公务罪等相关规定进行处罚。

相关规定

《中华人民共和国反垄断法》第五十二条；《中华人民共和国刑法》第二百七十七条。

第六十三条　**违反本法规定，情节特别严重、影响特别恶劣、造成特别严重后果的，国务院反垄断执法机构可以在本法第五十六条、第五十七条、第五十八条、第六十二条规定的罚款数额的二倍以上五倍以下确定具体罚款数额。**

新旧条文对照

2022 年反垄断法	2007 年反垄断法
第六十三条　违反本法规定，情节特别严重、影响特别恶劣、造成特别严重后果的，国务院反垄断执法机构可以在本法第五十六条、第五十七条、第五十八条、第六十二条规定的罚款数额的二倍以上五倍以下确定具体罚款数额。	

修改提示

本条是此次修改新增内容。

条文主旨

本条是关于特别严重违法行为处罚的规定。

条文解读

党中央、国务院高度重视强化反垄断和防止资本无序扩张。中共中央政治局会议、中央经济工作会议、中央全面深化改革委员会会议和《中共中央、国务院关于加快建设全国统一大市场的意见》《法治政府建设实施纲要（2021—2025 年）》等中央会议和文件强调，加强反垄断、反不正当竞争，着力清除市场壁垒，提高资源配置效率和公平性，加快形成企业自主经营、公平竞争，消费者自由选择、自主消费，商品和要素自由流动、平等交换的现代市场体系。在反垄断法修改过程中，有的意见指出，对于实施垄断行为持续时间长、涉及经营者众多、人民群众反映强烈、通过违法行为获利较多等特别严重的垄断行为，现有处罚规定偏轻，难以形成有效震慑，要加重对上述垄断行为的处罚力度。国务院提请全国人大常委会初次审议的修正草案中增加规定，违反本法规定，情节特别严重、影响特别恶劣、造成特别严重后果的，反垄断执法机构可以按照本法第五十六条、第五十七条、第五十八条、第六十二条规定的罚款数额的二倍以上五倍以下处以罚款，加大对特别严重违法行为的处罚力度。在征求意见过程中，有的意见提出，加倍处罚案件影响较大，应当提高执法层级，建议将“反垄断执法机构”提高为“国务院反垄断执法机构”，修改后的反垄断法采纳了上述意见，国务院反垄断执法机构可以在本法第五十六条、第五十七条、第五十八条、第六十二条规定的罚款数额的二倍以上五倍以下确定具体罚款数额。对于适用本条规定的具体情形、罚款计算方式和处罚具体程序等问题，需要由法规、规章等作出具体规定。

实践中需要注意的是，依照本法第五十六条、第五十七条、第五十八条规定，在适用相关条款中“百分之十”的顶格处罚后再适用加倍罚，最高可以达到上一年销售额的百分之五十，处罚较为严厉，国务院反垄断执法机构有较大的自由裁量空间，执法中应当慎重适用，严格公正执法，根据案件具体情况，按照过罚相当原则，确定罚款的数额，既要严厉查处违法行为，也要预防滥用自由裁量权造成处罚幅度上的畸轻畸重、同事不同罚的现象。

相关规定

《中华人民共和国反垄断法》第五十六条、第五十七条、第五十八条、第六十二条。

第六十四条　经营者因违反本法规定受到行政处罚的，按照国家有关规定记入信用记录，并向社会公示。

新旧条文对照

2022 年反垄断法	2007 年反垄断法
第六十四条　经营者因违反本法规定受到行政处罚的，按照国家有关规定记入信用记录，并向社会公示。	

修改提示

本条是此次修改新增内容，更加注重运用信用手段，将行政处罚与信息公示相结合，通过影响违法经营者的商业信誉来督促经营者合法经营。

条文主旨

本条是关于信用记录的规定。

条文解读

信用记录是政府部门对个人、组织的信用信息进行采集、保存、加工而形成的信用资料，体现了个人、组织在经济社会活动中的可信度、公信力，是判断个人、组织信用状况的重要依据。对于市场经营而言，信用信息无论是对经营者还是消费者都具有重要意义；对于经营者而言，信用信息比产品信息与经营者信誉更为直观，会对经营者的交易机会及投资机会产生直接的影响；对于消费者而言，市场信息不对称往往会导致消费者福利的损失，难以获取经营者信用的负面信息对消费者的损害尤甚。反垄断法规定的将行政处罚记入信用记录，就是综合运用政府监督市场查处垄断行为的职能，公示对垄断行为的行政处罚信息，使得行政处罚信息和其他信息共同形成经营者的信用记录。记入信息记录与公开的形式增加了违法成本，可以督促经营者自觉遵守本法规定，达到预防事前违法的法律实施效果。本条根据推进社会信用体系建设的需要，将有违反本法行为的经营者受到的行政处罚记入信用记录，并向社会公示，有利于发挥信用记录作用。公示的具体方式，包括但不限于政府网站、报刊，大众传播媒介等便于公众知悉的方式。

第六十五条　**对反垄断执法机构依据本法第三十四条、第三十五条作出的决定不服的，可以先依法申请行政复议；对行政复议决定不服的，可以依法提起行政诉讼。**

对反垄断执法机构作出的前款规定以外的决定不服的，可以依法申请行政复议或者提起行政诉讼。

新旧条文对照

2022 年反垄断法	2007 年反垄断法
第六十五条　对反垄断执法机构依据本法**第三十四条、第三十五条**作出的决定不服的，可以先依法申请行政复议；对行政复议决定不服的，可以依法提起行政诉讼。 对反垄断执法机构作出的前款规定以外的决定不服的，可以依法申请行政复议或者提起行政诉讼。	**第五十三条**　对反垄断执法机构依据本法第二十八条、第二十九条作出的决定不服的，可以先依法申请行政复议；对行政复议决定不服的，可以依法提起行政诉讼。 对反垄断执法机构作出的前款规定以外的决定不服的，可以依法申请行政复议或者提起行政诉讼。

修改提示

本条未作实质修改。

条文主旨

本条是关于行政相对人对反垄断执法机构行政决定不服的救济途径的规定。

条文解读

反垄断执法机构对经营者的垄断行为作出处理决定后，经营者应当认真执行。但是，如果经营者认为该决定与事实不符或者适用法律不当，法律也赋予他们必要的救济途径。根据行政复议法和行政诉讼法的规定，公民、法人或者其他组织认为具体行政行为侵犯其合法权益的，有权向行政机关提出行政复议申请，也有权向人民法院提起行政诉讼。反垄断执法机构依据本法作出的决定属于具体行政行为，行政相对人（包括行政决定的对象和利害关系人）对反垄断执法机构的行政决定不服的，本条区分两种情形分别规定了行政复议前置以及行政复议和行政诉讼并行的法律救济途经。

行政复议前置是行政程序法的特殊规定，一般用于专业性比较强的领域。与垄断协议和滥用市场支配地位相比，经营者集中的专业性比较强，涉及的因素更为复杂。因此，根据本条第一款的规定，行政相对人对国务院反垄断执法机构依据本法第三十四条、第三十五条规定作出的机关决定不服的，应当先依法申请行政复议，对行政复议决定不服的，可以再依法提起行政诉讼。除此之外，按照本条第二款规定，对于反垄断执法机构对经营者达成或者实施垄断协议、滥用市场支配地位等行为作出的处理、处罚决定不服的，经营者既可以先依法申请行政复议，对行政复议决定不服的再提起行政诉讼，也可以直接提起行政诉讼。

相关规定

《中华人民共和国反垄断法》第三十四条、第三十五条。

第六十六条　反垄断执法机构工作人员滥用职权、玩忽职守、徇私舞弊或者泄露执法过程中知悉的商业秘密、个人隐私和个人信息的，依法给予处分。

新旧条文对照

2022 年反垄断法	2007 年反垄断法
第六十六条　反垄断执法机构工作人员滥用职权、玩忽职守、徇私舞弊或者泄露执法过程中知悉的商业秘密**、个人隐私和个人信息的**，依法给予处分。	**第五十四条**　反垄断执法机构工作人员滥用职权、玩忽职守、徇私舞弊或者泄露执法过程中知悉的商业秘密，构成犯罪的，依法追究刑事责任；尚不构成犯罪的，依法给予处分。

修改提示

本条是对修改前的反垄断法第五十四条的修改。有两个方面：一是将对在执法过程中知悉的“个人隐私和个人信息”纳入保护范围。对于泄露上述内容的，依法给予处分。二是删除“构成犯罪的，依法追究刑事责任”的表述。构成犯罪的，可依照本条第六十七关于追究刑事责任的衔接规定，按照刑法追究刑事责任。

条文主旨

本条是关于反垄断执法机构工作人员违法行为法律责任的规定。

条文解读

反垄断执法机构工作人员应当依法办事，不得滥用职权、玩忽职守、徇私舞弊。这里所规定的“滥用职权”，是指反垄断执法机构工作人员超越职权，违法决定、处理其无权决定、处理的事项，或者违反规定处理公务，致使公共财产、国家和个人利益遭受损失的行为。“玩忽职守”，是指反垄断执法机构工作人员怠于履行法定职责，或者不认真履行法定职责，致使公共财产、国家和个人利益遭受损失的行为。“徇私舞弊”，是指反垄断执法机构工作人员在执法过程中，为私情、私利等，故意违背事实和法律，该为不为，或者不该为而为之，或者枉法作出处理，致使公共财产、国家或者个人利益遭受损失的行为。

“商业秘密”，是指不为公众所熟悉，具有商业价值，并经权利人采取相应保密措施的技术信息和经营信息等商业信息。技术信息和经营信息包括设计、程序、产品配方、制作工艺、制作方法、管理诀窍、客户名单、货源情报、产销策略、招投标中的标底以及标书内容等信息。商业秘密是经营者的一项重要无形财产，具有特定的价值和使用价值，受法律的保护，任何单位和个人不得侵犯经营者的商业秘密。反垄断执法机构工作人员在执法过程中因为工作需要可能知悉经营者的商业秘密，但是，不得泄露经营者的商业秘密。

根据民法典和个人信息保护法的规定，个人信息是以电子或者其他方式记录的与已识别或者可识别的自然人有关的各种信息，包括自然人的姓名、出生日期、身份证件号码、生物识别信息、住址、电话号码、电子邮箱、健康信息、行踪信息等，不包括匿名化处理后的信息。本法第四十九条规定，反垄断执法机构及其工作人员对执法过程中知悉的商业秘密、个人隐私和个人信息依法负有保密义务。本法第四十九条规定，反垄断执法机构及其工作人员对执法过程中知悉的商业秘密、个人隐私和个人信息依法负有保密义务。

反垄断执法机构工作人员玩忽职守、滥用职权、徇私舞弊的，应当依法给予警告、记过、记大过、降级、撤职、开除等处分。根据公务员法第六十一条、第六十二条、第六十四条的规定，公务员因违纪违法行为应当承担纪律责任的，依法给予处分，处分分为：警告、记过、记大过、降级、撤职、开除。公务员在受处分期间不得晋升职务、职级和级别，其中受记过、记大过、降级、撤职处分的，不得晋升工资档次。有处分权的单位可根据违法的国家工作人员所犯违法事实的情节轻重分别给予不同的处罚，以达到教育惩戒的目的。玩忽职守、滥用职权、徇私舞弊或者泄露执法过程中知悉的商业秘密、个人隐私和个人信息，情节严重构成犯罪的，还应依照刑法有关规定追究其刑事责任。

相关规定

《中华人民共和国反垄断法》第四十九条、第六十七条；《中华人民共和国个人信息保护法》第四条；《中华人民共和国公务员法》第六十一条、第六十二条、第六十四条；《中华人民共和国个人信息保护法》第四条。

第六十七条　违反本法规定，构成犯罪的，依法追究刑事责任。

新旧条文对照

2022 年反垄断法	2007 年反垄断法
第六十七条　违反本法规定，构成犯罪的，依法追究刑事责任。	

修改提示

本条是此次修改新增内容。修改前的反垄断法第五十二条、第五十四条规定相关行为的刑事法律责任，在此次修订中上述条文删除了相关表述，在本条中对违反本法规定的刑事责任作出统一规定。

条文主旨

本条是关于追究刑事责任的衔接性规定。

条文解读

垄断行为，以及违反反垄断法有关监督检查等相关规定的行为，依据刑法及有关规定构成犯罪的，应当依法追究刑事责任。是否构成犯罪应明确依据刑事法律规定进行认定，而构成犯罪的行为包括三个方面内容：垄断行为；对垄断行为的监督检查中工作人员滥用职权、玩忽职守、徇私舞弊等行为以及妨碍执法审查、调查行为的犯罪。

一、对垄断行为规制的相关刑法规定

我国刑法中没有专门规制垄断行为的罪名，刑法第二百二十三条规定了串通投标罪。投标人相互串通投标报价，损害招标人或者其他投标人利益，情节严重的，处三年以下有期徒刑或者拘役，并处或者单处罚金。投标人与招标人串通投标，损害国家、集体、公民的合法利益的，依照上述规定处罚。串通投标，是较为典型的垄断协议行为，如符合刑法规定的构成要件，可按刑法予以刑事处罚。

二、反垄断执法工作人员滥用职权、玩忽职守、徇私舞弊等的犯罪行为

（一）关于滥用职权、玩忽职守、徇私舞弊的犯罪行为

我国刑法第三百九十七条规定了滥用职权罪、玩忽职守罪，即国家机关工作人员滥用职权或者玩忽职守，致使公共财产、国家和人民利益遭受重大损失的，处三年以下有期徒刑或者拘役；情节特别严重的，处三年以上七年以下有期徒刑。本法另有规定的，依照规定。国家机关工作人员徇私舞弊，犯前款罪的，处五年以下有期徒刑或者拘役；情节特别严重的，处五年以上十年以下有期徒刑。对在反垄断执法过程中，滥用职权或者玩忽职守，致使公共财产、国家和人民利益遭受重大损失的，可依照本条规定追究渎职行为的刑事责任。

（二）关于侵犯个人隐私和个人信息的犯罪行为

我国刑法第二百五十三条之一规定了侵犯公民个人信

息罪。对于违反国家有关规定，向他人出售或者提供公民个人信息，情节严重的，处三年以下有期徒刑或者拘役，并处或者单处罚金；情节特别严重的，处三年以上七年以下有期徒刑，并处罚金。将在履行职责或者提供服务过程中获得的公民个人信息，出售或者提供给他人的，依照上述规定从重处罚。对反垄断执法机构工作人员泄露执法过程中知悉的个人隐私、个人信息，情节严重的，可依照本条规定追究刑事责任。

（三）关于侵犯商业秘密的犯罪行为

我国刑法第二百一十九条规定，有下列侵犯商业秘密行为之一，情节严重的，处三年以下有期徒刑，并处或者单处罚金；情节特别严重的，处三年以上十年以下有期徒刑，并处罚金：1. 以盗窃、贿赂、欺诈、胁迫、电子侵入或者其他不正当手段获取权利人的商业秘密的；2. 披露、使用或者允许他人使用以前项手段获取的权利人的商业秘密的；3. 违反保密义务或者违反权利人有关保守商业秘密的要求，披露、使用或者允许他人使用其所掌握的商业秘密的。明知前款所列行为，获取、披露、使用或者允许他人使用该商业秘密的，以侵犯商业秘密论。本条所称权利人，是指商业秘密的所有人和经商业秘密所有人许可的商业秘密使用人。

对在反垄断执法过程中，有上述侵犯商业秘密行为之一，情节严重的，可依照上述刑法规定追究其侵犯商业秘密的刑事责任。

三、妨害反垄断执法审查和调查的犯罪行为

我国刑法第二百七十七条第一款规定了妨害公务罪。以暴力、威胁方法阻碍国家机关工作人员依法执行职务的，处三年以下有期徒刑、拘役、管制或者罚金。这里的“暴力”，是指对执行反垄断审查和调查工作的执法人员身体实行打击或者强制，如捆绑、殴打、伤害；“威胁”，是指以杀害、伤害、毁坏财产、损坏名誉等方式相威胁，阻碍执法人员依法执行审查、调查工作，致使依法执行职务的活动无法正常进行。行为人必须采取暴力、威胁的方法，如果没有实施暴力、威胁的阻碍行为，只是吵闹、谩骂、不服管理等，不构成犯罪，可以依法进行治安管理处罚。如果阻碍的不是国家机关工作人员的活动，或者不是职务活动，或者不是依法进行的职务活动，都不构成妨害公务罪。

实践中需要注意的是，对发现的违法犯罪行为，不能以罚代刑，要依照行政执法机关移送涉嫌犯罪案件的相关规定，及时转交司法机关处理。

相关规定

《中华人民共和国刑法》第二百二十三条、第二百二十六条、第二百五十三条之一、第二百七十七条、第三百九十七条、第三百九十八条；《中华人民共和国保守国家秘密法》第九条。

第八章　附　　则

第六十八条　经营者依照有关知识产权的法律、行政法规规定行使知识产权的行为，不适用本法；但是，经营者滥用知识产权，排除、限制竞争的行为，适用本法。

新旧条文对照

2022 年反垄断法	2007 年反垄断法
第六十八条　经营者依照有关知识产权的法律、行政法规规定行使知识产权的行为，不适用本法；但是，经营者滥用知识产权，排除、限制竞争的行为，适用本法。	**第五十五条**　经营者依照有关知识产权的法律、行政法规规定行使知识产权的行为，不适用本法；但是，经营者滥用知识产权，排除、限制竞争的行为，适用本法。

修改提示

本条未作修改。

条文主旨

本条是关于知识产权保护与反垄断法的关系的规定。

条文解读

反垄断与保护知识产权具有共同的目标，即保护竞争和激励创新，提高经济运行效率，维护消费者利益和社会公共利益。二者相互协调，但又在一定程度上存在冲突：一方面，反垄断法保护经营者就其知识产权享有的独占权利，经营者依照有关知识产权的法律、行政法规规定行使知识产权的行为，不适用反垄断法；另一方面，知识产权也存在权利行使不正当，导致反竞争效果等问题。知识产权的行使不能突破反垄断法的边界和底线，经营者滥用知识产权排除、限制竞争的行为应受到反垄断法的规范。我国保护经营者依法行使知识产权的行为，禁止滥用知识产权，排除、限制竞争的行为。

1. 知识产权是一种无形财产权，包括专利权、商标权、著作权、专有技术等。知识产权具有专有性和排他性，即法律赋予知识产权权利人对特定客体如专利、商标等的独占权，权利人可以在法律授权的范围内排他性地享有或者行使其权利。

2. 知识产权制度是以权利保护为核心的，只有充分和有效的保护才能使知识产权鼓励创新的激励机制发挥作用。

但是，知识产权保护不能绝对化，而必须有一个合理与适度的界限。因为，知识产权保护不仅涉及知识产权的权利人个体利益与社会利益之间的利益平衡，还涉及不同国家、地区之间的利益平衡。由于知识产权的专有性和排他性，使得它容易被权利人不正当地加以利用，破坏正常的市场竞争。知识产权的权利人超出法律对其专有权规定的范围而滥用其权利，以谋取或加强其垄断地位，这种权利是不受保护的，这种行为如果排除、限制了竞争，应当受反垄断法的调整。例如，在知识产权行使的过程中，权利人滥用知识产权所带来的优势，利用许可方式，不正当地限制市场竞争，以此谋取不正当的利益。

需要注意的是，经营者滥用知识产权，排除、限制竞争的行为不是一种独立的垄断行为。滥用知识产权排除、限制竞争行为，是指经营者违反反垄断法的规定行使知识产权，实施垄断协议、滥用市场支配地位等垄断行为。经营者在行使知识产权或者从事相关行为时，达成或者实施垄断协议，滥用市场支配地位等，可能构成滥用知识产权排除、限制竞争的行为。在执法实践中，有的跨国公司滥用市场支配地位，收取不公平的高价专利许可费、没有正当理由搭售非必要专利许可、在产品销售中附加不合理条件，排除、限制了市场竞争，阻碍和抑制了技术创新和发展，损害了消费者利益，我国责令该公司停止违法行为，并处高额罚款，表明我国在重视知识产权保护的同时，也坚决反对任何滥用知识产权排除、限制竞争的行为。

3. 从一些国家的实践来看，处理知识产权保护与反垄断关系的原则是：第一，只要知识产权的获得和行使是合法的，没有超出权利自身的范围，即使因行使知识产权的行为而排除或者限制了竞争，也不适用反垄断法。第二，知识产权的行使超出权利自身的范围，构成知识产权滥用，并产生了排除、限制竞争效果的，应当受反垄断法调整。第三，滥用知识产权排除、限制竞争不是一种独立的垄断行为类型，按其具体表现形式，分别属于垄断协议或者滥用市场支配地位等行为。

4. 本条借鉴国外的有益经验，对知识产权与反垄断法的关系作出了同国外普遍做法相一致的规定。依据本条规定，经营者行使知识产权的行为，不论是自己行使还是通过许可的方式授权他人行使，不论是否对市场竞争造成了排除、限制性的影响，只要是依照有关知识产权的法律、行政法规规定进行的，就不会受到反垄断法的规制，不会被认为是垄断行为而受到处罚；但是，如果经营者滥用其知识产权，排除、限制竞争，将受到反垄断法的禁止。对于什么样的行为构成滥用知识产权的行为，法律并没有作出明确的规定，由反垄断执法部门根据其行为的性质、对竞争的影响等因素来具体判断；反垄断执法部门也可以以指南等形式对实践中比较典型的滥用知识产权排除、限制竞争的行为予以明确。

为了给经营者提供明确指引，预防和制止滥用知识产权排除、限制竞争的行为，我国先后制定《国务院反垄断委员会关于知识产权领域的反垄断指南》《国家市场监督管理总局关于禁止滥用知识产权排除、限制竞争行为的规定》。在执法实践中，执法机关分析经营者是否滥用知识产权排除、限制竞争，一般遵循以下原则：一是采用与其他财产性权利相同的规制标准，遵循反垄断法的相关规定；二是考虑知识产权的特点；三是不因经营者拥有知识产权而推定其在相关市场具有市场支配地位；四是根据个案情况考虑相关行为对效率和创新的积极影响。执法机关分析经营者的行为是否排除、限制竞争影响一般考虑如下因素：一方面应当评估市场的竞争状况，如行业特点与行业发展状况；主要竞争者及其市场份额；市场集中度；市场进入的难易程度；交易相对人的市场地位及对相关知识产权的依赖程度；相关技术更新、发展趋势及研发情况等。另一方面应当对具体行为进行分析，如经营者之间的竞争关系；经营者的市场份额及其对市场的控制力；行为对产量、区域、消费者等方面产生限制的时间、范围和程度；行为设置或者提高市场进入壁垒的可能性；行为对技术创新、传播和发展的阻碍；行为对行业发展的阻碍；行为对潜在竞争的影响等。

相关规定

《国务院反垄断委员会关于知识产权领域的反垄断指南》;《国家市场监督管理总局关于禁止滥用知识产权排除、限制竞争行为的规定》。

第六十九条 农业生产者及农村经济组织在农产品生产、加工、销售、运输、储存等经营活动中实施的联合或者协同行为,不适用本法。

新旧条文对照

2022 年反垄断法	2007 年反垄断法
第六十九条 农业生产者及农村经济组织在农产品生产、加工、销售、运输、储存等经营活动中实施的联合或者协同行为,不适用本法。	**第五十六条** 农业生产者及农村经济组织在农产品生产、加工、销售、运输、储存等经营活动中实施的联合或者协同行为,不适用本法。

修改提示

本条未作修改。

条文主旨

本条是关于农业生产经营活动不适用本法的规定。

条文解读

农业是国民经济的基础产业，又是国民经济的弱势产业。但由于农业生产对自然条件的依赖性很强，作为人们基本生活必需品的农产品需求弹性很小等特点，使农业成为不适合过度竞争的产业，农业生产活动难以适用反垄断法的规定。从全球范围来看，基于农业生产过程中的脆弱性、农民较差的抗风险能力以及在农产品销售过程中较低的议价能力，农业领域的反垄断法适用除外制度是一个较为普遍的制度设计。

不少国家和有关国际组织的反垄断立法都对农业领域给予反垄断豁免。例如，欧盟条约规定，欧盟的农业政策优先于竞争政策，欧盟委员会《关于处理农业领域协议的26号法规》规定，对农业给予反垄断法的“类别豁免”。加拿大规定，渔夫或渔夫协会同特定人员或协会之间关于在特定条件下捕鱼，并以特定价格供鱼的协议不适用反垄断法。美国《克莱顿法》规定，不禁止为合法目的而采取互助措施的农业和园艺组织的活动。

我国高度重视农业和粮食安全问题，尽管三农工作取得了显著成就，但农业基础还不稳固，国家还应采取多种保护措施加以保护。本法借鉴国外立法经验，在本条明确规定农业活动可以排除适用反垄断法。需要注意的是，排除适用的主体仅限于农业生产者及农村经济组织，其他经济主体从事农业经营活动，仍然适用反垄断法。本条所称的农业生产者，既包括农民，也包括农业企业及其他直接从事农业生产经营活动的组织。本条所称的农村经济组织，既包括农民专业合作经济组织，也包括农村集体经济组织。本条所称的农业，是大农业的概念，既包括农产品种植业，也包括林业、畜牧业和渔业。

第七十条　本法自 2008 年 8 月 1 日起施行。

新旧条文对照

2022 年反垄断法	2007 年反垄断法
第七十条　本法自 2008 年 8 月 1 日起施行。	**第五十七条**　本法自 2008 年 8 月 1 日起施行。

修改提示

本法自 2008 年 8 月 1 日起施行，但关于修改反垄断法的决定，自 2022 年 8 月 1 日起施行。

条文主旨

本条是关于本法施行日期的规定。

条文解读

一、反垄断法的施行时间

法律的施行日期也就是法律的生效日期，是法律实施不可缺少的部分。立法法第五十七条规定，法律应当明确规定施行日期。一部法律何时开始生效，一般由该法律的具体性质和实际需要决定，我国立法实践中通常有三种做法：一是自法律公布之日起施行；二是法律公布后一段期限截止后开始生效，具体时间是期限截止之时；三是发布一段时间后施行，规定法律的具体生效时间，为法律的实施留出一定的宣传和准备时间，这一方式目前使用最多，本法亦采用这一方式。本法开始生效的时间是 2008 年 8 月 1 日。

二、修改决定的施行时间

目前，修改法律主要有两种形式：一种是修订，即对法律条文作全面修改，重新予以规定。全面修改大致相当于重新制定一部法律，因此法律的施行日期一般也会重新规定。另一种是通过修改决定的方式，对法律的部分条文予以修改，未修改的部分继续施行。修改决定规定修改决定的施行日期，即修改部分执行修改决定的生效日期，未修改部分执行原来法律规定的生效日期。本次修改反垄断法，采用了修改决定的方式，属于部分修改。修改决定自 2022 年 8 月 1 日起施行。关于修改反垄断法的决定自 2022 年 8 月 1 日施行后，在中华人民共和国境内经济活动中的垄断行为，适用修改后的反垄断法的相关条款。

附录一

中华人民共和国主席令

第一一六号

《全国人民代表大会常务委员会关于修改〈中华人民共和国反垄断法〉的决定》已由中华人民共和国第十三届全国人民代表大会常务委员会第三十五次会议于2022年6月24日通过，现予公布，自2022年8月1日起施行。

中华人民共和国主席　习近平

2022年6月24日

全国人民代表大会常务委员会关于修改《中华人民共和国反垄断法》的决定

（2022 年 6 月 24 日第十三届全国人民代表大会常务委员会第三十五次会议通过）

第十三届全国人民代表大会常务委员会第三十五次会议决定对《中华人民共和国反垄断法》作如下修改：

一、将第四条修改为："反垄断工作坚持中国共产党的领导。

"国家坚持市场化、法治化原则，强化竞争政策基础地位，制定和实施与社会主义市场经济相适应的竞争规则，完善宏观调控，健全统一、开放、竞争、有序的市场体系。"

二、增加一条，作为第五条："国家建立健全公平竞争审查制度。

"行政机关和法律、法规授权的具有管理公共事务职能的组织在制定涉及市场主体经济活动的规定时，应当进行公平竞争审查。"

三、增加一条，作为第九条："经营者不得利用数据和算法、技术、资本优势以及平台规则等从事本法禁止的垄断行为。"

四、增加一条，作为第十一条："国家健全完善反垄断规则制度，强化反垄断监管力量，提高监管能力和监管体系现代化水平，加强反垄断执法司法，依法公正高效审理垄断案件，健全行政执法和司法衔接机制，维护公平竞争秩序。”

五、将第十条改为第十三条，第一款修改为：“国务院反垄断执法机构负责反垄断统一执法工作。”

六、将第十三条第二款改为第十六条，第一款改为第十七条。

七、将第十四条改为第十八条，增加二款，作为第二款、第三款：“对前款第一项和第二项规定的协议，经营者能够证明其不具有排除、限制竞争效果的，不予禁止。

“经营者能够证明其在相关市场的市场份额低于国务院反垄断执法机构规定的标准，并符合国务院反垄断执法机构规定的其他条件的，不予禁止。”

八、增加一条，作为第十九条：“经营者不得组织其他经营者达成垄断协议或者为其他经营者达成垄断协议提供实质性帮助。”

九、将第十七条改为第二十二条，增加一款，作为第二款：“具有市场支配地位的经营者不得利用数据和算法、技术以及平台规则等从事前款规定的滥用市场支配地位的行为。”

十、将第二十一条改为第二十六条，增加二款，作为第二款、第三款：“经营者集中未达到国务院规定的申报标准，但有证据证明该经营者集中具有或者可能具有排除、限制竞争效果的，国务院反垄断执法机构可以要求经营者申报。

“经营者未依照前两款规定进行申报的，国务院反垄断执法机构应当依法进行调查。”

十一、增加一条，作为第三十二条：“有下列情形之一的，国务院反垄断执法机构可以决定中止计算经营者集中的审查期限，并书面通知经营者：

“（一）经营者未按照规定提交文件、资料，导致审查工作无法进行；

“（二）出现对经营者集中审查具有重大影响的新情况、新事实，不经核实将导致审查工作无法进行；

“（三）需要对经营者集中附加的限制性条件进一步评估，且经营者提出中止请求。

“自中止计算审查期限的情形消除之日起，审查期限继续计算，国务院反垄断执法机构应当书面通知经营者。”

十二、增加一条，作为第三十七条：“国务院反垄断执法机构应当健全经营者集中分类分级审查制度，依法加强对涉及国计民生等重要领域的经营者集中的审查，提高审查质量和效率。”

十三、增加一条，作为第四十条：“行政机关和法律、法规授权的具有管理公共事务职能的组织不得滥用行政权力，通过与经营者签订合作协议、备忘录等方式，妨碍其他经营者进入相关市场或者对其他经营者实行不平等待遇，排除、限制竞争。”

十四、增加一条，作为第五十四条：“反垄断执法机构依法对涉嫌滥用行政权力排除、限制竞争的行为进行调查，有关单位或者个人应当配合。”

十五、增加一条，作为第五十五条：“经营者、行政机关和法律、法规授权的具有管理公共事务职能的组织，涉嫌违反本法规定的，反垄断执法机构可以对其法定代表人或者负责人进行约谈，要求其提出改进措施。”

十六、将第四十六条改为第五十六条，第一款修改为：“经营者违反本法规定，达成并实施垄断协议的，由反垄断执法机构责令停止违法行为，没收违法所得，并处上一年度销售额百分之一以上百分之十以下的罚款，上一年度没有销售额的，处五百万元以下的罚款；尚未实施所达成的垄断协议的，可以处三百万元以下的罚款。经营者的法定代表人、主要负责人和直接责任人员对达成垄断协议负有个人责任的，可以处一百万元以下的罚款。”

增加一款，作为第二款：“经营者组织其他经营者达成垄断协议或者为其他经营者达成垄断协议提供实质性帮助的，适用前款规定。”

将第三款改为第四款，其中的“反垄断执法机构可以处五十万元以下的罚款”修改为“由反垄断执法机构责令改正，可以处三百万元以下的罚款”。

十七、将第四十八条改为第五十八条，修改为：“经营者违反本法规定实施集中，且具有或者可能具有排除、限制竞争效果的，由国务院反垄断执法机构责令停止实施集中、限期处分股份或者资产、限期转让营业以及采取其他必要措施恢复到集中前的状态，处上一年度销售额百分之十以下的罚款；不具有排除、限制竞争效果的，处五百万元以下的罚款。”

十八、将第五十条改为第六十条，增加一款，作为第二款：“经营者实施垄断行为，损害社会公共利益的，设区的市级以上人民检察院可以依法向人民法院提起民事公益诉讼。”

十九、将第五十一条改为第六十一条，在第一款最后增加“行政机关和法律、法规授权的具有管理公共事务职能的组织应当将有关改正情况书面报告上级机关和反垄断执法机构。”

二十、将第五十二条改为第六十二条，其中的“对个人可以处二万元以下的罚款，对单位可以处二十万元以下的罚款；情节严重的，对个人处二万元以上十万元以下的罚款，对单位处二十万元以上一百万元以下的罚款；构成犯罪的，依法追究刑事责任”修改为“对单位处上一年度销售额百分之一以下的罚款，上一年度没有销售额或者销售额难以计算的，处五百万元以下的罚款；对个人处五十万元以下的罚款”。

二十一、增加一条，作为第六十三条：“违反本法规定，情节特别严重、影响特别恶劣、造成特别严重后果的，国务院反垄断执法机构可以在本法第五十六条、第五十七条、第五十八条、第六十二条规定的罚款数额的二倍以上五倍以下确定具体罚款数额。”

二十二、增加一条，作为第六十四条：“经营者因违反本法规定受到行政处罚的，按照国家有关规定记入信用记录，并向社会公示。”

二十三、将第五十四条改为第六十六条，修改为：“反垄断执法机构工作人员滥用职权、玩忽职守、徇私舞弊或者泄露执法过程中知悉的商业秘密、个人隐私和个人信息的，依法给予处分。”

二十四、增加一条，作为第六十七条：“违反本法规定，构成犯罪的，依法追究刑事责任。”

二十五、对部分条文作以下修改：

（一）在第一条中的“保护市场公平竞争”后增加“鼓励创新”。

（二）将第十一条改为第十四条，在“引导本行业的经营者依法竞争”后增加“合规经营”。

（三）将第十二条改为第十五条，第一款中的“其他组织”修改为“非法人组织”。

（四）将第十五条改为第二十条，其中的“不适用本法第十三条、第十四条”修改为“不适用本法第十七条、第十八条第一款、第十九条”。

（五）将第三十四条改为第四十二条，其中的“排斥或者限制外地经营者参加本地的招标投标活动”修改为“排斥或者限制经营者参加招标投标以及其他经营活动”。

（六）将第三十五条改为第四十三条，其中的“排斥或者限制外地经营者在本地投资或者设立分支机构”修改为“排斥、限制、强制或者变相强制外地经营者在本地投资或者设立分支机构”。

（七）将第三十六条改为第四十四条，其中的“强制经营者从事本法规定的垄断行为”修改为“强制或者变相强制经营者从事本法规定的垄断行为”。

（八）将第三十七条改为第四十五条，在“行政机关”后增加“和法律、法规授权的具有管理公共事务职能的组织”。

（九）将第四十一条改为第四十九条，在“商业秘密”后增加“个人隐私和个人信息”，将“负有保密义务”修改为“依法负有保密义务”。

（十）将第四十九条改为第五十九条，其中的“性质、程度和持续的时间”修改为“性质、程度、持续时间和消除违法行为后果的情况”。

本决定自 2022 年 8 月 1 日起施行。

《中华人民共和国反垄断法》根据本决定作相应修改并对条文顺序作相应调整，重新公布。

中华人民共和国反垄断法

（2007年8月30日第十届全国人民代表大会常务委员会第二十九次会议通过　根据2022年6月24日第十三届全国人民代表大会常务委员会第三十五次会议《关于修改〈中华人民共和国反垄断法〉的决定》修正）

目　录

第一章　总　　则

第一条　为了预防和制止垄断行为，保护市场公平竞争，鼓励创新，提高经济运行效率，维护消费者利益和社会公共利益，促进社会主义市场经济健康发展，制定本法。

第二条　中华人民共和国境内经济活动中的垄断行为，适用本法；中华人民共和国境外的垄断行为，对境内市场竞争产生排除、限制影响的，适用本法。

第三条　本法规定的垄断行为包括：

（一）经营者达成垄断协议；

（二）经营者滥用市场支配地位；

（三）具有或者可能具有排除、限制竞争效果的经营者集中。

第四条　反垄断工作坚持中国共产党的领导。

国家坚持市场化、法治化原则，强化竞争政策基础地位，制定和实施与社会主义市场经济相适应的竞争规则，完善宏观调控，健全统一、开放、竞争、有序的市场体系。

第五条　国家建立健全公平竞争审查制度。

行政机关和法律、法规授权的具有管理公共事务职能的组织在制定涉及市场主体经济活动的规定时，应当进行公平竞争审查。

第六条　经营者可以通过公平竞争、自愿联合，依法实施集中，扩大经营规模，提高市场竞争能力。

第七条　具有市场支配地位的经营者，不得滥用市场支配地位，排除、限制竞争。

第八条　国有经济占控制地位的关系国民经济命脉和国家安全的行业以及依法实行专营专卖的行业，国家对其经营者的合法经营活动予以保护，并对经营者的经营行为及其商品和服务的价格依法实施监管和调控，维护消费者利益，促进技术进步。

前款规定行业的经营者应当依法经营，诚实守信，严格自律，接受社会公众的监督，不得利用其控制地位或者专营专卖地位损害消费者利益。

第九条 经营者不得利用数据和算法、技术、资本优势以及平台规则等从事本法禁止的垄断行为。

第十条 行政机关和法律、法规授权的具有管理公共事务职能的组织不得滥用行政权力，排除、限制竞争。

第十一条 国家健全完善反垄断规则制度，强化反垄断监管力量，提高监管能力和监管体系现代化水平，加强反垄断执法司法，依法公正高效审理垄断案件，健全行政执法和司法衔接机制，维护公平竞争秩序。

第十二条 国务院设立反垄断委员会，负责组织、协调、指导反垄断工作，履行下列职责：

（一）研究拟订有关竞争政策；

（二）组织调查、评估市场总体竞争状况，发布评估报告；

（三）制定、发布反垄断指南；

（四）协调反垄断行政执法工作；

（五）国务院规定的其他职责。

国务院反垄断委员会的组成和工作规则由国务院规定。

第十三条 国务院反垄断执法机构负责反垄断统一执法工作。

国务院反垄断执法机构根据工作需要，可以授权省、自治区、直辖市人民政府相应的机构，依照本法规定负责有关反垄断执法工作。

第十四条 行业协会应当加强行业自律，引导本行业的经营者依法竞争，合规经营，维护市场竞争秩序。

第十五条 本法所称经营者，是指从事商品生产、经营或者提供服务的自然人、法人和非法人组织。

本法所称相关市场，是指经营者在一定时期内就特定商品或者服务（以下统称商品）进行竞争的商品范围和地域范围。

第二章 垄断协议

第十六条 本法所称垄断协议，是指排除、限制竞争的协议、决定或者其他协同行为。

第十七条 禁止具有竞争关系的经营者达成下列垄断协议：

（一）固定或者变更商品价格；

（二）限制商品的生产数量或者销售数量；

（三）分割销售市场或者原材料采购市场；

（四）限制购买新技术、新设备或者限制开发新技术、新产品；

（五）联合抵制交易；

（六）国务院反垄断执法机构认定的其他垄断协议。

第十八条 禁止经营者与交易相对人达成下列垄断协议：

（一）固定向第三人转售商品的价格；

（二）限定向第三人转售商品的最低价格；

（三）国务院反垄断执法机构认定的其他垄断协议。

对前款第一项和第二项规定的协议，经营者能够证明其不具有排除、限制竞争效果的，不予禁止。

经营者能够证明其在相关市场的市场份额低于国务院反垄断执法机构规定的标准，并符合国务院反垄断执法机构规定的其他条件的，不予禁止。

第十九条 经营者不得组织其他经营者达成垄断协议或者为其他经营者达成垄断协议提供实质性帮助。

第二十条 经营者能够证明所达成的协议属于下列情形之一的，不适用本法第十七条、第十八条第一款、第十九条的规定：

（一）为改进技术、研究开发新产品的；

（二）为提高产品质量、降低成本、增进效率，统一产品规格、标准或者实行专业化分工的；

（三）为提高中小经营者经营效率，增强中小经营者竞争力的；

（四）为实现节约能源、保护环境、救灾救助等社会公共利益的；

（五）因经济不景气，为缓解销售量严重下降或者生产明显过剩的；

（六）为保障对外贸易和对外经济合作中的正当利益的；

（七）法律和国务院规定的其他情形。

属于前款第一项至第五项情形，不适用本法第十七条、第十八条第一款、第十九条规定的，经营者还应当证明所达成的协议不会严重限制相关市场的竞争，并且能够使消费者分享由此产生的利益。

第二十一条 行业协会不得组织本行业的经营者从事本章禁止的垄断行为。

第三章 滥用市场支配地位

第二十二条 禁止具有市场支配地位的经营者从事下列滥用市场支配地位的行为：

（一）以不公平的高价销售商品或者以不公平的低价购买商品；

（二）没有正当理由，以低于成本的价格销售商品；

（三）没有正当理由，拒绝与交易相对人进行交易；

（四）没有正当理由，限定交易相对人只能与其进行交易或者只能与其指定的经营者进行交易；

（五）没有正当理由搭售商品，或者在交易时附加其他不合理的交易条件；

（六）没有正当理由，对条件相同的交易相对人在交易价格等交易条件上实行差别待遇；

（七）国务院反垄断执法机构认定的其他滥用市场支配地位的行为。

具有市场支配地位的经营者不得利用数据和算法、技术以及平台规则等从事前款规定的滥用市场支配地位的行为。

本法所称市场支配地位，是指经营者在相关市场内具有能够控制商品价格、数量或者其他交易条件，或者能够阻碍、影响其他经营者进入相关市场能力的市场地位。

第二十三条 认定经营者具有市场支配地位，应当依据下列因素：

（一）该经营者在相关市场的市场份额，以及相关市场的竞争状况；

（二）该经营者控制销售市场或者原材料采购市场的能力；

（三）该经营者的财力和技术条件；

（四）其他经营者对该经营者在交易上的依赖程度；

（五）其他经营者进入相关市场的难易程度；

（六）与认定该经营者市场支配地位有关的其他因素。

第二十四条 有下列情形之一的，可以推定经营者具有市场支配地位：

（一）一个经营者在相关市场的市场份额达到二分之一的；

（二）两个经营者在相关市场的市场份额合计达到三分之二的；

（三）三个经营者在相关市场的市场份额合计达到四分之三的。

有前款第二项、第三项规定的情形，其中有的经营者市场份额不足十分之一的，不应当推定该经营者具有市场支配地位。

被推定具有市场支配地位的经营者，有证据证明不具有市场支配地位的，不应当认定其具有市场支配地位。

第四章　经营者集中

第二十五条 经营者集中是指下列情形：

（一）经营者合并；

（二）经营者通过取得股权或者资产的方式取得对其他经营者的控制权；

（三）经营者通过合同等方式取得对其他经营者的控制权或者能够对其他经营者施加决定性影响。

第二十六条 经营者集中达到国务院规定的申报标准的，经营者应当事先向国务院反垄断执法机构申报，未申报的不得实施集中。

经营者集中未达到国务院规定的申报标准，但有证据证明该经营者集中具有或者可能具有排除、限制竞争效果的，国务院反垄断执法机构可以要求经营者申报。

经营者未依照前两款规定进行申报的，国务院反垄断执法机构应当依法进行调查。

第二十七条 经营者集中有下列情形之一的，可以不向国务院反垄断执法机构申报：

（一）参与集中的一个经营者拥有其他每个经营者百分之五十以上有表决权的股份或者资产的；

（二）参与集中的每个经营者百分之五十以上有表决权的股份或者资产被同一个未参与集中的经营者拥有的。

第二十八条 经营者向国务院反垄断执法机构申报集中，应当提交下列文件、资料：

（一）申报书；

（二）集中对相关市场竞争状况影响的说明；

（三）集中协议；

（四）参与集中的经营者经会计师事务所审计的上一会计年度财务会计报告；

（五）国务院反垄断执法机构规定的其他文件、资料。

申报书应当载明参与集中的经营者的名称、住所、经营范围、预定实施集中的日期和国务院反垄断执法机构规定的其他事项。

第二十九条 经营者提交的文件、资料不完备的，应当在国务院反垄断执法机构规定的期限内补交文件、资料。经营者逾期未补交文件、资料的，视为未申报。

第三十条 国务院反垄断执法机构应当自收到经营者提交的符合本法第二十八条规定的文件、资料之日起三十日内，对申报的经营者集中进行初步审查，作出是否实施进一步审查的决定，并书面通知经营者。国务院反垄断执法机构作出决定前，经营者不得实施集中。

国务院反垄断执法机构作出不实施进一步审查的决定或者逾期未作出决定的，经营者可以实施集中。

第三十一条 国务院反垄断执法机构决定实施进一步审查的，应当自决定之日起九十日内审查完毕，作出是否禁止经营者集中的决定，并书面通知经营者。作出禁止经营者集中的决定，应当说明理由。审查期间，经营者不得实施集中。

有下列情形之一的，国务院反垄断执法机构经书面通知经营者，可以延长前款规定的审查期限，但最长不得超过六十日：

（一）经营者同意延长审查期限的；

（二）经营者提交的文件、资料不准确，需要进一步核实的；

（三）经营者申报后有关情况发生重大变化的。

国务院反垄断执法机构逾期未作出决定的，经营者可以实施集中。

第三十二条 有下列情形之一的，国务院反垄断执法机构可以决定中止计算经营者集中的审查期限，并书面通知经营者：

（一）经营者未按照规定提交文件、资料，导致审查工作无法进行；

（二）出现对经营者集中审查具有重大影响的新情况、新事实，不经核实将导致审查工作无法进行；

（三）需要对经营者集中附加的限制性条件进一步评估，且经营者提出中止请求。

自中止计算审查期限的情形消除之日起，审查期限继续计算，国务院反垄断执法机构应当书面通知经营者。

第三十三条 审查经营者集中，应当考虑下列因素：

（一）参与集中的经营者在相关市场的市场份额及其对市场的控制力；

（二）相关市场的市场集中度；

（三）经营者集中对市场进入、技术进步的影响；

（四）经营者集中对消费者和其他有关经营者的影响；

（五）经营者集中对国民经济发展的影响；

（六）国务院反垄断执法机构认为应当考虑的影响市场竞争的其他因素。

第三十四条 经营者集中具有或者可能具有排除、限制竞争效果的，国务院反垄断执法机构应当作出禁止经营者集中的决定。但是，经营者能够证明该集中对竞争产生的有利影响明显大于不利影响，或者符合社会公共利益的，国务院反垄断执法机构可以作出对经营者集中不予禁止的决定。

第三十五条 对不予禁止的经营者集中，国务院反垄断执法机构可以决定附加减少集中对竞争产生不利影响的限制性条件。

第三十六条 国务院反垄断执法机构应当将禁止经营者集中的决定或者对经营者集中附加限制性条件的决定，及时向社会公布。

第三十七条 国务院反垄断执法机构应当健全经营者集中分类分级审查制度，依法加强对涉及国计民生等重要领域的经营者集中的审查，提高审查质量和效率。

第三十八条 对外资并购境内企业或者以其他方式参与经营者集中，涉及国家安全的，除依照本法规定进行经营者集中审查外，还应当按照国家有关规定进行国家安全审查。

第五章 滥用行政权力排除、限制竞争

第三十九条 行政机关和法律、法规授权的具有管理公共事务职能的组织不得滥用行政权力，限定或者变相限定单位或者个人经营、购买、使用其指定的经营者提供的商品。

第四十条 行政机关和法律、法规授权的具有管理公共事务职能的组织不得滥用行政权力，通过与经营者签订合作协议、备忘录等方式，妨碍其他经营者进入相关市场或者对其他经营

者实行不平等待遇，排除、限制竞争。

第四十一条 行政机关和法律、法规授权的具有管理公共事务职能的组织不得滥用行政权力，实施下列行为，妨碍商品在地区之间的自由流通：

（一）对外地商品设定歧视性收费项目、实行歧视性收费标准，或者规定歧视性价格；

（二）对外地商品规定与本地同类商品不同的技术要求、检验标准，或者对外地商品采取重复检验、重复认证等歧视性技术措施，限制外地商品进入本地市场；

（三）采取专门针对外地商品的行政许可，限制外地商品进入本地市场；

（四）设置关卡或者采取其他手段，阻碍外地商品进入或者本地商品运出；

（五）妨碍商品在地区之间自由流通的其他行为。

第四十二条 行政机关和法律、法规授权的具有管理公共事务职能的组织不得滥用行政权力，以设定歧视性资质要求、评审标准或者不依法发布信息等方式，排斥或者限制经营者参加招标投标以及其他经营活动。

第四十三条 行政机关和法律、法规授权的具有管理公共事务职能的组织不得滥用行政权力，采取与本地经营者不平等待遇等方式，排斥、限制、强制或者变相强制外地经营者在本地投资或者设立分支机构。

第四十四条 行政机关和法律、法规授权的具有管理公共事务职能的组织不得滥用行政权力，强制或者变相强制经营者从事本法规定的垄断行为。

第四十五条 行政机关和法律、法规授权的具有管理公共事务职能的组织不得滥用行政权力，制定含有排除、限制竞争内容的规定。

第六章 对涉嫌垄断行为的调查

第四十六条 反垄断执法机构依法对涉嫌垄断行为进行调查。

对涉嫌垄断行为，任何单位和个人有权向反垄断执法机构举报。反垄断执法机构应当为举报人保密。

举报采用书面形式并提供相关事实和证据的，反垄断执法机构应当进行必要的调查。

第四十七条 反垄断执法机构调查涉嫌垄断行为，可以采取下列措施：

（一）进入被调查的经营者的营业场所或者其他有关场所进行检查；

（二）询问被调查的经营者、利害关系人或者其他有关单位或者个人，要求其说明有关情况；

（三）查阅、复制被调查的经营者、利害关系人或者其他有关单位或者个人的有关单证、协议、会计账簿、业务函电、电子数据等文件、资料；

（四）查封、扣押相关证据；

（五）查询经营者的银行账户。

采取前款规定的措施，应当向反垄断执法机构主要负责人书面报告，并经批准。

第四十八条 反垄断执法机构调查涉嫌垄断行为，执法人员不得少于二人，并应当出示执法证件。

执法人员进行询问和调查，应当制作笔录，并由被询问人或者被调查人签字。

第四十九条 反垄断执法机构及其工作人员对执法过程中知悉的商业秘密、个人隐私和个人信息依法负有保密义务。

第五十条 被调查的经营者、利害关系人或者其他有关单位或者个人应当配合反垄断执法机构依法履行职责，不得拒绝、阻碍反垄断执法机构的调查。

第五十一条 被调查的经营者、利害关系人有权陈述意见。反垄断执法机构应当对被调查的经营者、利害关系人提出的事实、理由和证据进行核实。

第五十二条 反垄断执法机构对涉嫌垄断行为调查核实后，认为构成垄断行为的，应当依法作出处理决定，并可以向社会公布。

第五十三条 对反垄断执法机构调查的涉嫌垄断行为，被调查的经营者承诺在反垄断执法机构认可的期限内采取具体措施消除该行为后果的，反垄断执法机构可以决定中止调查。中止调查的决定应当载明被调查的经营者承诺的具体内容。

反垄断执法机构决定中止调查的，应当对经营者履行承诺的情况进行监督。经营者履行承诺的，反垄断执法机构可以决定终止调查。

有下列情形之一的，反垄断执法机构应当恢复调查：

（一）经营者未履行承诺的；

（二）作出中止调查决定所依据的事实发生重大变化的；

（三）中止调查的决定是基于经营者提供的不完整或者不真实的信息作出的。

第五十四条 反垄断执法机构依法对涉嫌滥用行政权力排除、限制竞争的行为进行调查，有关单位或者个人应当配合。

第五十五条 经营者、行政机关和法律、法规授权的具有管理公共事务职能的组织，涉嫌违反本法规定的，反垄断执法机构可以对其法定代表人或者负责人进行约谈，要求其提出改进措施。

第七章 法律责任

第五十六条 经营者违反本法规定，达成并实施垄断协议的，由反垄断执法机构责令停止违法行为，没收违法所得，并处上一年度销售额百分之一以上百分之十以下的罚款，上一年度没有销售额的，处五百万元以下的罚款；尚未实施所达成的垄断协议的，可以处三百万元以下的罚款。经营者的法定代表人、主要负责人和直接责任人员对达成垄断协议负有个人责任的，可以处一百万元以下的罚款。

经营者组织其他经营者达成垄断协议或者为其他经营者达成垄断协议提供实质性帮助的，适用前款规定。

经营者主动向反垄断执法机构报告达成垄断协议的有关情

况并提供重要证据的，反垄断执法机构可以酌情减轻或者免除对该经营者的处罚。

行业协会违反本法规定，组织本行业的经营者达成垄断协议的，由反垄断执法机构责令改正，可以处三百万元以下的罚款；情节严重的，社会团体登记管理机关可以依法撤销登记。

第五十七条 经营者违反本法规定，滥用市场支配地位的，由反垄断执法机构责令停止违法行为，没收违法所得，并处上一年度销售额百分之一以上百分之十以下的罚款。

第五十八条 经营者违反本法规定实施集中，且具有或者可能具有排除、限制竞争效果的，由国务院反垄断执法机构责令停止实施集中、限期处分股份或者资产、限期转让营业以及采取其他必要措施恢复到集中前的状态，处上一年度销售额百分之十以下的罚款；不具有排除、限制竞争效果的，处五百万元以下的罚款。

第五十九条 对本法第五十六条、第五十七条、第五十八条规定的罚款，反垄断执法机构确定具体罚款数额时，应当考虑违法行为的性质、程度、持续时间和消除违法行为后果的情况等因素。

第六十条 经营者实施垄断行为，给他人造成损失的，依法承担民事责任。

经营者实施垄断行为，损害社会公共利益的，设区的市级以上人民检察院可以依法向人民法院提起民事公益诉讼。

第六十一条 行政机关和法律、法规授权的具有管理公共事务职能的组织滥用行政权力，实施排除、限制竞争行为的，由上级机关责令改正；对直接负责的主管人员和其他直接责任人员依法给予处分。反垄断执法机构可以向有关上级机关提出依法处理的建议。行政机关和法律、法规授权的具有管理公共事务职能的组织应当将有关改正情况书面报告上级机关和反垄断执法机构。

法律、行政法规对行政机关和法律、法规授权的具有管理公共事务职能的组织滥用行政权力实施排除、限制竞争行为的处理另有规定的，依照其规定。

第六十二条 对反垄断执法机构依法实施的审查和调查，拒绝提供有关材料、信息，或者提供虚假材料、信息，或者隐匿、销毁、转移证据，或者有其他拒绝、阻碍调查行为的，由反垄断执法机构责令改正，对单位处上一年度销售额百分之一以下的罚款，上一年度没有销售额或者销售额难以计算的，处五百万元以下的罚款；对个人处五十万元以下的罚款。

第六十三条 违反本法规定，情节特别严重、影响特别恶劣、造成特别严重后果的，国务院反垄断执法机构可以在本法第五十六条、第五十七条、第五十八条、第六十二条规定的罚款数额的二倍以上五倍以下确定具体罚款数额。

第六十四条 经营者因违反本法规定受到行政处罚的，按照国家有关规定记入信用记录，并向社会公示。

第六十五条 对反垄断执法机构依据本法第三十四条、第三十五条作出的决定不服的，可以先依法申请行政复议；对行政复议决定不服的，可以依法提起行政诉讼。

对反垄断执法机构作出的前款规定以外的决定不服的，可以依法申请行政复议或者提起行政诉讼。

第六十六条 反垄断执法机构工作人员滥用职权、玩忽职守、徇私舞弊或者泄露执法过程中知悉的商业秘密、个人隐私和个人信息的，依法给予处分。

第六十七条 违反本法规定，构成犯罪的，依法追究刑事责任。

第八章 附 则

第六十八条 经营者依照有关知识产权的法律、行政法规规定行使知识产权的行为，不适用本法；但是，经营者滥用知识产权，排除、限制竞争的行为，适用本法。

第六十九条 农业生产者及农村经济组织在农产品生产、加工、销售、运输、储存等经营活动中实施的联合或者协同行为，不适用本法。

第七十条 本法自2008年8月1日起施行。

《中华人民共和国反垄断法》修改前后对照表

（黑体部分为增加或修改的内容，阴影部分为删除的内容）

2007 年反垄断法	2022 年反垄断法
目　　录 第一章　总　　则 第二章　垄断协议 第三章　滥用市场支配地位 第四章　经营者集中 第五章　滥用行政权力排除、限制竞争 第六章　对涉嫌垄断行为的调查 第七章　法律责任 第八章　附　　则	目　　录 第一章　总　　则 第二章　垄断协议 第三章　滥用市场支配地位 第四章　经营者集中 第五章　滥用行政权力排除、限制竞争 第六章　对涉嫌垄断行为的调查 第七章　法律责任 第八章　附　　则
第一章　总　　则	**第一章　总　　则**
第一条　为了预防和制止垄断行为，保护市场公平竞争，提高经济运行效率，维护消费者利益和社会公共利益，促进社会主义市场经济健康发展，制定本法。	**第一条**　为了预防和制止垄断行为，保护市场公平竞争，**鼓励创新**，提高经济运行效率，维护消费者利益和社会公共利益，促进社会主义市场经济健康发展，制定本法。

2007 年反垄断法	2022 年反垄断法
第二条 中华人民共和国境内经济活动中的垄断行为，适用本法；中华人民共和国境外的垄断行为，对境内市场竞争产生排除、限制影响的，适用本法。	**第二条** 中华人民共和国境内经济活动中的垄断行为，适用本法；中华人民共和国境外的垄断行为，对境内市场竞争产生排除、限制影响的，适用本法。
第三条 本法规定的垄断行为包括： （一）经营者达成垄断协议； （二）经营者滥用市场支配地位； （三）具有或者可能具有排除、限制竞争效果的经营者集中。	**第三条** 本法规定的垄断行为包括： （一）经营者达成垄断协议； （二）经营者滥用市场支配地位； （三）具有或者可能具有排除、限制竞争效果的经营者集中。
第四条 国家制定和实施与社会主义市场经济相适应的竞争规则，完善宏观调控，健全统一、开放、竞争、有序的市场体系。	**第四条** **反垄断工作坚持中国共产党的领导。** 国家**坚持市场化、法治化原则，强化竞争政策基础地位，**制定和实施与社会主义市场经济相适应的竞争规则，完善宏观调控，健全统一、开放、竞争、有序的市场体系。
	第五条 **国家建立健全公平竞争审查制度。** **行政机关和法律、法规授权的具有管理公共事务职能的组织在制定涉及市场主体经济活动的规定时，应当进行公平竞争审查。**

2007 年反垄断法	2022 年反垄断法
第五条 经营者可以通过公平竞争、自愿联合，依法实施集中，扩大经营规模，提高市场竞争能力。	**第六条** 经营者可以通过公平竞争、自愿联合，依法实施集中，扩大经营规模，提高市场竞争能力。
第六条 具有市场支配地位的经营者，不得滥用市场支配地位，排除、限制竞争。	**第七条** 具有市场支配地位的经营者，不得滥用市场支配地位，排除、限制竞争。
第七条 国有经济占控制地位的关系国民经济命脉和国家安全的行业以及依法实行专营专卖的行业，国家对其经营者的合法经营活动予以保护，并对经营者的经营行为及其商品和服务的价格依法实施监管和调控，维护消费者利益，促进技术进步。 前款规定行业的经营者应当依法经营，诚实守信，严格自律，接受社会公众的监督，不得利用其控制地位或者专营专卖地位损害消费者利益。	**第八条** 国有经济占控制地位的关系国民经济命脉和国家安全的行业以及依法实行专营专卖的行业，国家对其经营者的合法经营活动予以保护，并对经营者的经营行为及其商品和服务的价格依法实施监管和调控，维护消费者利益，促进技术进步。 前款规定行业的经营者应当依法经营，诚实守信，严格自律，接受社会公众的监督，不得利用其控制地位或者专营专卖地位损害消费者利益。
	第九条　经营者不得利用数据和算法、技术、资本优势以及平台规则等从事本法禁止的垄断行为。
第八条 行政机关和法律、法规授权的具有管理公共事务职能的组织不得滥用行政权力，排除、限制竞争。	**第十条** 行政机关和法律、法规授权的具有管理公共事务职能的组织不得滥用行政权力，排除、限制竞争。

2007 年反垄断法	2022 年反垄断法
	第十一条　国家健全完善反垄断规则制度，强化反垄断监管力量，提高监管能力和监管体系现代化水平，加强反垄断执法司法，依法公正高效审理垄断案件，健全行政执法和司法衔接机制，维护公平竞争秩序。
第九条　国务院设立反垄断委员会，负责组织、协调、指导反垄断工作，履行下列职责： （一）研究拟订有关竞争政策； （二）组织调查、评估市场总体竞争状况，发布评估报告； （三）制定、发布反垄断指南； （四）协调反垄断行政执法工作； （五）国务院规定的其他职责。 国务院反垄断委员会的组成和工作规则由国务院规定。	**第十二条**　国务院设立反垄断委员会，负责组织、协调、指导反垄断工作，履行下列职责： （一）研究拟订有关竞争政策； （二）组织调查、评估市场总体竞争状况，发布评估报告； （三）制定、发布反垄断指南； （四）协调反垄断行政执法工作； （五）国务院规定的其他职责。 国务院反垄断委员会的组成和工作规则由国务院规定。
第十条　国务院规定的承担反垄断执法职责的机构（以下统称国务院反垄断执法机构）依照本法规定，负责反垄断执法工作。 国务院反垄断执法机构根据	**第十三条**　国务院反垄断执法机构负责反垄断**统一**执法工作。 国务院反垄断执法机构根据工作需要，可以授权省、自治区、直辖市人民政府相应的机构，

2007年反垄断法	2022年反垄断法
工作需要，可以授权省、自治区、直辖市人民政府相应的机构，依照本法规定负责有关反垄断执法工作。	依照本法规定负责有关反垄断执法工作。
第十一条 行业协会应当加强行业自律，引导本行业的经营者依法竞争，维护市场竞争秩序。	**第十四条** 行业协会应当加强行业自律，引导本行业的经营者依法竞争，**合规经营，**维护市场竞争秩序。
第十二条 本法所称经营者，是指从事商品生产、经营或者提供服务的自然人、法人和其他组织。 本法所称相关市场，是指经营者在一定时期内就特定商品或者服务（以下统称商品）进行竞争的商品范围和地域范围。	**第十五条** 本法所称经营者，是指从事商品生产、经营或者提供服务的自然人、法人和**非法人组织**。 本法所称相关市场，是指经营者在一定时期内就特定商品或者服务（以下统称商品）进行竞争的商品范围和地域范围。
第二章 垄断协议	**第二章 垄断协议**
第十三条第二款 本法所称垄断协议，是指排除、限制竞争的协议、决定或者其他协同行为。	**第十六条** 本法所称垄断协议，是指排除、限制竞争的协议、决定或者其他协同行为。
第十三条第一款 禁止具有竞争关系的经营者达成下列垄断协议： （一）固定或者变更商品价格； （二）限制商品的生产数量或者销售数量；	**第十七条** 禁止具有竞争关系的经营者达成下列垄断协议： （一）固定或者变更商品价格； （二）限制商品的生产数量或者销售数量；

2007 年反垄断法	2022 年反垄断法
（三）分割销售市场或者原材料采购市场； （四）限制购买新技术、新设备或者限制开发新技术、新产品； （五）联合抵制交易； （六）国务院反垄断执法机构认定的其他垄断协议。	（三）分割销售市场或者原材料采购市场； （四）限制购买新技术、新设备或者限制开发新技术、新产品； （五）联合抵制交易； （六）国务院反垄断执法机构认定的其他垄断协议。
第十四条　禁止经营者与交易相对人达成下列垄断协议： （一）固定向第三人转售商品的价格； （二）限定向第三人转售商品的最低价格； （三）国务院反垄断执法机构认定的其他垄断协议。	**第十八条**　禁止经营者与交易相对人达成下列垄断协议： （一）固定向第三人转售商品的价格； （二）限定向第三人转售商品的最低价格； （三）国务院反垄断执法机构认定的其他垄断协议。 **对前款第一项和第二项规定的协议，经营者能够证明其不具有排除、限制竞争效果的，不予禁止。** **经营者能够证明其在相关市场的市场份额低于国务院反垄断执法机构规定的标准，并符合国务院反垄断执法机构规定的其他条件的，不予禁止。**
	第十九条　经营者不得组织其他经营者达成垄断协议或者为其他经营者达成垄断协议提供实质性帮助。

2007年反垄断法	2022年反垄断法
第十五条 经营者能够证明所达成的协议属于下列情形之一的，不适用本法第十三条、第十四条的规定： （一）为改进技术、研究开发新产品的； （二）为提高产品质量、降低成本、增进效率，统一产品规格、标准或者实行专业化分工的； （三）为提高中小经营者经营效率，增强中小经营者竞争力的； （四）为实现节约能源、保护环境、救灾救助等社会公共利益的； （五）因经济不景气，为缓解销售量严重下降或者生产明显过剩的； （六）为保障对外贸易和对外经济合作中的正当利益的； （七）法律和国务院规定的其他情形。 属于前款第一项至第五项情形，不适用本法第十三条、第十四条规定的，经营者还应当证明所达成的协议不会严重限制相关市场的竞争，并且能够使消费者分享由此产生的利益。	**第二十条** 经营者能够证明所达成的协议属于下列情形之一的，不适用本法**第十七条、第十八条第一款、第十九条**的规定： （一）为改进技术、研究开发新产品的； （二）为提高产品质量、降低成本、增进效率，统一产品规格、标准或者实行专业化分工的； （三）为提高中小经营者经营效率，增强中小经营者竞争力的； （四）为实现节约能源、保护环境、救灾救助等社会公共利益的； （五）因经济不景气，为缓解销售量严重下降或者生产明显过剩的； （六）为保障对外贸易和对外经济合作中的正当利益的； （七）法律和国务院规定的其他情形。 属于前款第一项至第五项情形，不适用本法**第十七条、第十八条第一款、第十九条**规定的，经营者还应当证明所达成的协议不会严重限制相关市场的竞争，并且能够使消费者分享由此产生的利益。

2007 年反垄断法	2022 年反垄断法
第十六条　行业协会不得组织本行业的经营者从事本章禁止的垄断行为。	**第二十一条**　行业协会不得组织本行业的经营者从事本章禁止的垄断行为。
第三章　滥用市场支配地位	**第三章　滥用市场支配地位**
第十七条　禁止具有市场支配地位的经营者从事下列滥用市场支配地位的行为： （一）以不公平的高价销售商品或者以不公平的低价购买商品； （二）没有正当理由，以低于成本的价格销售商品； （三）没有正当理由，拒绝与交易相对人进行交易； （四）没有正当理由，限定交易相对人只能与其进行交易或者只能与其指定的经营者进行交易； （五）没有正当理由搭售商品，或者在交易时附加其他不合理的交易条件； （六）没有正当理由，对条件相同的交易相对人在交易价格等交易条件上实行差别待遇； （七）国务院反垄断执法机构认定的其他滥用市场支配地位的行为。 本法所称市场支配地位，是指经营者在相关市场内具有能	**第二十二条**　禁止具有市场支配地位的经营者从事下列滥用市场支配地位的行为： （一）以不公平的高价销售商品或者以不公平的低价购买商品； （二）没有正当理由，以低于成本的价格销售商品； （三）没有正当理由，拒绝与交易相对人进行交易； （四）没有正当理由，限定交易相对人只能与其进行交易或者只能与其指定的经营者进行交易； （五）没有正当理由搭售商品，或者在交易时附加其他不合理的交易条件； （六）没有正当理由，对条件相同的交易相对人在交易价格等交易条件上实行差别待遇； （七）国务院反垄断执法机构认定的其他滥用市场支配地位的行为。 **具有市场支配地位的经营者不得利用数据和算法、技术以**

2007 年反垄断法	2022 年反垄断法
够控制商品价格、数量或者其他交易条件，或者能够阻碍、影响其他经营者进入相关市场能力的市场地位。	**及平台规则等从事前款规定的滥用市场支配地位的行为。** 本法所称市场支配地位，是指经营者在相关市场内具有能够控制商品价格、数量或者其他交易条件，或者能够阻碍、影响其他经营者进入相关市场能力的市场地位。
第十八条 认定经营者具有市场支配地位，应当依据下列因素： （一）该经营者在相关市场的市场份额，以及相关市场的竞争状况； （二）该经营者控制销售市场或者原材料采购市场的能力； （三）该经营者的财力和技术条件； （四）其他经营者对该经营者在交易上的依赖程度； （五）其他经营者进入相关市场的难易程度； （六）与认定该经营者市场支配地位有关的其他因素。	**第二十三条** 认定经营者具有市场支配地位，应当依据下列因素： （一）该经营者在相关市场的市场份额，以及相关市场的竞争状况； （二）该经营者控制销售市场或者原材料采购市场的能力； （三）该经营者的财力和技术条件； （四）其他经营者对该经营者在交易上的依赖程度； （五）其他经营者进入相关市场的难易程度； （六）与认定该经营者市场支配地位有关的其他因素。
第十九条 有下列情形之一的，可以推定经营者具有市场支配地位： （一）一个经营者在相关市场的市场份额达到二分之一的；	**第二十四条** 有下列情形之一的，可以推定经营者具有市场支配地位： （一）一个经营者在相关市场的市场份额达到二分之一的；

2007 年反垄断法	2022 年反垄断法
（二）两个经营者在相关市场的市场份额合计达到三分之二的； （三）三个经营者在相关市场的市场份额合计达到四分之三的。 有前款第二项、第三项规定的情形，其中有的经营者市场份额不足十分之一的，不应当推定该经营者具有市场支配地位。 被推定具有市场支配地位的经营者，有证据证明不具有市场支配地位的，不应当认定其具有市场支配地位。	（二）两个经营者在相关市场的市场份额合计达到三分之二的； （三）三个经营者在相关市场的市场份额合计达到四分之三的。 有前款第二项、第三项规定的情形，其中有的经营者市场份额不足十分之一的，不应当推定该经营者具有市场支配地位。 被推定具有市场支配地位的经营者，有证据证明不具有市场支配地位的，不应当认定其具有市场支配地位。
第四章　经营者集中	**第四章　经营者集中**
第二十条　经营者集中是指下列情形： （一）经营者合并； （二）经营者通过取得股权或者资产的方式取得对其他经营者的控制权； （三）经营者通过合同等方式取得对其他经营者的控制权或者能够对其他经营者施加决定性影响。	**第二十五条**　经营者集中是指下列情形： （一）经营者合并； （二）经营者通过取得股权或者资产的方式取得对其他经营者的控制权； （三）经营者通过合同等方式取得对其他经营者的控制权或者能够对其他经营者施加决定性影响。
第二十一条　经营者集中达到国务院规定的申报标准的，经营者应当事先向国务院反垄断执法机构申报，未申报的不得	**第二十六条**　经营者集中达到国务院规定的申报标准的，经营者应当事先向国务院反垄断执法机构申报，未申报的不得

2007 年反垄断法	2022 年反垄断法
实施集中。	实施集中。 **经营者集中未达到国务院规定的申报标准，但有证据证明该经营者集中具有或者可能具有排除、限制竞争效果的，国务院反垄断执法机构可以要求经营者申报。** **经营者未依照前两款规定进行申报的，国务院反垄断执法机构应当依法进行调查。**
第二十二条 经营者集中有下列情形之一的，可以不向国务院反垄断执法机构申报： （一）参与集中的一个经营者拥有其他每个经营者百分之五十以上有表决权的股份或者资产的； （二）参与集中的每个经营者百分之五十以上有表决权的股份或者资产被同一个未参与集中的经营者拥有的。	**第二十七条** 经营者集中有下列情形之一的，可以不向国务院反垄断执法机构申报： （一）参与集中的一个经营者拥有其他每个经营者百分之五十以上有表决权的股份或者资产的； （二）参与集中的每个经营者百分之五十以上有表决权的股份或者资产被同一个未参与集中的经营者拥有的。
第二十三条 经营者向国务院反垄断执法机构申报集中，应当提交下列文件、资料： （一）申报书； （二）集中对相关市场竞争状况影响的说明； （三）集中协议； （四）参与集中的经营者经	**第二十八条** 经营者向国务院反垄断执法机构申报集中，应当提交下列文件、资料： （一）申报书； （二）集中对相关市场竞争状况影响的说明； （三）集中协议； （四）参与集中的经营者经

2007 年反垄断法	2022 年反垄断法
会计师事务所审计的上一会计年度财务会计报告； （五）国务院反垄断执法机构规定的其他文件、资料。 申报书应当载明参与集中的经营者的名称、住所、经营范围、预定实施集中的日期和国务院反垄断执法机构规定的其他事项。	会计师事务所审计的上一会计年度财务会计报告； （五）国务院反垄断执法机构规定的其他文件、资料。 申报书应当载明参与集中的经营者的名称、住所、经营范围、预定实施集中的日期和国务院反垄断执法机构规定的其他事项。
第二十四条 经营者提交的文件、资料不完备的，应当在国务院反垄断执法机构规定的期限内补交文件、资料。经营者逾期未补交文件、资料的，视为未申报。	**第二十九条** 经营者提交的文件、资料不完备的，应当在国务院反垄断执法机构规定的期限内补交文件、资料。经营者逾期未补交文件、资料的，视为未申报。
第二十五条 国务院反垄断执法机构应当自收到经营者提交的符合本法第二十三条规定的文件、资料之日起三十日内，对申报的经营者集中进行初步审查，作出是否实施进一步审查的决定，并书面通知经营者。国务院反垄断执法机构作出决定前，经营者不得实施集中。 国务院反垄断执法机构作出不实施进一步审查的决定或者逾期未作出决定的，经营者可以实施集中。	**第三十条** 国务院反垄断执法机构应当自收到经营者提交的符合本法**第二十八条**规定的文件、资料之日起三十日内，对申报的经营者集中进行初步审查，作出是否实施进一步审查的决定，并书面通知经营者。国务院反垄断执法机构作出决定前，经营者不得实施集中。 国务院反垄断执法机构作出不实施进一步审查的决定或者逾期未作出决定的，经营者可以实施集中。

2007年反垄断法	2022年反垄断法
第二十六条 国务院反垄断执法机构决定实施进一步审查的，应当自决定之日起九十日内审查完毕，作出是否禁止经营者集中的决定，并书面通知经营者。作出禁止经营者集中的决定，应当说明理由。审查期间，经营者不得实施集中。 有下列情形之一的，国务院反垄断执法机构经书面通知经营者，可以延长前款规定的审查期限，但最长不得超过六十日： （一）经营者同意延长审查期限的； （二）经营者提交的文件、资料不准确，需要进一步核实的； （三）经营者申报后有关情况发生重大变化的。 国务院反垄断执法机构逾期未作出决定的，经营者可以实施集中。	**第三十一条** 国务院反垄断执法机构决定实施进一步审查的，应当自决定之日起九十日内审查完毕，作出是否禁止经营者集中的决定，并书面通知经营者。作出禁止经营者集中的决定，应当说明理由。审查期间，经营者不得实施集中。 有下列情形之一的，国务院反垄断执法机构经书面通知经营者，可以延长前款规定的审查期限，但最长不得超过六十日： （一）经营者同意延长审查期限的； （二）经营者提交的文件、资料不准确，需要进一步核实的； （三）经营者申报后有关情况发生重大变化的。 国务院反垄断执法机构逾期未作出决定的，经营者可以实施集中。
	第三十二条 有下列情形之一的，国务院反垄断执法机构可以决定中止计算经营者集中的审查期限，并书面通知经营者： **（一）经营者未按照规定提**

2007 年反垄断法	2022 年反垄断法
	交文件、资料，导致审查工作无法进行； **（二）出现对经营者集中审查具有重大影响的新情况、新事实，不经核实将导致审查工作无法进行；** **（三）需要对经营者集中附加的限制性条件进一步评估，且经营者提出中止请求。** **自中止计算审查期限的情形消除之日起，审查期限继续计算，国务院反垄断执法机构应当书面通知经营者。**
第二十七条　审查经营者集中，应当考虑下列因素： （一）参与集中的经营者在相关市场的市场份额及其对市场的控制力； （二）相关市场的市场集中度； （三）经营者集中对市场进入、技术进步的影响； （四）经营者集中对消费者和其他有关经营者的影响； （五）经营者集中对国民经济发展的影响； （六）国务院反垄断执法机构认为应当考虑的影响市场竞争的其他因素。	**第三十三条**　审查经营者集中，应当考虑下列因素： （一）参与集中的经营者在相关市场的市场份额及其对市场的控制力； （二）相关市场的市场集中度； （三）经营者集中对市场进入、技术进步的影响； （四）经营者集中对消费者和其他有关经营者的影响； （五）经营者集中对国民经济发展的影响； （六）国务院反垄断执法机构认为应当考虑的影响市场竞争的其他因素。

2007年反垄断法	2022年反垄断法
第二十八条 经营者集中具有或者可能具有排除、限制竞争效果的，国务院反垄断执法机构应当作出禁止经营者集中的决定。但是，经营者能够证明该集中对竞争产生的有利影响明显大于不利影响，或者符合社会公共利益的，国务院反垄断执法机构可以作出对经营者集中不予禁止的决定。	**第三十四条** 经营者集中具有或者可能具有排除、限制竞争效果的，国务院反垄断执法机构应当作出禁止经营者集中的决定。但是，经营者能够证明该集中对竞争产生的有利影响明显大于不利影响，或者符合社会公共利益的，国务院反垄断执法机构可以作出对经营者集中不予禁止的决定。
第二十九条 对不予禁止的经营者集中，国务院反垄断执法机构可以决定附加减少集中对竞争产生不利影响的限制性条件。	**第三十五条** 对不予禁止的经营者集中，国务院反垄断执法机构可以决定附加减少集中对竞争产生不利影响的限制性条件。
第三十条 国务院反垄断执法机构应当将禁止经营者集中的决定或者对经营者集中附加限制性条件的决定，及时向社会公布。	**第三十六条** 国务院反垄断执法机构应当将禁止经营者集中的决定或者对经营者集中附加限制性条件的决定，及时向社会公布。
	第三十七条 国务院反垄断执法机构应当健全经营者集中分类分级审查制度，依法加强对涉及国计民生等重要领域的经营者集中的审查，提高审查质量和效率。
第三十一条 对外资并购境内企业或者以其他方式参与经	**第三十八条** 对外资并购境内企业或者以其他方式参与经

2007 年反垄断法	2022 年反垄断法
营者集中，涉及国家安全的，除依照本法规定进行经营者集中审查外，还应当按照国家有关规定进行国家安全审查。	营者集中，涉及国家安全的，除依照本法规定进行经营者集中审查外，还应当按照国家有关规定进行国家安全审查。
第五章　滥用行政权力排除、限制竞争	**第五章　滥用行政权力排除、限制竞争**
第三十二条　行政机关和法律、法规授权的具有管理公共事务职能的组织不得滥用行政权力，限定或者变相限定单位或者个人经营、购买、使用其指定的经营者提供的商品。	**第三十九条**　行政机关和法律、法规授权的具有管理公共事务职能的组织不得滥用行政权力，限定或者变相限定单位或者个人经营、购买、使用其指定的经营者提供的商品。
	第四十条　行政机关和法律、法规授权的具有管理公共事务职能的组织不得滥用行政权力，通过与经营者签订合作协议、备忘录等方式，妨碍其他经营者进入相关市场或者对其他经营者实行不平等待遇，排除、限制竞争。
第三十三条　行政机关和法律、法规授权的具有管理公共事务职能的组织不得滥用行政权力，实施下列行为，妨碍商品在地区之间的自由流通： （一）对外地商品设定歧视性收费项目、实行歧视性收费标准，或者规定歧视性价格；	**第四十一条**　行政机关和法律、法规授权的具有管理公共事务职能的组织不得滥用行政权力，实施下列行为，妨碍商品在地区之间的自由流通： （一）对外地商品设定歧视性收费项目、实行歧视性收费标准，或者规定歧视性价格；

2007 年反垄断法	2022 年反垄断法
（二）对外地商品规定与本地同类商品不同的技术要求、检验标准，或者对外地商品采取重复检验、重复认证等歧视性技术措施，限制外地商品进入本地市场； （三）采取专门针对外地商品的行政许可，限制外地商品进入本地市场； （四）设置关卡或者采取其他手段，阻碍外地商品进入或者本地商品运出； （五）妨碍商品在地区之间自由流通的其他行为。	（二）对外地商品规定与本地同类商品不同的技术要求、检验标准，或者对外地商品采取重复检验、重复认证等歧视性技术措施，限制外地商品进入本地市场； （三）采取专门针对外地商品的行政许可，限制外地商品进入本地市场； （四）设置关卡或者采取其他手段，阻碍外地商品进入或者本地商品运出； （五）妨碍商品在地区之间自由流通的其他行为。
第三十四条 行政机关和法律、法规授权的具有管理公共事务职能的组织不得滥用行政权力，以设定歧视性资质要求、评审标准或者不依法发布信息等方式，排斥或者限制外地经营者参加本地的招标投标活动。	**第四十二条** 行政机关和法律、法规授权的具有管理公共事务职能的组织不得滥用行政权力，以设定歧视性资质要求、评审标准或者不依法发布信息等方式，排斥或者限制经营者参加招标投标**以及其他**经营活动。
第三十五条 行政机关和法律、法规授权的具有管理公共事务职能的组织不得滥用行政权力，采取与本地经营者不平等待遇等方式，排斥或者限制外地经营者在本地投资或者设立分支机构。	**第四十三条** 行政机关和法律、法规授权的具有管理公共事务职能的组织不得滥用行政权力，采取与本地经营者不平等待遇等方式，排斥、限制、**强制或者变相强制**外地经营者在本地投资或者设立分支机构。

2007年反垄断法	2022年反垄断法
第三十六条 行政机关和法律、法规授权的具有管理公共事务职能的组织不得滥用行政权力，强制经营者从事本法规定的垄断行为。	**第四十四条** 行政机关和法律、法规授权的具有管理公共事务职能的组织不得滥用行政权力，强制**或者变相强制**经营者从事本法规定的垄断行为。
第三十七条 行政机关不得滥用行政权力，制定含有排除、限制竞争内容的规定。	**第四十五条** 行政机关**和法律、法规授权的具有管理公共事务职能的组织**不得滥用行政权力，制定含有排除、限制竞争内容的规定。
第六章 对涉嫌垄断行为的调查	**第六章 对涉嫌垄断行为的调查**
第三十八条 反垄断执法机构依法对涉嫌垄断行为进行调查。 对涉嫌垄断行为，任何单位和个人有权向反垄断执法机构举报。反垄断执法机构应当为举报人保密。 举报采用书面形式并提供相关事实和证据的，反垄断执法机构应当进行必要的调查。	**第四十六条** 反垄断执法机构依法对涉嫌垄断行为进行调查。 对涉嫌垄断行为，任何单位和个人有权向反垄断执法机构举报。反垄断执法机构应当为举报人保密。 举报采用书面形式并提供相关事实和证据的，反垄断执法机构应当进行必要的调查。
第三十九条 反垄断执法机构调查涉嫌垄断行为，可以采取下列措施： （一）进入被调查的经营者的营业场所或者其他有关场所进行检查； （二）询问被调查的经营者、	**第四十七条** 反垄断执法机构调查涉嫌垄断行为，可以采取下列措施： （一）进入被调查的经营者的营业场所或者其他有关场所进行检查； （二）询问被调查的经营者、

2007 年反垄断法	2022 年反垄断法
利害关系人或者其他有关单位或者个人，要求其说明有关情况； （三）查阅、复制被调查的经营者、利害关系人或者其他有关单位或者个人的有关单证、协议、会计账簿、业务函电、电子数据等文件、资料； （四）查封、扣押相关证据； （五）查询经营者的银行账户。 采取前款规定的措施，应当向反垄断执法机构主要负责人书面报告，并经批准。	利害关系人或者其他有关单位或者个人，要求其说明有关情况； （三）查阅、复制被调查的经营者、利害关系人或者其他有关单位或者个人的有关单证、协议、会计账簿、业务函电、电子数据等文件、资料； （四）查封、扣押相关证据； （五）查询经营者的银行账户。 采取前款规定的措施，应当向反垄断执法机构主要负责人书面报告，并经批准。
第四十条 反垄断执法机构调查涉嫌垄断行为，执法人员不得少于二人，并应当出示执法证件。 执法人员进行询问和调查，应当制作笔录，并由被询问人或者被调查人签字。	**第四十八条** 反垄断执法机构调查涉嫌垄断行为，执法人员不得少于二人，并应当出示执法证件。 执法人员进行询问和调查，应当制作笔录，并由被询问人或者被调查人签字。
第四十一条 反垄断执法机构及其工作人员对执法过程中知悉的商业秘密负有保密义务。	**第四十九条** 反垄断执法机构及其工作人员对执法过程中知悉的商业秘密**、个人隐私和个人信息依法**负有保密义务。
第四十二条 被调查的经营者、利害关系人或者其他有关单位或者个人应当配合反垄断	**第五十条** 被调查的经营者、利害关系人或者其他有关单位或者个人应当配合反垄断执

2007 年反垄断法	2022 年反垄断法
执法机构依法履行职责，不得拒绝、阻碍反垄断执法机构的调查。	法机构依法履行职责，不得拒绝、阻碍反垄断执法机构的调查。
第四十三条 被调查的经营者、利害关系人有权陈述意见。反垄断执法机构应当对被调查的经营者、利害关系人提出的事实、理由和证据进行核实。	**第五十一条** 被调查的经营者、利害关系人有权陈述意见。反垄断执法机构应当对被调查的经营者、利害关系人提出的事实、理由和证据进行核实。
第四十四条 反垄断执法机构对涉嫌垄断行为调查核实后，认为构成垄断行为的，应当依法作出处理决定，并可以向社会公布。	**第五十二条** 反垄断执法机构对涉嫌垄断行为调查核实后，认为构成垄断行为的，应当依法作出处理决定，并可以向社会公布。
第四十五条 对反垄断执法机构调查的涉嫌垄断行为，被调查的经营者承诺在反垄断执法机构认可的期限内采取具体措施消除该行为后果的，反垄断执法机构可以决定中止调查。中止调查的决定应当载明被调查的经营者承诺的具体内容。 反垄断执法机构决定中止调查的，应当对经营者履行承诺的情况进行监督。经营者履行承诺的，反垄断执法机构可以决定终止调查。 有下列情形之一的，反垄断执法机构应当恢复调查： （一）经营者未履行承诺的；	**第五十三条** 对反垄断执法机构调查的涉嫌垄断行为，被调查的经营者承诺在反垄断执法机构认可的期限内采取具体措施消除该行为后果的，反垄断执法机构可以决定中止调查。中止调查的决定应当载明被调查的经营者承诺的具体内容。 反垄断执法机构决定中止调查的，应当对经营者履行承诺的情况进行监督。经营者履行承诺的，反垄断执法机构可以决定终止调查。 有下列情形之一的，反垄断执法机构应当恢复调查： （一）经营者未履行承诺的；

2007 年反垄断法	2022 年反垄断法
（二）作出中止调查决定所依据的事实发生重大变化的； （三）中止调查的决定是基于经营者提供的不完整或者不真实的信息作出的。	（二）作出中止调查决定所依据的事实发生重大变化的； （三）中止调查的决定是基于经营者提供的不完整或者不真实的信息作出的。
	第五十四条　反垄断执法机构依法对涉嫌滥用行政权力排除、限制竞争的行为进行调查，有关单位或者个人应当配合。
	第五十五条　经营者、行政机关和法律、法规授权的具有管理公共事务职能的组织，涉嫌违反本法规定的，反垄断执法机构可以对其法定代表人或者负责人进行约谈，要求其提出改进措施。
第七章　法律责任	**第七章　法律责任**
第四十六条　经营者违反本法规定，达成并实施垄断协议的，由反垄断执法机构责令停止违法行为，没收违法所得，并处上一年度销售额百分之一以上百分之十以下的罚款；尚未实施所达成的垄断协议的，可以处五十万元以下的罚款。 经营者主动向反垄断执法机构报告达成垄断协议的有关情况并提供重要证据的，反垄断	**第五十六条**　经营者违反本法规定，达成并实施垄断协议的，由反垄断执法机构责令停止违法行为，没收违法所得，并处上一年度销售额百分之一以上百分之十以下的罚款，**上一年度没有销售额的，处五百万元以下的罚款**；尚未实施所达成的垄断协议的，可以处**三百万元**以下的罚款。**经营者的法定代表人、主要负责人和直接**

2007 年反垄断法	2022 年反垄断法
执法机构可以酌情减轻或者免除对该经营者的处罚。 行业协会违反本法规定，组织本行业的经营者达成垄断协议的，反垄断执法机构可以处五十万元以下的罚款；情节严重的，社会团体登记管理机关可以依法撤销登记。	**责任人员对达成垄断协议负有个人责任的，可以处一百万元以下的罚款。** **经营者组织其他经营者达成垄断协议或者为其他经营者达成垄断协议提供实质性帮助的，适用前款规定。** 经营者主动向反垄断执法机构报告达成垄断协议的有关情况并提供重要证据的，反垄断执法机构可以酌情减轻或者免除对该经营者的处罚。 行业协会违反本法规定，组织本行业的经营者达成垄断协议的，**由**反垄断执法机构**责令改正**，可以处**三百万元**以下的罚款；情节严重的，社会团体登记管理机关可以依法撤销登记。
第四十七条　经营者违反本法规定，滥用市场支配地位的，由反垄断执法机构责令停止违法行为，没收违法所得，并处上一年度销售额百分之一以上百分之十以下的罚款。	**第五十七条**　经营者违反本法规定，滥用市场支配地位的，由反垄断执法机构责令停止违法行为，没收违法所得，并处上一年度销售额百分之一以上百分之十以下的罚款。
第四十八条　经营者违反本法规定实施集中的，由国务院反垄断执法机构责令停止实施集中、限期处分股份或者资产、	**第五十八条**　经营者违反本法规定实施集中**，且具有或者可能具有排除、限制竞争效果**的，由国务院反垄断执法机构

2007 年反垄断法	2022 年反垄断法
限期转让营业以及采取其他必要措施恢复到集中前的状态，可以处五十万元以下的罚款。	责令停止实施集中、限期处分股份或者资产、限期转让营业以及采取其他必要措施恢复到集中前的状态，**处上一年度销售额百分之十以下的罚款；不具有排除、限制竞争效果的，处五百万元**以下的罚款。
第四十九条　对本法第四十六条、第四十七条、第四十八条规定的罚款，反垄断执法机构确定具体罚款数额时，应当考虑违法行为的性质、程度和持续的时间等因素。	**第五十九条**　对本法**第五十六条、第五十七条、第五十八条**规定的罚款，反垄断执法机构确定具体罚款数额时，应当考虑违法行为的性质、程度、持续时间**和消除违法行为后果的情况**等因素。
第五十条　经营者实施垄断行为，给他人造成损失的，依法承担民事责任。	**第六十条**　经营者实施垄断行为，给他人造成损失的，依法承担民事责任。 **经营者实施垄断行为，损害社会公共利益的，设区的市级以上人民检察院可以依法向人民法院提起民事公益诉讼。**
第五十一条　行政机关和法律、法规授权的具有管理公共事务职能的组织滥用行政权力，实施排除、限制竞争行为的，由上级机关责令改正；对直接负责的主管人员和其他直接责任人员依法给予处分。反垄	**第六十一条**　行政机关和法律、法规授权的具有管理公共事务职能的组织滥用行政权力，实施排除、限制竞争行为的，由上级机关责令改正；对直接负责的主管人员和其他直接责任人员依法给予处分。反垄

2007 年反垄断法	2022 年反垄断法
断执法机构可以向有关上级机关提出依法处理的建议。 　　法律、行政法规对行政机关和法律、法规授权的具有管理公共事务职能的组织滥用行政权力实施排除、限制竞争行为的处理另有规定的，依照其规定。	断执法机构可以向有关上级机关提出依法处理的建议。**行政机关和法律、法规授权的具有管理公共事务职能的组织应当将有关改正情况书面报告上级机关和反垄断执法机构。** 　　法律、行政法规对行政机关和法律、法规授权的具有管理公共事务职能的组织滥用行政权力实施排除、限制竞争行为的处理另有规定的，依照其规定。
第五十二条　对反垄断执法机构依法实施的审查和调查，拒绝提供有关材料、信息，或者提供虚假材料、信息，或者隐匿、销毁、转移证据，或者有其他拒绝、阻碍调查行为的，由反垄断执法机构责令改正，对个人可以处二万元以下的罚款，对单位可以处二十万元以下的罚款；情节严重的，对个人处二万元以上十万元以下的罚款，对单位处二十万元以上一百万元以下的罚款；构成犯罪的，依法追究刑事责任。	**第六十二条**　对反垄断执法机构依法实施的审查和调查，拒绝提供有关材料、信息，或者提供虚假材料、信息，或者隐匿、销毁、转移证据，或者有其他拒绝、阻碍调查行为的，由反垄断执法机构责令改正，**对单位处上一年度销售额百分之一以下的罚款，上一年度没有销售额或者销售额难以计算的，处五百万元以下的罚款；对个人处五十万元以下的罚款。**
	第六十三条　违反本法规定，情节特别严重、影响特别恶劣、造成特别严重后果的，国

2007 年反垄断法	2022 年反垄断法
	务院反垄断执法机构可以在本法第五十六条、第五十七条、第五十八条、第六十二条规定的罚款数额的二倍以上五倍以下确定具体罚款数额。
	第六十四条 **经营者因违反本法规定受到行政处罚的，按照国家有关规定记入信用记录，并向社会公示。**
第五十三条 对反垄断执法机构依据本法第二十八条、第二十九条作出的决定不服的，可以先依法申请行政复议；对行政复议决定不服的，可以依法提起行政诉讼。 对反垄断执法机构作出的前款规定以外的决定不服的，可以依法申请行政复议或者提起行政诉讼。	**第六十五条** 对反垄断执法机构依据本法**第三十四条、第三十五条**作出的决定不服的，可以先依法申请行政复议；对行政复议决定不服的，可以依法提起行政诉讼。 对反垄断执法机构作出的前款规定以外的决定不服的，可以依法申请行政复议或者提起行政诉讼。
第五十四条 反垄断执法机构工作人员滥用职权、玩忽职守、徇私舞弊或者泄露执法过程中知悉的商业秘密，构成犯罪的，依法追究刑事责任；尚不构成犯罪的，依法给予处分。	**第六十六条** 反垄断执法机构工作人员滥用职权、玩忽职守、徇私舞弊或者泄露执法过程中知悉的商业秘密**、个人隐私和个人信息的**，依法给予处分。
	第六十七条 **违反本法规定，构成犯罪的，依法追究刑事责任。**

2007年反垄断法	2022年反垄断法
第八章　附　　则	**第八章　附　　则**
第五十五条　经营者依照有关知识产权的法律、行政法规规定行使知识产权的行为，不适用本法；但是，经营者滥用知识产权，排除、限制竞争的行为，适用本法。	**第六十八条**　经营者依照有关知识产权的法律、行政法规规定行使知识产权的行为，不适用本法；但是，经营者滥用知识产权，排除、限制竞争的行为，适用本法。
第五十六条　农业生产者及农村经济组织在农产品生产、加工、销售、运输、储存等经营活动中实施的联合或者协同行为，不适用本法。	**第六十九条**　农业生产者及农村经济组织在农产品生产、加工、销售、运输、储存等经营活动中实施的联合或者协同行为，不适用本法。
第五十七条　本法自2008年8月1日起施行。	**第七十条**　本法自2008年8月1日起施行。

附录二

关于《中华人民共和国反垄断法（修正草案）》的说明

——2021 年 10 月 19 日在第十三届全国人民代表大会常务委员会第三十一次会议上

国家市场监督管理总局局长　张　工

全国人民代表大会常务委员会：

我受国务院委托，现对《中华人民共和国反垄断法（修正草案）》作说明。

一、修改的背景和过程

党中央、国务院高度重视强化反垄断和防止资本无序扩张。习近平总书记多次作出重要指示，强调反垄断、反不正当竞争是完善社会主义市场经济体制、推动高质量发展的内在要求，要健全法律法规，加强对平台企业垄断的规制，坚决反对垄断和不正当竞争，要更好统筹发展和安全、国内和国际，促进公平竞争，反对垄断，防止资本无序扩张。李克强总理强调，国家支持平台企业创新发展、增强国际竞争力，同时要依法规范发展，健全数字规则，坚决维护公平竞争市场环境。

反垄断法是市场经济的基础性法律制度。我国现行反垄断法自2008年施行以来，对于保护公平竞争、提高经济运行效率、维护消费者利益和社会公共利益、促进高质量发展等发挥了十分重要的作用。实践证明，现行反垄断法的框架和主要制度总体可行。同时，随着我国社会主义市场经济的发展，反垄断法在实施中也暴露出相关制度规定较为原则、对部分垄断行为处罚力度不够、执法体制需要进一步健全等问题。特别是随着平台经济等新业态快速发展，一些大型平台经营者滥用数据、技术、资本等优势实施垄断行为、进行无序扩张，导致妨碍公平竞争、抑制创业创新、扰乱经济秩序、损害消费者权益等问题日益突出，迫切需要明确反垄断相关制度在平台经济领域的具体适用规则，以加强反垄断监管。修改完善反垄断法，是我国社会主义市场经济发展的内在要求，是助力构建新发展格局的客观需要，十分必要也非常迫切，并分别列入全国人大常委会和国务院2021年立法工作计划。

为贯彻落实党中央、国务院决策部署，市场监管总局起草了《中华人民共和国反垄断法（修订草案送审稿）》，并向社会公开征求意见。司法部征求了有关部门、省级政府和部分行业协会、企业的意见，并会同市场监管总局就有关问题多次沟通协调、反复修改完善，形成了《中华人民共和国反垄断法（修正草案）》（以下简称草案）。草案已经国务院同意。

二、修改的总体思路和主要内容

在反垄断法修改过程中，主要遵循以下思路：一是深入贯彻落实习近平总书记关于强化反垄断和防止资本无序扩张的重要指示精神和党中央、国务院决策部署，确保修法工作的正确方向。二是坚持问题导向和目标导向，处理好规范与发展的关系，针对反垄断法实施中存在的突出问题，进一步完善反垄断相关制度，加大对垄断行为的处罚力度，为强化反垄断和防止资本无序扩张提供更加明确的法律依据和更加有力的制度保障。三是准确把握反垄断法作为基础性法律的定位和反垄断执法的专业性、复杂性等特点，在完善基本制度规则的同时，为制定反垄断指南和其他配套规定留出空间。

草案共27条，对现行反垄断法主要作了四个方面修改，内容如下：

（一）明确了竞争政策的基础地位和公平竞争审查制度的法律地位。草案在规定国家强化竞争政策基础地位的同时，规定国家建立健全公平竞争审查制度；行政机关和法律、法规授权的具有管理公共事务职能的组织，在制定涉及市场主体经济活动的规定时，应当进行公平竞争审查。

（二）进一步完善反垄断相关制度规则。草案总结反垄断执法实践，借鉴国际经验，对反垄断相关制度规则作了进一步完善，包括：增加规定经营者不得滥用数据和算法、技术、资本优势以及平台规则等排除、限制竞争；规定经营者不得组织其他经营者达成垄断协议或者为其他经营者达成垄断协议提供实质性帮助；建立“安全港”制度，规定达成垄断协议的经营者能够证明其在相关市场的市场份额低于国务院反垄断执法机构规定的标准的，原则上不予禁止；明确规定具有市场支配地位的经营者利用数据和算法、技术以及平台规则等设置障碍，对其他经营者进行不合理限制的，属于滥用市场支配地位的行为；建立经营者集中审查期限“停钟”制度，规定在经营者未按规定提交文件、资料导致审查工作无法进行，以及出现对经营者集中审查具有重大影响的新情况、新事实需要进行核实等情况下，国务院反垄断执法机构可以决定中止计算经营者集中的审查期限；规定国务院反垄断执法机构应当依法加强民生、金融、科技、媒体等领域经营者集中的审查；为防止行政机关和法律、法规授权的具有管理公共事务职能的组织滥用行政权力，形成单一市场主体垄断，妨碍其他市场主体公平参与市场竞争，规定行政机关和法律、法规授权的具有管理公共事务职能的组织不得滥用行政权力，通过与经营者签订合作协议、备忘录等方式，妨碍其他经营者进入相关市场或者对其他经营者实行不平等待遇，排除、限制竞争。

（三）进一步加强对反垄断执法的保障。增加规定了反垄断执法机构依法对滥用行政权力排除、限制竞争的行为进行调查时有关单位或者个人的配合义务，并规定对涉嫌违法行为的经营者、行政机关和法律、法规授权的具有管理公共事务职能的组织，反垄断执法机构可以对其法定代表人或者负责人进行约谈，要求其采取措施进行整改。

（四）完善法律责任，加大处罚力度。针对反垄断执法中反映出的问题，大幅提高了对相关违法行为的罚款数额，增加了对达成垄断协议的经营者的法定代表人、主要负责人和直接责任人员的处罚规定。增加了信用惩戒的规定。

此外，根据机构改革情况，明确国务院市场监督管理部门作为国务院反垄断执法机构，负责反垄断统一执法工作。为更好维护社会公共利益，规定经营者实施垄断行为，侵害社会公共利益的，人民检察院可以依法向人民法院提起民事公益诉讼。

草案和以上说明是否妥当，请审议。

全国人民代表大会宪法和法律委员会关于《中华人民共和国反垄断法（修正草案）》审议结果的报告

全国人民代表大会常务委员会：

常委会第三十一次会议对反垄断法修正草案进行了初次审议。会后，法制工作委员会将修正草案印发各省（区、市）和部分较大的市人大、中央有关部门以及部分基层立法联系点、全国人大代表、研究机构等征求意见，在中国人大网全文公布修正草案征求社会公众意见。宪法和法律委员会、财政经济委员会、法制工作委员会联合召开座谈会，听取中央有关部门、全国人大代表、协会、企业、专家学者对修正草案的意见；并就修正草案的有关问题同有关方面交换意见，共同研究。宪法和法律委员会于5月17日召开会议，根据委员长会议精神、常委会组成人员审议意见和各方面的意见，对修正草案进行了逐条审议，财政经济委员会有关负责同志列席了会议，同时书面征求了最高人民法院、司法部、国家市场监督管理总局的意见。6月14日，宪法和法律委员会召开会议，再次进行了审议。宪法和法律委员会认为，为进一步预防和制止垄断行为，保护市场公平竞争，修改反垄断法是必要的；修正草案经过审议修改，已经比较成熟。同时，提出以下主要修改意见：

一、根据有关部门意见，增加反垄断工作坚持党的领导的规定。

二、有的常委委员和部门、单位、专家学者建议，进一步明确反垄断相关制度在平台经济领域的具体适用规则，完善修正草案的相关规定。宪法和法律委员会经研究，建议作以下修改：一是将修正草案第三条第二款单独作为一条，修改为：经营者不得利用数据和算法、技术、资本优势以及平台规则等从事本法规定的垄断行为，排除、限制竞争。二是将修正草案第九条修改为：具有市场支配地位的经营者不得利用数据和算法、技术以及平台规则等从事前款规定的滥用市场支配地位的行为。

三、有的常委会组成人员和地方、部门建议规定人民法院可以对法律明示以外的垄断协议、滥用市场支配地位行为等进行认定；也有的意见提出，垄断案件的处理，政策性较强，对经济生活影响较大，由人民法院对法律明示以外的垄断行为进行认定是否合适，建议慎重研究。宪法和法律委员会经同有关方面研究后认为：人民法院审理垄断案件，在作出判决时需要对是否构成垄断行为依法作出判断，这其中包括对法律明示以外的垄断行为作出最终判断。考虑到这一问题实践探索不足，各方分歧较大，法律可只作原则规定，由有关方面通过加强行政执法与司法的衔接，在实践中进一步研究探索、凝聚共识。据此，建议将修正草案第四条中的“加强反垄断执法”修改为“加强反垄断执法司法”，并增加“依法公正高效审理垄断案件，健全行政执法和司法衔接机制”的规定。

四、修正草案第八条对垄断协议安全港规则作了规定，明确对于市场份额低于一定标准的经营者，不适用本法有关禁止垄断协议的规定。有的地方、部门、单位和专家学者建议对引入安全港规则再作斟酌；有的建议明确，对于严重限制竞争的横向垄断协议，不适用安全港规则。宪法和法律委员会经研究，建议将上述安全港规则限定适用于纵向垄断协议，明确：对经营者与交易相对人达成的垄断协议，“经营者能够证明其在相关市场的市场份额低于国务院反垄断执法机构规定的标准，并符合国务院反垄断执法机构规定的其他条件的，不予禁止”。

五、有的部门、单位和专家学者建议，对修正草案第十条关于未达到申报标准的经营者集中案件的调查、处理程序进一步予以完善。宪法和法律委员会经研究，建议修改为：经营者集中未达到国务院规定的申报标准，但有证据证明该经营者集中具有或者可能具有排除、限制竞争效果的，国务院反垄断执法机构可以要求经营者申报，经营者未依照规定进行申报的，国务院反垄断执法机构应当依法进行调查。

六、修正草案第十二条规定，国务院反垄断执法机构应当依法加强民生、金融、科技、媒体等领域经营者集中的审查。有的地方、部门建议增加列举重点审查领域；有的常委委员和单位、专家学者提出，经营者集中审查的重点领域将随着形势变化不断调整，法律只作原则要求，为实践留出空间，更为积极稳妥。宪法和法律委员会经研究，建议修改为：国务院反垄断执法机构应当健全经营者集中分类分级审查制度，依法加强对涉及国计民生等重要领域的经营者集中的审查，提高审查质量和效率。

七、修正草案第十五条规定，经营者等“实施”排除、限制竞争行为的，反垄断执法机构可以进行约谈，要求其采取措施进行整改。有的地方、单位和社会公众提出，本条规定的约谈整改，实质上应属于行政措施而不是行政处罚，对象应是“涉嫌”违反本法规定的行为，建议修改相关表述予以明确。宪法和法律委员会经研究，建议修改为：经营者、行政机关和法律、法规授权的具有管理公共事务职能的组织，涉嫌违反本法规定的，反垄断执法机构可以对其法定代表人或者负责人进行约谈，要求其提出改进措施。

八、修正草案第十八条第二款规定，对违法所得难以准确计算的，反垄断执法机构应当将违法所得作为确定具体罚款数额时的考虑因素。有的常委委员和地方、部门、专家学者提出，违法所得的计算问题比较复杂，建议法律中不作规定，相关问题可由执法部门依据行政处罚法有关规定在实践中具体把握。宪法和法律委员会经研究，建议删去这一规定。

九、现行反垄断法第五十三条第二款规定，除涉及经营者集中的相关决定外，对反垄断执法机构作出的决定不服的，可以依法申请行政复议或者提起行政诉讼。修正草案删去了上述规定。有的单位建议恢复现行相关规定，以明确当事人依法申请行政复议或者提起行政诉讼的权利。宪法和法律委员会经研究，建议采纳这一意见。

此外，还对修正草案作了一些文字修改。

5 月 27 日，法制工作委员会召开会议，邀请部分企业、全国人大代表、专家学者、律师、地方市场监管部门和法院等，就修正草案中主要制度规范的可行性、法律出台时机、法律实施的社会效果和可能出现的问题等进行评估。总的评价是：贯彻落实党中央关于强化反垄断和防止资本无序扩张等决策部署，对现行反垄断法进行修改是必要的；修正草案在总结实践经验的基础上，完善相关制度设计，主要制度规范是可行的；修正草案充分吸收了各方面的意见，已经比较成熟。现在出台修改后的反垄断法，进一步明确有关法律规则，有利于稳定市场预期，对维护公平竞争秩序，发展统一、开放、竞争、有序的市场体系具有重要的推动作用。与会人员还对修正草案提出了一些具体修改意见，有的意见已经采纳。

宪法和法律委员会已按上述意见提出了全国人民代表大会常务委员会关于修改《中华人民共和国反垄断法》的决定（草案），建议提请本次常委会会议审议通过。

修改决定草案和以上报告是否妥当，请审议。

全国人民代表大会宪法和法律委员会

2022 年 6 月 21 日

全国人民代表大会宪法和法律委员会关于《全国人民代表大会常务委员会关于修改〈中华人民共和国反垄断法〉的决定（草案）》修改意见的报告

全国人民代表大会常务委员会：

本次常委会会议于6月22日上午对关于修改反垄断法的决定草案进行了分组审议。普遍认为，修改决定草案已经比较成熟，建议进一步修改后，提请本次常委会会议表决通过。同时，有些常委会组成人员还提出了一些修改意见和建议。宪法和法律委员会于6月22日晚召开会议，逐条研究了常委会组成人员的审议意见，对修改决定草案进行了审议。财政经济委员会、国家市场监督管理总局有关负责同志列席了会议。宪法和法律委员会认为，修改决定草案是可行的，同时，提出以下修改意见：

一、有的常委委员提出，修改决定草案第三条、第九条以总分结合的形式对平台经济反垄断规则的适用作了规定，但表述不尽一致，建议删除第三条中的“排除、限制竞争”。宪法和法律委员会经研究，建议采纳这一意见。

二、有的意见建议，对修改决定草案第十八条中可以提起民事公益诉讼的人民检察院的层级作出必要限定。宪法和法律委员会经研究，建议限定为设区的市级以上人民检察院。

有的常委会组成人员还对法律的具体实施问题提出了一些意见和建议。宪法和法律委员会建议，在本决定通过后，国务院及其有关部门认真研究常委会组成人员的审议意见，完善相关配套规定，保证法律顺利实施；相关部门要做好宣传解读，为维护市场公平竞争营造良好舆论环境。经与有关部门研究，建议将本决定的施行时间确定为2022年8月1日。

此外，根据常委会组成人员的审议意见，还对修改决定草案作了个别文字修改。

修改决定草案修改稿已按上述意见作了修改，宪法和法律委员会建议本次常委会会议审议通过。

修改决定草案修改稿和以上报告是否妥当，请审议。

全国人民代表大会宪法和法律委员会

2022年6月23日

附录三

关于公平竞争审查制度

反垄断法修正草案规定，国家建立健全公平竞争审查制度；行政机关和法律、法规授权的具有管理公共事务职能的组织在制定涉及市场主体经济活动的规定时，应当进行公平竞争审查。修正草案拟在法律层面确立公平竞争审查制度。根据国家反垄断局提供的资料和互联网资料，我们对这一制度的基本情况进行了梳理，现简报如下：

一、公平竞争审查概述

公平竞争是建设现代市场体系的内在要求，是保障市场在资源配置中发挥决定性作用的基础要素。这就首先要求政府制定的政策措施必须促进和保障公平竞争。从世界范围来看，公共政策削弱竞争的情况仍十分普遍。公平竞争审查制度的建立正是旨在解决政府对市场的干预过多、干预不合理而损害竞争的问题，保障各类市场主体公平参与市场竞争。我国从 2015 年开始探索实施公平竞争审查，旨在从根本上解决行政权力对市场竞争不公平的政策影响问题。

从原理上看，公平竞争审查是基于公平竞争的原则，从源头上规范政府相关行为，防止出台排除、限制市场竞争的政策措施，保障市场在资源配置中起决定性作用和更好发挥政府作用的制度。从规范上看，公平竞争审查是由竞争执法机构或政策制定机构通过分析、评价拟制定（或现行）的公共政策可能（或已经）产生的竞争影响，提出不妨碍政策目标实现的、对竞争损害最小的替代方案的制度。

在实践方面，经济合作与发展组织（OECD）出台的《竞争评估工具书》，为确认不必要限制和制定可达到同样政策目标的其他候选政策方面提供了一般方法。工具书最主要的内容是竞争核对清单，可用来判断法律法规和政策是否对竞争有潜在限制作用。该工具书在各国得到广泛推广。

二、部分国家公平竞争审查制度的情况

从目前掌握的情况看，国际上实行公平竞争审查制度的国家可以分为三种模式：第一种是政策制定部门的内部审查机制，如新加坡；第二种是竞争执法部门的外部审查机制，如日本；第三种是政策制定部门内部审查和竞争执法部门外部审查相结合，如韩国。

1. 新加坡的公平竞争审查制度

新加坡采用政策制定机关内部审查模式。按照相关规定，政府部门在拟定相关政策时必须进行政策影响分析，并形成分析报告。报告中最重要的内容就是对公平竞争的审查。竞争委员会（CCS）作为竞争政策的执法部门，并不主动对政府政策进行公平竞争审查，更多是发挥指导和建议作用：一是通过制定和发布《竞争评估指南》和清单，为政府政策制定部门开展内部评估提供分析框架和评估工具，包括对企业数量和营业范围的限制、对企业竞争能力的限制、对企业竞争积极性的限制以及是否限制消费者的选择权和知情权等方面的内容进行评估。

二是应政策制定机关的请求，对特定竞争问题提供指导与建议，同时，可以向政策制定机关声明，其意见并不排除以后开展反垄断调查的权力。

2. 日本的公平竞争审查制度

日本采用公平竞争政策执法部门外部审查的模式。2009 年 10 月，对《关于对行政机关实施的政策的评价的法律实施令》修改后开始试行公平竞争审查制度。日本公平交易委员会（JFTC）作为公平竞争政策的执法部门，在政府其他部门制定新政策措施或者对既有政策措施进行修改时，负责评估制订或修改方案对公平竞争的影响，并致力于将该方案对竞争的限制效果降到最低。JFTC 进行评估的依据是“竞争评估核对清单”，清单由总务省根据 OECD 竞争委员会提出的《竞争评估工具书》协同 JFTC 共同制定，核对时需要考虑政策措施所影响的竞争市场和政策措施所产生的影响等。

3. 韩国的公平竞争审查制度

韩国采用内部审查和外部审查相结合的模式。其公平竞争审查制度于 2009 年确立，《规制垄断与公平交易法》中规定，行政机关在制定或者修订以限制竞争事项为内容的惯例规则、告示时，应当事先向公平交易委员会（KFTC）通报，KFTC 可以向行政机关提出纠正限制竞争事项的意见。KFTC 根据 OECD 竞争委员会提出的《竞争评估工具书》制定了“竞争影响核对清单”。首先由政策制定机关对照核对清单进行初步评估，检查政策措施是否包含限制竞争的内容，如果初步评估的结论认为有，则交由 KFTC 进行深度评估；如果初步评估未得出任何限制竞争的结论，则由 KFTC 对初步评估结果进行审核，决定是否有必要进行深度评估。KFTC 对政府部门的政策措施限制竞争以及限制竞争的程度进行深度评估时，会同政策制定部门进一步提出有针对性的整改意见和建议，必要的时候提出使竞争损害最小的替代方案。

三、我国公平竞争审查制度的情况

（一）基本制度框架

2015 年 3 月，《中共中央 国务院关于深化体制机制改革加快实施创新驱动发展战略的若干意见》提出“探索实施公平竞争审查制度”。2015 年 5 月，《国务院批转发展改革委员会关于 2015 年深化经济体制改革重点工作意见》要求“建立和规范产业政策的公平性、竞争性审查机制”。2015 年 6 月，《国务院关于大力推进大众创业万众创新若干政策措施的意见》强调“加快出台公平竞争审查制度”。2015 年 10 月，《中共中央 国务院关于推进价格机制改革的若干意见》明确要求“实施公平竞争审查制度”。

2016 年 6 月，《国务院关于在市场体系建设中建立公平竞争审查制度的意见》（国发〔2016〕34 号，以下简称《意见》）正式提出建立公平竞争审查制度，以规范政府有关行为，防止出台排除、限制竞争的政策措施，逐步清理废除妨碍全国统一市场和公平竞争的规定和做法。《意见》的出台标志着公平竞争审查制度在我国初步确立。

2019 年 10 月，《中共中央关于坚持和完善中国特色社会主义制度推进国家治理体系和治理能力现代化若干重大问题的决定》明确提出“强化竞争政策基础地位，落实公平竞争审查制度”。2020 年 5 月，《中共中央 国务院关于新时代加快完善社会主义市场经济体制的意见》提出，强化公平竞争审查的刚性约束，在考核、第三方审查和评估、增量审查和存量清理、问题反映和举报等方面完善公平竞争审查制度。2021 年 1 月，中共中央办公厅、国务院办公厅印发《建设高标准市场体系行动方案》提出，探索建立公平竞争审查举报处理和回应机制，健全公平竞争审查机制，进一步明确和细化纳入审查范围的政策措施类别，建立例外规定动态调整和重大事项实时调整机制，研究制定行业性审查规则。

为进一步推动落实公平竞争审查制度，根据《意见》要求，经国务院同意，2017 年 10 月，国家发展改革委、财政部、商务部、原国家工商总局、原国务院法制办联合印发了《公平竞争审查制度实施细则（暂行）》。2021 年 7 月，市场监管总局、国家发展改革委、财政部、商务部、司法部五部门会同有关部门修订了《公平竞争审查制度实施细则》。在《意见》指导下，各省级人民政府也结合本地实际，出台了本地区的具体实施意见。

（二）制度的主要内容

1. 审查对象。《意见》将审查对象分为两类：一是行政机关和法律、法规授权的具有管理公共事务职能的组织（统称政策制定机关）制定市场准入、产业发展、招商引资、招标投标、政府采购、经营行为规范、资质标准等涉及市场主体经济活动的规章、规范性文件和其他政策措施，应当进行公平竞争审查。二是行政法规和国务院制定的其他政策措施、地方性法规，起草部门应当在起草过程中进行公平竞争审查；未进行自我审查的，不得提交审议。

2. 审查方式和程序。《意见》明确了政策制定机关的自我审查机制和审查程序。政策制定机关在政策制定过程中，要严格对照审查标准进行自我审查。经审查认为不具有排除、限制竞争效果的，可以实施；具有排除、限制竞争效果的，应当不予出台，或调整至符合相关要求后出台。没有进行公平竞争审查的，不得出台。制定政策措施及开展公平竞争审查应当听取利害关系人的意见，或者向社会公开征求意见。有关政策措施出台后，要按照政府信息公开条例要求向社会公开。公平竞争审查的基本流程如下图：

公平竞争审查基本流程

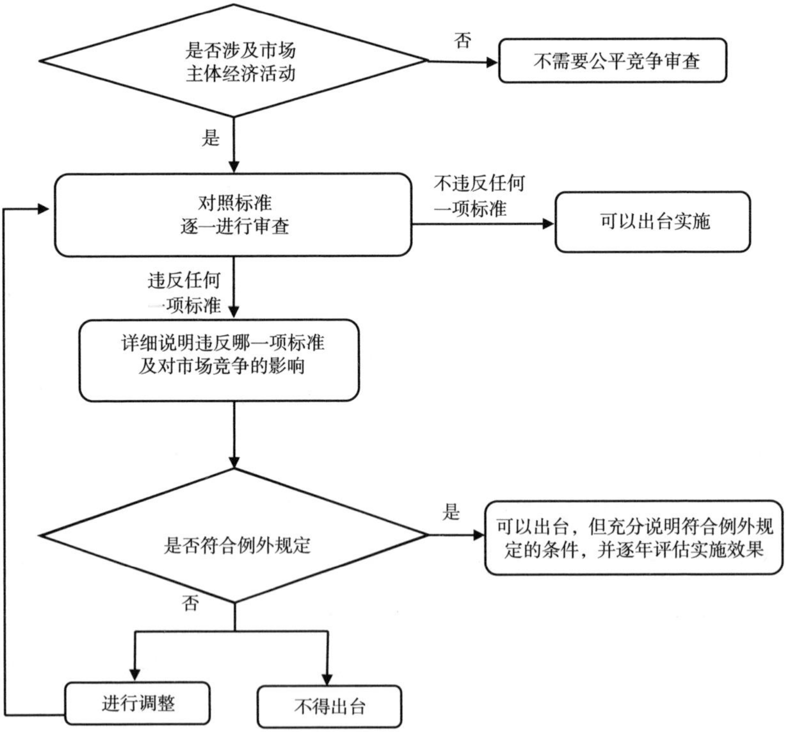

3. 审查标准。《意见》从四个方面提出了判断制定的政策中是否包含有阻碍、限制竞争因素的18项审查标准：

(1) 市场准入和退出标准。包括：不得设置不合理和歧视性的准入和退出条件；公布特许经营权目录清单，且未经公平竞争，不得授予经营者特许经营权；不得限定经营、购买、使用特定经营者提供的商品和服务；不得设置没有法律法规依据的审批或者事先备案程序；不得对市场准入负面清单以外的行业、领域、业务等设置审批程序。

(2) 商品和要素自由流动标准。不得对外地和进口商品、服务实行歧视性价格和歧视性补贴政策；不得限制外地和进口商品、服务进入本地市场或者阻碍本地商品运出、服务输出；不得排斥或者限制外地经营者参加本地招标投标活动；不得排斥、限制或者强制外地经营者在本地投资或者设立分支机构；不得对外地经营者在本地的投资或者设立的分支机构实行歧视性待遇，侵害其合法权益。

(3) 影响生产经营成本标准。不得违法给予特定经营者优惠政策；安排财政支出一般不得与企业缴纳的税收或非税收入挂钩；不得违法免除特定经营者需要缴纳的社会保险费用；不得在法律规定之外要求经营者提供或者扣留经营者各类保证金。

(4) 影响生产经营行为标准。不得强制经营者从事反垄断法规定的垄断行为；不得违法披露或者要求经营者披露生产经营敏感信息，为经营者从事垄断行为提供便利条件；不得超越定价权限进行政府定价；不得违法干预实行市场调节价的商品和服务的价格水平。

此外还有两项兜底规定：①没有法律、法规依据，各地区、各部门不得制定减损市场主体合法权益或者增加其义务的政策措施；②不得违反反垄断法，制定含有排除、限制竞争内容的政策措施。

4. 例外规定。《意见》对违反审查标准的政策措施采取原则禁止的态度。同时，基于经济现实的复杂性，为实现更大的公共利益或者经济效率，对某些特殊政策作出例外规定，即四种情形的政策措施，如果具有排除和限制竞争的效果，在符合规定的情况下可以实施：一是为维护国家经济安全、文化安全或者涉及国防建设；二是为实现扶贫开发、救灾救助等社会保障目的；三是为实现节约能源资源、保护生态环境等社会公共利益；四是法律、行政法规规定的其他情形。需要强调的是，适用例外规定的政策措施还必须符合三个条件：一是对实现政策目的不可或缺；二是不会严重排除和限制市场竞争；三是明确实施期限。对适用例外规定出台的政策措施，政策制定机关要逐年评估实施效果；实施期限到期或未达到预期效果的政策措施，要及时停止执行或者进行调整。

5. 监督和追责机制。《意见》将“加强执法监督”和“强化责任追究”作为公平竞争审查制度的保障机制。首先，对涉嫌违反公平竞争审查标准的政策措施，任何单位和个人有权举报，有关部门要及时予以处理；涉嫌违反反垄断法的，反垄断执法机构要依法调查核实，并向有关上级机关提出处理建议。案件情况和处理建议要向社会公开。政策制定机关要及时纠正排除和限制竞争的政策措施，维护公平竞争的市场秩序。其次，对未进行公平竞争审查或者违反公平竞争审查标准出台政策措施，以及不及时纠正相关政策措施的地方政府和部门，有关部门依法查实后要作出严肃处理。对失职渎职等需要追究有关人员党纪政纪责任的，要及时将有关情况移送纪检监察机关。

（三）制度总体落实情况

1. 具体任务和工作机制

为了保障公平竞争审查制度的实施，《意见》提出了“明确工作机制”“有序清理存量”“定期评估完善”“制定实施细则”“加强宣传培训”五项具体任务。

《意见》要求从 2016 年 7 月起，国务院各部门、各省级人民政府及所属部门均应在有关政策措施制定过程中进行公平竞争审查。国家发展改革委、原国务院法制办、商务部、原工商总局要会同有关部门建立健全工作机制，指导公平竞争审查制度实施工作，并及时总结成效和经验，推动制度不断完善，在条件成熟时组织开展第三方评估。各省级人民政府抓紧研究制定具体工作措施办法，落实制度要求，从 2017 年起在本行政区域内逐步推开，指导市、县级人民政府及所属部门开展公平竞争审查。

落实《意见》要求，根据《国务院办公厅关于同意建立公平竞争审查工作部际联席会议制度的函》，建立了公平竞争审查工作部际联席会议制度。各省级人民政府也纷纷建立联席会议机制，积极推动本地区公平竞争审查工作的开展。

2. 阶段性落实成果

在 2017—2018 年专项清理期间，国务院各部门和地方各级人民政府所属部门按照“谁制定、谁清理”原则，对照反垄断法和《意见》，对存量规章、规范性文件和其他政策措施中含有的地方保护、指定交易、市场壁垒等内容进行清理。政策措施制定部门被撤销或者职权已调整的，由继续行使其职权的部门负责清理。省级人民政府和国务院各部门研究拟定本地区和本部门具体清理工作方案，督促落实清理工作。各级公平竞争审查联席会议统筹协调清理工作。

2018 年以来，多个部门印发文件，从公平竞争审查的角度对本部门、本行业、本系统相关工作提出要求，涉及自贸区建设、区域协调、钢铁去产能、促进民营经济发展等多个方面，体现出公平竞争审查制度理念不断深入、影响不断扩大。据国家市场监督管理总局统计，推动全面落实公平竞争审查制度以来，已审查新出台政策措施文件 98.7 万件，纠正违反审查标准的文件 5600 余件，清理存量政策措施文件 189 万件，废止和修订妨碍全国统一市场和公平竞争的文件近 3 万件。

四、是否在反垄断法中规定公平竞争审查的不同认识

对是否在反垄断法中规定公平竞争审查制度，理论界还存在不同认识。

一种观点认为，我国公平竞争审查制度源于竞争法，是现行反垄断法关于禁止滥用行政权力排除、限制竞争规定的细化和延伸；从域外经验来看，大多数国家和地区建立的公平竞争审查制度吸取了反垄断法的法意和原理，且多由竞争执法机构实施。考虑到我国已经具备较为健全的反垄断执法机构，将公平竞争审查制度纳入反垄断法框架中比较合适。

另一种观点认为，不宜在反垄断法中规定公平竞争审查制度，应当单独立法或者至少出台专门的行政法规，主要理由包括：一是公平竞争审查制度不仅涉及反垄断法，还涉及经济法的其他领域，应当建立覆盖经济法领域的公平竞争审查制度。二是公平竞争审查制度与反垄断法具有交叉、互补关系，公平竞争审查的范围比现行反垄断法中关于禁止滥用行政权力排除、限制竞争的规制范围更广。三是公平竞争审查属于行政机关的事先自我约束，反行政垄断执法对行政机关的约束属于事后规范，两者逻辑截然不同。如果反垄断执法机构在事先对行政机关进行了公平竞争审查，将导致无法进行事后监管，反而影响其对滥用行政权力排除、限制竞争行为的规范。四是县级以上人民政府都应当实施公平竞争审查制度，而反垄断执法属于中央事权，两种制度的执行机构的层级有很大不同。五是可能导致行政部门为了规避反垄断违法风险而减少出台相关的政策，反而不利于我国经济和社会的发展。

关于平台经济反垄断

平台，即互联网平台，是指通过网络信息技术，使相互依赖的双边或者多边主体在特定载体提供的规则下交互，以此共同创造价值的商业组织形态。平台经济，是以供需交易数据为生产要素、以拥有海量主体的互联网平台为依托，以上下游、产供销、产业与金融等跨界联动的生态系统为组织方式，推动商品和服务高效交易、精准匹配的经济业态。实践中，搜索引擎、网络销售、即时通信、网络视频、手机应用商店等均可能构成平台，其业态均可能构成平台经济。

近年来，我国平台经济迅速发展，新业态、新模式层出不穷，对推动经济高质量发展、满足人民日益增长的美好生活需要发挥了重要作用；同时，平台经济也存在着平台垄断、竞争失序等问题，不仅可能影响经济社会安全，而且可能对政治安全、意识形态安全带来风险。因此，党中央对强化平台经济反垄断和防止资本无序扩张提出了明确要求。为落实党中央决策部署，反垄断法修正草案增加了关于平台经济反垄断的规定，引起社会各方面的高度关注。我们就相关问题进行了认真研究，简报如下：

一、平台经济领域的典型垄断行为

平台经济领域的垄断行为，很多属于传统垄断行为在互联网领域的延伸（如搭售[①]），也有由于平台的商业模式创新和数字技术创新应用而表现出一些新的形式和特点，但总体上并没有超出反垄断法所规制的三大垄断行为，即垄断协议、滥用市场支配地位以及具有或者可能具有排除、限制竞争效果的经营者集中的范围。

（一）在垄断协议方面

垄断协议，在行为构成上以经营者具有意思联络或者协同行为为前提。平台在垄断协议方面受到较多关注的是“算法合谋”，即平台通过大数据和算法形成数字化的垄断协议。平台之间可以通过使用同一特定的定价算法和历史定价数据协调定价；达成价格合谋后，还可以利用实时数据来监控该项垄断协议的实施。平台之间可以通过部分共享各自拥有的大数据，相互传递一种隐性信号，实现隐性合谋。平台还可能利用人工智能、机器深度学习等实现算法改进，间接促成默示合谋。

（二）在滥用市场支配地位方面

在滥用市场支配地位方面，平台经济典型的垄断行为表现形式包括：（1）“大数据杀熟”，即平台通过大数据技术对消费者进行精准画像，在准确判断其支付意愿的基础上，对每位消费者收取其最高支付意愿的价格；即对忠诚度较高的消费者（熟客）收取更高的价格，对忠诚度较低的消费者收取较低的价格，因此对不同消费者形成了价格歧视。（2）强制“二选

① 例如，通过订立具有排他性的合同，强制智能手机制造商预先安装某一种搜索引擎和某一种浏览器，并将其设置为默认应用状态，阻碍了应用市场中的其他竞争对手。

一”，即平台强制要求平台内经营者“选边站队”，如果在本平台经营，就不能在竞争对手的平台经营；如果在竞争对手的平台经营，就必须退出本平台，或者被收取较高的服务费用、降低服务质量等。(3)“拒绝接入”，即平台拒绝与第三方开展业务，从而排除、限制其他经营者的竞争，如拒绝向竞争对手提供数据接口、封禁竞争对手的域名，导致竞争对手的软件在平台内无法应用，链接在平台内无法展示、跳转等。(4)“补贴大战”，即巨型平台通过引入资本进行大量补贴，以低于成本的价格销售商品或者提供服务，将客户锁定在平台内，从而将竞争对手排挤出市场或者阻止新的竞争对手进入市场，以获得或者维持其市场支配地位。平台一旦成功吸引足够的消费者并确保其在相关市场上的主导地位，便会转而取消相应补贴甚至提高价格。(5)“自我优待”，即平台滥用其作为市场组织者的优势，通过利用平台内经营者的数据、操纵算法等方式，增强自有商品或服务的竞争优势，扭曲平台内的竞争。例如，平台通过调整搜索算法，提升自有商品的搜索排名，降低竞争对手商品的搜索排名，使自有商品具备超越竞争对手的优势。

如果平台具备市场支配地位，实施了上述行为且没有正当理由，很可能构成滥用市场支配地位中的差别待遇特别是价格歧视行为（没有正当理由，对条件相同的交易相对人在交易价格等交易条件上实行差别待遇)、限定交易行为（没有正当理由，限定交易相对人只能与其进行交易或者只能与其指定的经营者进行交易)、拒绝交易（没有正当理由，拒绝与交易相对人进行交易)、掠夺性定价行为（没有正当理由，以低于成本的价格销售商品）等。[①]

（三）在经营者集中方面

与传统领域的经营者集中多以增加市场份额、经营规模为主要目的不同，平台经济领域的经营者集中，更多体现在技术竞争和对数据的争夺上，比较典型的表现形式包括：（1）“扼杀式”并购，即平台为防止被潜在竞争者的“破坏性创新”所取代，先发制人并购有潜力的初创企业或者新生企业，将其并入自己的业务版图，甚至为防止其对自己的主营业务造成冲击，停止、限制相关业务的研发、发展。（2）数据驱动型并购，即平台为获取目标企业的数据资源对其进行并购，通过占有、整合、利用数据资源进一步提升自己的市场力量。同时，平台经济领域的经营者很多具有经济规模小但市场潜力大的特点，很多集中往往达不到经营者集中申报标准，不易被发现，容易游离在反垄断监管的范围之外。

二、平台经济垄断行为对传统反垄断法的挑战

平台经济存在着不同于传统经济的特点，致使平台经济竞争状况复杂，对反垄断执法中的违法行为认定造成挑战。

（一）平台经济存在双边市场和非对称定价结构，导致相关市场界定困难

相关市场界定，是识别经营者市场势力、判定行为的损害效果、认定垄断行为的基础。传统反垄断执法实践中经常用到的需求替代分析、供给替代分析、假定垄断者测试（SSNIP）

---

① 需要说明的是，即使平台不具备市场支配地位，上述违法行为也可以结合具体情形适用电子商务法、反不正当竞争法、消费者权益保护法等有关规定。

等分析方法，都是通过供求与价格之间的变化，来判断商品或者服务在一定时期内与相关商品市场、相关地域市场在需求上或者供给上是否具有可替代性。但是，平台属于双边甚至多边市场，如果仅以一边市场来界定相关市场，则反映的市场竞争状况可能失真；如果结合多边来界定相关市场，则分析各边市场之间的影响难度较大。平台会对价格弹性高（对价格敏感，因价格变化而改变购买决策的可能性大）的市场主体收取较低的价格，对价格弹性低的市场主体收取较高的价格；有时平台为了获取客户的数据及注意力、拓展或者巩固一边市场，会在一定期间内主动提供补贴，甚至低于成本、免费提供服务。这些都大大弱化了价格、供求对相关市场界定的指针作用，使界定相关市场的难度进一步加大。

（二）平台大量使用数据和算法，导致垄断行为发现和认定困难

数字经济时代，数据已经成为重要的生产要素。平台通过自有业务、并购等方式，不断集聚数据，占据海量的数据资源，甚至形成数据壁垒，阻碍竞争者成长；运用数据霸权，收取高额数据使用费；为获取数据进行并购，其潜在影响难以准确评估。平台还会利用算法等技术手段不断挖掘数据价值，通过追踪、分析竞争对手的交易数据和算法逻辑，与交易对手达成“算法合谋”；通过追踪、预测和影响用户决策，不断提高用户黏性、巩固市场地位，或者进行“大数据杀熟”；通过获取、运用平台内经营者的交易数据、控制平台内的算法，对平台内经营者实行歧视待遇，实现“自我优待”。这些行为被一串串

数据、一行行代码所掩盖，给发现、证明、处理反垄断违法行为造成较大困难。同时，传统的以供求、价格和市场份额为基础的基本分析框架，如何消化数据因素对平台决策、反垄断政策的影响，也还需要进一步研究。

（三）平台经济自带限制竞争和促进竞争双重特点，导致垄断行为损害分析困难

一种意见认为，平台经济存在网络效应、锁定效应，容易出现一家独大的市场格局，应当积极进行反垄断干预。平台经济兼具直接网络效应和间接网络效应。直接网络效应，是指平台所服务的同一边市场内的用户具有相互依赖性，用户越多价值越大。例如，使用同一款通信软件的用户越多，这款软件对用户的价值就越大，吸引力就越强。间接网络效应，是指平台所服务的多边市场主体之间可能相互依存、相互影响，一边市场主体的数量对另一边市场的价值有着重要影响。例如，电子商务平台卖家越多，商品越丰富，对消费者的吸引力就越大；消费者越多，商品越容易卖出去，对卖家的吸引力也就越大。同时，平台经济容易出现锁定效应，更早进入市场的平台或者具有更多资金、技术优势的平台往往在竞争中占据有利地位，用户由于使用习惯、网络效应、学习成本、迁移成本等原因，往往不会轻易转换到类似的中小平台上，后发竞争者很难超越先发平台，导致“强者恒强，弱者恒弱”。

另一种意见认为，平台经济具备规模经济和破坏性创新的特点，不宜进行过多干预。平台经济是高度的规模经济。在传统经济模式下，规模经济只存在于一定规模之下，超出临界点

后，规模越大，企业生产成本越高、经济效率越低；同时，相关市场集中度越高，越容易扭曲社会资源配置，损害消费者福利。但是，在平台经济模式下，平台用户数量越多，平台边际成本越低，资源配置效率就越高，给消费者的福利也可能越大。同时，平台经济具备破坏性创新的特点，使平台随时面临竞争压力，市场份额并不稳定。数字经济基本上不存在准入门槛，破坏性创新活跃，跨界竞争激烈，产品和商业模式生命周期较短，平台很难完全掌控价格、产量、交易条件等，后发的竞争者通过找准创新点、开展差异化经营，很可能迅速成长起来，取代在先平台的优势地位。

三、欧盟和美国关于平台经济反垄断的规制和实践

欧盟、美国是世界最大的两个反垄断执法司法辖区。近年来，欧盟和美国对平台经济反垄断问题开展了较多研究，为加强和改进相关执法、司法实践提供了依据和指引，但反垄断法律规定总体上保持了相对稳定。

（一）欧　盟

由于各种原因，欧盟并未成长出具有世界影响力的平台企业。近年来，欧盟为增强在数字领域的战略自主权，对平台经济的总体态度是严规则、强监管。

立法层面，欧盟反垄断法律体系的基础是 2009 年 12 月 1 日实施的《欧盟运行条约》第一百零一条至第一百零九条[①]（包括四个部分，即垄断协议和滥用市场支配地位、公共领域竞

① 此前是欧共体条约中的第八十一条至第八十九条。

争倡导、国家援助、并购控制），以及欧盟理事会1989年通过的《关于企业间集中控制的条例》（第4064/89号条例）。《欧盟运行条约》关于反垄断方面的规定较为原则，自实施后未进行过修订。欧盟结合执法实践需要，对相关配套法规进行了修改和完善，主要是1962年推出经营者集中集体豁免制度，2004年改革经营者集中审查制度，2013年取消垄断协议事前豁免制度。

执法层面，欧盟向来对超级平台的反垄断态度严厉，尤其是2014年玛格丽特·维斯塔格担任欧盟竞争专员以来，苹果、谷歌、亚马逊、脸书等超大型平台均遭到反垄断调查。其中谷歌公司因在移动操作系统、地图、搜索广告、浏览器等多个市场滥用支配地位，已经被罚款3次，分别是2017年24.2亿欧元，2018年43.4亿欧元，2019年14.9亿欧元。

近年来，欧盟委员会着重加强平台经济相关立法，先后于2018年5月出台《通用数据保护条例》，于2022年7月通过《数字服务法》和《数字市场法》。这些法律均着眼于限制平台市场力量、规范平台行为，但均不属于平台经济反垄断的规定。

欧盟成员国中，德国近年来对反限制竞争法进行了第九次、第十次修订，补充完善了对平台经济的规范。2017年6月的第九次修订增加了关于反垄断法数字化改革的原则规定：（1）明确规定无偿给付与认定相关市场不矛盾，免费商品可以构成反垄断执法的相关市场，给执法机构界定双边或者多边市场提供了明确的法律依据。（2）规定在多边市场和网络中，需要考虑以下因素评价经营者的市场地位：直接和间接的网络效应；用户同时利用多个服务以及转换费用；其与网络效应相关的规模优势；获得与竞争相关的数据；创新推动的竞争压力。（3）交易额达到4亿欧元的，经营者就可能有申报的义务。2021年1月的第十次修订进一步明确了数字化改革的具体规则：（1）在认定市场支配地位时需考虑“获取竞争相关数据的能力”，并考虑平台的“中介力量”对进入采购和销售市场的影响。（2）将平台的数据接口作为“必要设施”，将拒绝开放数据接口列为滥用市场支配地位行为。（3）增加对具有显著跨市场竞争影响的经营者的规范，明确“跨市场竞争影响”的认定因素和该经营者的禁止性行为（如没有正当理由，不得进行“自我优待”，不得阻碍其他竞争者进入市场，不得妨碍商品或者服务的互操作性等）。（4）完善滥用相对优势地位的相关规定。

（二）美　国

美国的数字经济发达，诞生了谷歌、脸书、亚马逊、苹果等一批超大型平台。长期以来，美国政府对超大型平台采取了较为宽容的态度；近年来没有进行专门立法，反垄断执法也不多。

立法层面，美国反托拉斯法律主要有1890年《谢尔曼法》和1914年《克莱顿法》《联邦贸易委员会法》。这些法律规定较为原则（如《谢尔曼法》只有8条），且法律制定后仅进行过少数几次修订，主要是1950年、1976年两次完善经营者集中审查制度，1938年、1975年和1980年三次扩大联邦贸易委员会调查权限，2004年强化违反反托拉斯法的刑事责任。在实践中，主要由法院通过司法判例对法律适用进行调整，以适应经济发展的需要。2019年2月，美国联邦贸易委员会竞争局成立专门的技术工作组，就加强新经济领域执法举办了一系列专题听证会，共收集900多条意见，涉及对数据因素的考量、非价格竞争损害测算等；但是，联邦贸易委员会对此问题并未形成官方意见。美国司法部认为，由于反托拉斯法规定得比较原则，法院可以有比较充分的解释空间，因此无须在立法层面专门针对新经济领域作出调整。目前美国处理的有关案件也说明，现有法律框架可以应对新经济发展带来的挑战。

执法层面，2013年美国联邦贸易委员会曾发起对谷歌的反垄断调查，但最后作出了不予起诉的决定。然而，近年来也出现了另一种思潮。2020年10月，美国众议院司法委员会发布的《数字市场竞争调查报告》指出，互联网巨头们不仅影响了初创企业的竞争，减少了市场创新和消费者选择，而且损害了美国的政治、文化、新闻自由和个人隐私保护。报告建议，对谷歌、脸书、亚马逊、苹果四大巨头进行拆分，并改革现行反托拉斯法。随着这个报告出台，美国司法部和联邦贸易委员会分别对谷歌和脸书提起了反托拉斯诉讼，目前两案均在诉讼过程中。

四、我国关于平台经济反垄断的规制和实践

我国反垄断法制定于2007年，当时平台经济反垄断问题尚不突出，因此未作专门规定。近年来，我国平台经济迅速发展，平台要求商家“二选一”“大数据杀熟”等涉嫌垄断案件日益增多，我们及时完善了相关法律法规。2018年8月通过的电子商务法第二十二条规定，电子商务经营者因其技术优势、用户数量、对相关行业的控制能力以及其他经营者对该电子商务经营者在交易上的依赖程度等因素而具有市场支配地位的，不得滥用市场支配地位，排除、限制竞争。第三十五条规定，电子商务平台经营者不得利用服务协议、交易规则以及技术等手段，对平台内经营者在平台内的交易、交易价格以及与其他经营者的交易等进行不合理限制或者附加不合理条件，或者向平台内经营者收取不合理费用。2019 年 6 月市场监管总局发布的《禁止滥用市场支配地位行为暂行规定》第十一条中规定，认定互联网等新经济业态经营者具有市场支配地位，可以考虑相关行业竞争特点、经营模式、用户数量、网络效应、锁定效应、技术特性、市场创新、掌握和处理相关数据的能力及经营者在关联市场的市场力量等因素。

2020 年 12 月 11 日召开的中央政治局会议和 2020 年 12 月 16 日召开的中央经济工作会议都强调要强化平台经济反垄断和防止资本无序扩张。为贯彻落实党中央决策部署，2021 年 2 月，国务院反垄断委员会发布关于平台经济领域的反垄断指南，指出，我国反垄断法的基本制度、规制原则和分析框架适用于平台经济领域经营者。考虑到平台经济商业模式和竞争生态复杂，涉及范围广，专业性强，在与现行法律、法规、规章和其他相关指南做好衔接的基础上，结合平台经济的发展状况、经营特点和运行规律制定上述指南，进一步明确了平台经济领域的相关市场界定、垄断协议、滥用市场支配地位、经营者集中的具体适用标准。同时，市场监管总局加强了反垄断执法。2021 年，依法查处阿里巴巴集团强制“二选一”滥用市场支配地位案，罚款 182. 28 亿元；依法查处美团强制“二选一”滥用市场支配地位案，罚款 34. 42 亿元。立案调查平台经济领域未依法实施集中案件 173 件，对涉及美团、滴滴、字节跳动等平台企业的 46 件未依法进行经营者集中申报案件予以顶格处罚，罚款共计 3350 万元；依法禁止腾讯系虎牙和斗鱼合并案，阻止腾讯获得网络游戏直播市场支配地位；对腾讯收购中国音乐集团股权未依法申报案作出责令解除网络音乐独家版权等处罚，恢复我国网络音乐市场竞争状态。

2021 年 10 月，国务院将反垄断法修正草案提请全国人大常委会审议，其中增加了关于平台经济反垄断的专门规定：经营者不得滥用数据和算法、技术、资本优势以及平台规则等排除、限制竞争（修正草案第三条）；具有市场支配地位的经营者利用数据和算法、技术以及平台规则等设置障碍，对其他经营者进行不合理限制的，属于前款规定的滥用市场支配地位的行为（修正草案第九条）。

关于垄断协议安全港规则

企业之间的合作是否构成垄断协议，是反垄断执法、司法实践中的难点，给企业合规带来了较大的不确定性。随着经验积累，有的国家和地区总结提出，有些行为虽然符合垄断协议的定义，但是由于参与者市场份额较小，一般不会显著排除、限制竞争，因此无须进一步调查，即进入安全港。此次反垄断法修正草案增加了关于垄断协议安全港规则的规定，我们对相关问题进行了认真研究，简介如下。

一、欧盟和美国关于垄断协议安全港规则的规定

（一）欧　盟

《欧盟运行条约》第一百零一条第一款对禁止垄断协议作了规定。在此基础上，2014年发布的《欧盟委员会关于未构成〈欧盟运行条约〉第一百零一条第一款中显著限制竞争的非重要协议的通告》（简称非重要协议通告，或者微量通告）、《为了界定可适用〈非重要协议通告〉的协议而制定的关于具有限制竞争“目的”的指南》（简称非重要协议指南）规定了安全港规则：当协议对成员国间的贸易或竞争未产生显著影响时（不会显著排除、限制竞争时），《欧盟运行条约》第一百零一条第一款不予适用。适用该安全港规则，需要满足两个条件：

第一，协议各方市场份额不得超过安全港门槛：（1）协议

是在任何相关市场上的实际或潜在竞争者之间订立的（横向协议），且在受该协议影响的任何相关市场上，协议各方的总市场份额不超过10%。(2) 协议是在任何相关市场上非实际或潜在竞争者之间订立的（纵向协议），且在受该协议影响的任何相关市场上，协议各方的市场份额均不超过15%。(3) 如果难以确定协议是在竞争者之间达成的还是非竞争者之间达成的，则适用10%的门槛。(4) 不同供应商或分销商之间订立的货物或服务销售协议，若其累积的效果对相关市场的竞争产生了限制，则前述市场份额门槛均降低到5%。若具有相似效果的平行（网络）协议在相关市场上占有的份额小于30%，则不太可能产生累积的封锁效果。(5) 在连续两个会计年度中，如果协议各方的市场份额没有超过前述市场份额门槛的两个百分点的幅度，则该协议不会显著限制竞争。

第二，安全港不适用于具有阻碍、限制或扭曲内部市场竞争目的的协议。[①] 非重要协议通告指出，对于直接或间接具有限制竞争目的的横向协议，特别是以下协议，委员会不适用本通告所确定的原则：(1) 固定向第三人销售的价格；(2) 限制产量与销量；(3) 分割市场与顾客。与此相似，对于任何涉及

---

① 欧盟委员会2001年发布第一版非重要协议通告，仅规定了“安全港”规则的市场份额标准。在2012年的Expedia案中，欧盟委员会认为该公司与合作公司的市场份额虽然低于安全港的标准，但由于达成的协议本身具有反竞争性且可能影响成员国之间贸易，因而可能对竞争有明显限制。为此，在2014年版非重要协议通告中，增加了“目的限制”要求，即具有排除、限制竞争目的的协议行为，将被视为可能对竞争产生影响，从而不再受“安全港”规则的保护。

委员会现在或将来集体豁免条例[1]中列为核心限制的协议（委员会一般认为其具有限制竞争的目的），委员会不适用依据市场份额门槛确定的安全港。非重要协议指南进一步对具有限制竞争"目的"的类型作了列举，包括竞争者之间有关固定价格、划分市场、数量限制、串通投标、联合抵制、交换未来价格和数量信息、限制研发或者使用自有技术的协议；以及非竞争者之间维持转售价格，对于买方、被许可人、供应商的销售限制的协议等。

（二）美　国

美国联邦贸易委员会和司法部2000年联合发布的《竞争者之间合作反垄断指南》规定了两类安全港：一类是通用安全港。除特殊情况外，当合作及其参与者的总市场份额不超过各相关市场的20%时，执法当局不会挑战竞争者之间的合作。另一类是适用于创新市场研发竞争分析的安全港。除特殊情况外，在创新市场，如果在该合作之外还存在三个或者更多的独立控制的研发活动，并且后者拥有与该合作可近似替代的必要特定资产、特征和研发激励，执法当局不会根据活动对竞争的影响挑战竞争者合作。需要强调的是，上述两类安全港均不适用于"本身违法"的协议（典型的横向垄断协议）。

二、我国关于垄断协议安全港规则的规定

我国现行反垄断法第十三条第一款规定了禁止横向垄断协

---

[1] 主要有：适用于纵向垄断协议的2010年《纵向限制集体豁免条例》及其配套的《欧盟委员会关于纵向限制的指南》；主要适用于横向垄断协议的2010年《研发协议集体豁免条例》《专业化协议集体豁免条例》及其配套的2011年《欧盟横向合作协议指南》；适用于技术转让协议的2014年《技术转让协议集体豁免条例》及其配套的《技术转让协议指南》。

议，第十四条规定了禁止纵向垄断协议，但未对垄断协议安全港规则作出规定。实践中，反垄断执法机构对此作了一定探索。2019 年 1 月发布的《国务院反垄断委员会关于知识产权领域的反垄断指南》第十三条规定：为了提高执法效率，给市场主体提供明确的预期，设立安全港规则。安全港规则是指，如果经营者符合下列条件之一，通常不将其达成的涉及知识产权的协议认定为反垄断法第十三条第一款第六项和第十四条第三项规定的垄断协议（禁止横向垄断协议和禁止纵向垄断协议的兜底条款)，但是有相反的证据证明该协议对市场竞争产生排除、限制影响的除外。(1) 具有竞争关系的经营者在相关市场的市场份额合计不超过 20%；(2) 经营者与交易相对人在受到涉及知识产权的协议影响的任一相关市场上的市场份额均不超过 30%；(3) 如果经营者在相关市场的份额难以获得，或者市场份额不能准确反映经营者的市场地位，但在相关市场上除协议各方控制的技术外，存在四个或者四个以上能够以合理成本得到的由其他经营者独立控制的具有替代关系的技术。2020 年 10 月发布的《国家市场监督管理总局关于禁止滥用知识产权排除、限制竞争行为的规定》第五条也作了类似规定，经营者行使知识产权的行为有下列情形之一的，可以不被认定为反垄断法第十三条第一款第六项和第十四条第三项所禁止的垄断协议，但是有相反的证据证明该协议具有排除、限制竞争效果的除外：(1) 具有竞争关系的经营者在受其行为影响的相关市场上的市场份额合计不超过 20%，或者在相关市场上存在至少四个可以以合理成本得到的其他独立控制的替代性技术；(2) 经营者与交易相对人在相关市场上的市场份额均不超过 30%，或者在相关市场上存在至少两个可以以合理成本得到的其他独立控制的替代性技术。根据上述规定，知识产权领域垄断协议的安全港不适用于反垄断法明确列举的典型垄断协议，仅适用于兜底条款规定的其他垄断协议；协议进入安全港后，可以通过反证其具有排除、限制竞争效果而退出。

国务院提交全国人大常委会审议的《反垄断法》修正草案第八条规定了安全港规则：经营者能够证明其在相关市场的市场份额低于国务院反垄断执法机构规定的标准的，不适用本法第十六条、第十七条、第十八条的规定，但有证据证明经营者达成的协议排除、限制竞争的除外。其中的第十六条、第十七条和第十八条，分别对应禁止横向垄断协议、禁止纵向垄断协议、禁止组织和帮助他人达成协议。

从征求意见情况看，多数意见欢迎引入安全港制度，认为有利于增加确定性，降低执法成本。同时也有意见提出，对于严重限制竞争的垄断协议，是否适用安全港规则，应当慎重研究。

关于反垄断法中的轴辐协议

现行反垄断法第十三条、第十四条分别对具有竞争关系的经营者之间（横向垄断协议）、经营者与交易相对人之间（纵向垄断协议）达成垄断协议作了禁止性规定；第十六条对行业协会组织本行业经营者达成垄断协议作了禁止性规定。但对于经营者组织其产业链上游或者下游的经营者之间达成的垄断协议（轴辐协议），现行反垄断法没有明确规定。国务院提请审议的反垄断法修正草案，增加了关于轴辐协议的专门规定。现将有关情况简报如下：

一、轴辐协议的基本情况

轴辐协议，又称中心辐射型垄断协议，是处于产业链上下游的经营者之间达成的一种排除、限制竞争的协议，由一个经营者（轴心经营者）与其上游或者下游的多个经营者（轮缘经营者）分别订立相互平行的纵向协议，轮缘经营者之间经由轴心经营者达成横向合谋，实现排除、限制竞争的目的。这种垄断协议类似马车或者自行车的车轮，轴心经营者相当于车轴，轮缘经营者相当于辐条，因此被形象地称为轴辐协议。

轴辐协议主要有以下特点：

一是轴辐协议中既有纵向关系，又有横向关系。纵向关系是轴心经营者与轮缘经营者之间订立纵向协议建立的，该纵向协议可能是纵向垄断协议，也可能是合法形式的代售、寄售等协议，是“明”的安排。横向关系是轮缘经营者之间“暗”的合谋，认定轴辐协议的关键是确认横向合谋存在。这一“暗”的合谋不是轮缘经营者之间直接协商达成的，而是分别经由与轴心经营者签订相互平行的纵向协议间接达成的，是一种心照不宣的协同行为。

二是轴辐协议既可以由轴心经营者主导达成，也可以由轮缘经营者主导达成。轴心经营者主导时，设计整体方案，并在轮缘经营者之间来回穿梭，协调轮缘经营者取得合谋共识，这是轴辐协议的典型做法。轮缘经营者主导时，轴心经营者往往只是利用轮缘经营者的合谋获取自身利益。

三是轴心经营者既可以处于产业链上游，也可以处于下游。当轴心经营者处于上游时，如制造商与多个销售商达成轴辐协议，主要是排除、限制品牌内的竞争；当轴心经营者处于下游时，如销售商与多个制造商达成轴辐协议，主要是排除、限制品牌间的竞争。

四是轴辐协议既可以排除、限制轮缘经营者层面的竞争，也可以排除、限制轴心经营者层面的竞争。1. 在轮缘经营者层面，由于多个轮缘经营者之间自发展成横向垄断协议存在一定的技术性困难，如所销售的商品不完全相同、商品成本结构不同，在市场变化时难以就价格调整及时取得一致等。通过轴辐协议，轴心经营者可在多个轮缘经营者之间进行信息传递和沟通协调，便于组织达成横向垄断协议获得垄断利益，且使这一横向合谋更加隐蔽，起到掩盖作用。同时，横向垄断协议具有不稳定性，经营者之间信息不对称，往往会有经营者背地里违反协议，导致横向垄断协议因陷入信任危机而瓦解。通过轴辐协议，轴心经营者可以监督横向垄断协议的执行、对违反协议者进行惩罚，保障协议有效实施。2. 在轴心经营者层面，轴心经营者可通过轴辐协议，使其上游或者下游的多个轮缘经营者联合抵制轴心经营者的竞争对手，或者设定苛刻的交易条件排挤该竞争对手，从而扩大轴心经营者的市场份额，使其获得垄断利益。还有一些轴辐协议，通过复杂的机制安排，可以同时排除、限制轴心经营者、轮缘经营者两个层面的竞争，使相关经营者共同获得垄断利益。

二、部分国家处理轴辐协议的法律依据和执法实践

（一）法律依据

从目前掌握的情况来看，在域外的反垄断立法中，没有关于轴辐协议的专门规定。同时，相关国家和地区在反垄断法中，一般都有关于垄断协议的禁止性规定，这类规定通常较为原则、宽泛，包容性强，为实践中处理轴辐协议案件提供了充分的空间。例如，美国《谢尔曼法》第一条规定，任何限制州际间或与外国之间的贸易或商业的契约，以托拉斯形式或其他形式联合或共谋，都是非法的。任何人签订上述契约或从事上述联合或共谋，将构成重罪。《欧盟运行条约》第一百零一条规定，企业间的一切协议、企业团体所作的决定和协同一致的经营行为，可能影响成员国之间贸易并且具有阻碍、限制或扭曲共同体市场内竞争目的或效果的，均视为与共同体市场不相容而被禁止。德国、日本、英国等国家的反垄断法也有类似的一般性规定。

（二）执法实践

1. 美国。近年来比较有影响的轴辐协议案件，主要是2000年玩具城案、2013年电子书案：

在玩具城案中，玩具城是美国最大的玩具销售商，为应对仓储式玩具销售商（实行低价批发的经营策略）的竞争，玩具城（轴心经营者）分别与十多家玩具制造商（轮缘经营者）签订一系列独家销售协议（纵向协议），约定制造商只向玩具城提供相关商品。制造商与玩具城签署独家销售协议，减少了销售渠道，利益受到损失，但制造商担心仓储式销售商的经营策略会使自己以后难以涨价，出于维护长期利益的考虑，在“竞争对手参加我就参加、竞争对手退出我就退出”的前提下（横向合谋），接受了玩具城独家销售协议。法院认为，玩具城在制造商之间来回穿梭，组织了横向垄断的交易计划；同时，制造商知道整体性交易计划的存在，且知道竞争对手也会参加该项计划，事实上各方也积极实施了该项计划，据此认定横向合谋成立，整个交易构成轴辐协议。

在电子书案中，某电商平台在电子书市场中占有支配地位，其与多家出版商签订寄售协议，约定在纸质书出版数个月后，出版商通过平台以9.99美元的低价销售电子书（“批发模式”）。出版商对电子书的定价不满，且担心会降低消费者预期、影响纸质书的价格，但难以对抗某电商平台。为此，某公司（轴心经营者）分别与多家出版商（轮缘经营者）签订电子书代售协议（纵向协议），约定：出版商在某公司应用上自行定价销售电子书，而某公司收取销售收入30%的佣金，并享受

"最惠国待遇"（出版商在某公司平台的电子书的价格，不得高于其他任何平台的销售价格），且可以早于某电商平台上市电子书。相关协议实施后，某公司迅速扩大了电子书销售市场份额（先于某电商平台上市且售价相同）；出版商虽然在与某公司的交易中减少了电子书销售利润（支付了 30%的佣金），但通过扶植竞争对手取得了迫使某电商平台妥协的力量，某电商平台被迫放弃了"批发模式"，将电子书价格上调为 12.99 美元，出版商达到了提高电子书销售价格的目的。法院认为，某公司为多家出版商精心设计了电子书销售的"代理模式"，并向各家出版商说明"这是从某电商平台手中夺回定价权的唯一机会"，出版商之间通过与某公司的纵向协议达成横向合谋，以联合对抗下游交易对手的意图明显，相关协议构成轴辐协议。

此外，美国反垄断实践中，出于执法效率方面的考虑，将垄断协议分为横向垄断协议和纵向垄断协议，对横向垄断协议，因其排除、限制竞争效果显而易见，按照本身违法原则处理，直接认定为违法；对纵向垄断协议，则按照合理原则处理，需要综合分析相关协议的竞争影响、经济效率、公共利益等因素来判断其合法性。对于轴辐协议中的横向合谋，适用本身违法原则处理；对于其中的纵向协议，适用本身违法原则还是合理分析原则处理存在争议，目前美国司法实践的主流观点是，纵向协议作为掩饰横向合谋的手段，也适用本身违法原则处理。

2. 英国。2003 年英国反垄断执法机构——公平交易办公室对零售业中不同层级经营者联合限制竞争的问题进行了调查。英国公平交易办公室认为，当关于价格的信息在两个及以上相互竞争的经营者（经营者 A、经营者 C）之间，经由一个处于产业链不同层级的经营者（经营者 B）传递，构成横向卡特尔协议，整个交易安排被称为 A—B—C 信息传递型反竞争协议（轴辐协议），为竞争法所禁止。2004 年英国公平交易办公室对轴辐协议作了进一步限定，同时满足以下三个要素，构成轴辐协议：第一，经营者 A 向轴心经营者 B 披露了其未来定价的意图，并且相信 B 会将该信息传递给 A 的竞争对手如 C，以影响市场竞争；第二，B 事实上也确定性地将这一信息传递给了 C，且 C 相信该信息是经由 A 传递至 B；第三，C 事实上也确定性地根据以上信息决定了自己的定价。

三、我国轴辐协议的有关情况

（一）现行反垄断法的规定和实践中的轴辐协议案件

现行反垄断法将垄断协议划分为横向垄断协议、纵向垄断协议，分别在第十三条、第十四条加以规定；同时在第十六条对行业协会组织经营者达成垄断协议作了禁止性规定。对于轴辐协议这类由经营者组织其他经营者达成的同时涵盖纵向、横向关系的垄断协议，现行反垄断法没有作出专门规定。在反垄断执法实践中，一般是将轴辐协议拆分为横向、纵向两个法律关系分别处理，对其中的横向垄断协议，依据《反垄断法》第十三条规定处理；对其中的纵向协议，如不属于纵向垄断协议，则不按反垄断法处理。

实践中影响较大的轴辐协议案件，主要是 2012 年娄底保险业垄断案、2017 年异烟肼原料药案等：

2007 年 6 月，湖南省娄底市保险行业协会牵头组织 11 家保险公司（轮缘经营者）与某保险经纪公司（轴心经营者）共同成立新车保险服务中心，约定各保险公司新车保险业务必须在新车保险服务中心办理，同时划分了各保险公司的市场份额，并固定了保险服务价格（横向合谋）。2012 年湖南省物价局对该案进行了查处，依照《反垄断法》第十三条、第十六条等规定，对娄底市保险行业协会和 6 家保险公司（另有 5 家保险公司因市场份额较小且在调查中提供了关键证据免于处罚）合计罚款 219 万元，但对于作为轴心经营者的某保险经纪公司，只是移交有关部门处理，由于缺乏反垄断法的依据，没有对其进行反垄断处罚。

2014 年，作为异烟肼原料药（用于结核病治疗）生产商的浙江某药业公司、天津某药业公司（均为轮缘经营者），分别与下游的销售商某医药公司（轴心经营者）达成独家销售协议，浙江某药业公司、天津某药业公司仅向某药业公司及其指定企业提供异烟肼原料药，拒绝向其他企业提供。2017 年市面上异烟肼原料药价格较 2016 年上升 3.52 倍。2017 年国家发改委对该案进行了查处，因浙江某药业公司、天津某药业公司共同具有相关市场支配地位，按照反垄断法关于滥用市场支配地位的规定对相关当事方进行了处罚。有学者认为，本案实际上是具有竞争关系的经营者借由产业链下游经营者达成横向价格合谋的轴辐协议案件，反垄断执法机构按照滥用市场支配地位定性查处，没有对该案的反竞争实质作出准确评价。

（二）关于平台经济领域的轴辐协议

近年来我国平台经济快速发展，新业态、新模式层出不穷，在推动经济高质量发展、满足人民群众需要等方面作出积极贡献的同时，平台垄断、竞争失序等问题也引发高度关注。平台经济领域的垄断行为，技术性强，操作复杂，更加隐蔽。2021年2月，国务院反垄断委员会发布《关于平台经济领域反垄断指南》（国反垄发〔2021〕1号），对平台经济领域反垄断问题作了具体规定。

该指南第八条对平台经济领域的轴辐协议作了规定，具有竞争关系的平台内经营者可能借助与平台经营者之间的纵向关系，或者由平台经营者组织、协调，达成具有横向垄断协议效果的轴辐协议。分析该协议是否属于《反垄断法》第十三条、第十四条规制的垄断协议，可以考虑具有竞争关系的平台内经营者之间是否利用技术手段、平台规则、数据和算法等方式，达成、实施垄断协议，排除、限制相关市场竞争。

一般认为，目前平台经济领域的轴辐协议，主要是经营者之间的“算法合谋”，即多家经营者使用同一特定算法和历史交易数据来决定市场价格，算法可成为促成相关经营者价格合谋的手段和工具。具体可分为平台经营者与算法开发经营者的轴辐协议（算法开发经营者作为轴心经营者促成平台经营者之间的价格合谋）、平台经营者与平台内经营者的轴辐协议（平台经营者作为轴心经营者，向其平台内经营者提供定价算法服务，从而促成平台内经营者的价格合谋）等情形。通过算法合谋，相关经营者之间就商品或者服务定价达成协同一致，排除、限制竞争，对经济运行效率和消费者利益造成损害。

（三）反垄断法修正草案关于轴辐协议的规定

《反垄断法》修正草案第七条在现行反垄断法的基础上增

加了关于轴辐协议的专门规定：经营者不得组织其他经营者达成垄断协议或者为其他经营者达成垄断协议提供实质性帮助。同时，修正草案第十六条增加了关于经营者从事上述活动的处罚规定，即适用经营者达成垄断协议的处罚规定。

对于如何在反垄断法中对轴辐协议进行规制，主要有三种意见：

第一种意见认为，轴辐协议本质上是具有竞争关系的经营者之间达成的横向垄断协议，轴心经营者只是起到组织协调的作用。据此，对轮缘经营者，应适用现行反垄断法关于禁止横向垄断协议的规定处理；同时，建议在现行反垄断法中增加对轴心经营者所从事的相关行为的处罚，弥补制度缺漏。这也是反垄断法修正草案新增规定的思路。

第二种意见认为，轴辐协议是不同层级经营者作出的整体性交易安排，不同于传统的横向垄断协议和纵向垄断协议，是一种纵横交错的新型垄断协议，将轴辐协议拆分为横向、纵向关系分别处理，没有对其反竞争的实质和危害作出准确评价，建议针对轴辐协议的特征，在反垄断法中对其界定、处罚等作出专项规定。

第三种意见认为，各国反垄断法普遍对禁止垄断协议作出一般性规定，这种一般性规定包容性强，也较为原则，为实践中灵活处理轴辐协议等新型垄断行为提供了充分的法律空间。建议借鉴其他国家做法，在我国反垄断法中增加关于禁止垄断协议的一般性条款，可依照该一般性条款对轴辐协议进行处理，也可为今后规制新型垄断行为提供基础性的法律依据。

关于滥用行政权力排除、限制竞争

一般认为，反垄断法的目的是预防市场势力，禁止经济垄断，行政机关和法律、法规授权的具有管理公共事务职能的组织滥用行政权力排除、限制竞争（以下简称行政性限制竞争）不属于反垄断法调整范围。同时，也有一些国家考虑到自身国情，在反垄断法中对行政性限制竞争作了特别规定。笔者对相关问题进行了认真研究，简介如下。

一、有关国家和地区关于行政性限制竞争的规定

（一）主要市场经济国家和地区

在欧盟、美国等市场经济国家和地区，行政性限制竞争问题不是由反垄断法调整的，而是根据宪法等基本法关于保障自由、平等等基本原则作出规范。

《欧盟运行条约》出于维护欧盟统一大市场等考虑，在第一百零六条禁止成员国对国有企业采取特定优待措施损害竞争，在第一百零七条禁止成员国采取不合理的国家援助政策损害竞争。实践中被禁止的典型案例有：西班牙批准本国航线的机票和船票定价远低于跨国航线；荷兰指定地方政府所属四家电力企业组成联营销售公司高价售电，并禁止其他企业经营电力进出口业务；法国赋予电信服务企业电信终端设备垄断经营权等。

在美国，一方面，联邦最高法院通过判例确立了“州行为

理论”，指出国会无意禁止“主权者”（美国是联邦制国家，州和联邦分享主权）实施或者指导下的限制竞争行为。据此，美国各州一级的立法、行政、司法行为不受联邦反托拉斯法的制约；下级地方政府的行为如果是执行州明确规定的限制竞争政策，也豁免适用反托拉斯法。另一方面，联邦最高法院依据宪法中的州际贸易条款，禁止各州管制与其他州的贸易、歧视外地企业、给外地企业强加本地企业无须承受的负担。实践中被禁止的典型判例有：威斯康星州只允许销售经本州企业消毒的牛奶，康涅狄格州要求啤酒供应商售予本州的啤酒价格不得超过售予其他州的价格，纽约州禁止外州的葡萄酒供应商直接向本州消费者销售产品。

（二）部分转型国家

俄罗斯和部分东欧国家受传统计划经济观念影响，比较容易发生行政权力干预市场竞争的情况，因此其反垄断法对行政性限制竞争作了特别规定。其中以俄罗斯最具代表性。

2006年《俄罗斯联邦竞争保护法》设专章对行政性限制竞争作了规定。该法具有以下特点：第一，违法主体广泛，包括联邦各行政部门、各邦①的公共机构、地方公共机构、其他履行上述机构职能的机构或组织，以及国家预算外基金和联邦中央银行；即除联邦立法机关、联邦最高行政机关、各司法机关外，其他机关及履行管理公共事务职能的组织都适用该法。第二，违法行为广泛，既作了概括，又作了列举；既包括抽象行

① 包括共和国、边疆区、州、联邦直辖市、自治州、自治区等建制。

政行为，又包括具体行政行为；既包括作为，又包括不作为。具体包括：1. 除非联邦法律有相反规定，不得通过立法或者采取其他措施妨碍、限制和排除竞争（如对开办企业或者开展生产经营活动作出限制或者提出不合理要求，限制产品在地区间流通，强制购买特定产品，强制企业以优惠条件向特定方供货等），不得进行可能会妨碍、限制或者排除竞争的授权（如授予某个行业生产经营垄断权）。2. 除非联邦法律、联邦总统的法令以及联邦政府的决定有相反规定，国家机关的职能与企业的职能不得混同（如国家机关办企业，或者国家机关将审批权、监督权委托企业行使等），国家机关之间、国家机关与企业之间不得达成可能会妨碍、限制或者排除竞争的协议或者协同行为。3. 在招投标过程中，禁止实行妨碍、限制或者排除竞争的行为。4. 规范国家和市政援助企业的行为，防止其损害市场竞争。

二、我国关于行政性限制竞争的规定

我国在制定反垄断法过程中，对于是否规定滥用行政权力排除、限制竞争问题作了充分研究。2006 年 6 月，国务院的草案说明中提出，考虑到目前行政性限制竞争在我国还确实存在，对市场竞争的影响也是客观现实，社会各界对此普遍关注。因此，虽然从理论上和国际通行做法看，行政性限制竞争主要不是由反垄断法解决的问题，反垄断法也很难从根本上解决这个问题。但是，从我国实际出发，在反垄断法这一保护竞争的专门性、基础性法律中对禁止行政性限制竞争作出明确、具体的规定，既表明国家对行政性限制竞争的重视和坚决反对的态度，又能够进一步防止和制止行政性限制竞争的行为。据此，草案规定：第一，本法规定的垄断行为只包括经济垄断行为，不包括滥用行政权力排除、限制竞争行为。第二，在总则原则规定行政机关和法律法规授权的具有管理公共事务职能的组织不得滥用行政权力，排除、限制竞争；同时，专设一章对禁止行政性限制竞争作了具体规定，明确禁止实践中较为典型的六类滥用行政权力排除、限制竞争的行为。第三，行政机关和公共组织滥用行政权力，实施排除、限制竞争行为的，由上级机关责令改正、对相关人员给予处分，而不是由反垄断执法机构处罚。

常委会审议及征求意见过程中，对是否应当在反垄断法中规定“滥用行政权力排除、限制竞争”一章，存在不同意见。赞成的主要理由是：草案没有笼统提禁止行政垄断，而是禁止“滥用行政权力排除、限制竞争”的行为。这种滥用行政权力排除、限制竞争的行为在现实中时有发生，妨碍建立公平竞争的统一市场体系，社会上比较关注，反垄断法应当对此作出规定。不赞成的主要理由是：行政性限制竞争行为属于行政权力的不当使用，解决这方面问题，一是要进一步深化经济体制和行政管理体制改革，转变政府职能。二是要严格执行现行法律、法规的有关规定。如草案的有些内容在反不正当竞争法中已有规定；[①] 对于滥用行政权力排除、限制竞争表现较为突出的地

① 当时的反不正当竞争法对公用企事业单位排除竞争、行政垄断、倾销、串通招投标等作了规定，2017 年修改时已删除相关内容。

区封锁问题，国务院早已明确规定予以禁止。[①] 至于有的地方政府有令不行，妨碍国务院政令畅通的问题，应当在行政体制内通过加强行政监督，实行严格的行政责任追究制来解决，不是反垄断法所能解决的问题。鉴于对这个问题的意见不一致，对相关规定未作修改。同时，在常委会三审通过前，根据常委委员的审议意见，增加规定，行政机关和被授权的组织实施排除、限制竞争行为的，反垄断执法机构可以向有关上级机关提出依法处理的建议。

反垄断法实施后，原国家工商行政管理总局先后于 2009 年、2010 年发布《工商行政管理机关制止滥用行政权力排除、限制竞争行为程序规定》和《工商行政管理机关制止滥用行政权力排除、限制竞争行为的规定》，对反垄断法有关行政性限制竞争的规定进行细化。2019 年，国家市场监督管理总局发布《制止滥用行政权力排除、限制竞争行为暂行规定》，整合并更新了上述两个文件的内容。暂行条例中规定，市场监管总局和省级市场监管部门对滥用行政权力排除、限制竞争行为进行调查，向有关上级机关提出依法处理的建议。

国务院提交全国人大常委会审议的反垄断法修正草案对行

---

① 国务院 2001 年发布《关于禁止在市场经济活动中实行地区封锁的规定》，并于 2011 年作了个别修改。主要内容包括：（1）原则规定，禁止各种形式的地区封锁行为。禁止任何单位或者个人违反法律、行政法规和国务院规定，以任何方式阻挠、干预外地产品或者工程建设类服务进入本地市场，或者纵容、包庇此类行为，限制公平竞争。（2）对地区封锁行为作出详细列举并明确相应的纠正措施，如强制购买产品（含服务，下同），阻碍产品流通，对外地产品实行歧视性收费、增设许可等歧视性待遇，对外地企业等限制参加本地招投标、限制在本地投资或者设立分支机构、实行歧视性待遇等。（3）禁止地方制定实行地区封锁或者含有地区封锁内容的规定。

政性限制竞争相关规定作了以下修改：一是增加一种违法情形。行政机关和法律、法规授权的具有管理公共事务职能的组织不得滥用行政权力，通过与经营者签订合作协议、备忘录等方式，妨碍其他经营者进入相关市场或者对其他经营者实行不平等待遇，排除、限制竞争。二是加强反垄断执法机构执法权。反垄断执法机构依法对滥用行政权力排除、限制竞争的行为进行调查，有关单位或者个人应当配合，如实提供相关文件、资料，说明有关情况；行政机关和法律、法规授权的具有管理公共事务职能的组织，实施排除、限制竞争行为的，反垄断执法机构可以对其法定代表人或者负责人进行约谈，要求其采取措施进行整改；法律、法规授权的具有管理公共事务职能的组织没有上级机关的，由反垄断执法机构责令改正；行政机关和法律、法规授权的具有管理公共事务职能的组织应当将有关改正情况书面报告上级机关和反垄断执法机构。

对上述修改的主要意见是：增加反垄断执法机构对行政机关和法律、法规授权的具有管理公共事务职能的组织的执法权，是否符合反垄断执法监管体制和行政管理体制，建议再作研究。

一些国家和地区关于垄断行为刑事法律责任的规定

反垄断法修正草案增加了“违反本法规定，构成犯罪，依法追究刑事责任”的衔接性规定。是否对垄断行为规定刑事责任，域外立法例不尽相同。为进一步做好修改完善工作，笔者查阅了一些主要国家和地区相关规定，并对我国刑法有关规定进行了梳理。简报如下。

一、域外有关规定

（一）美 国

美国是最早规定垄断行为刑事责任的国家。刑罚为监禁和罚金，实行对单位处以罚金，对自然人处以罚金、监禁或两者的并罚的双罚制，后英国、日本、加拿大、韩国等不断效仿。1890年《谢尔曼法》第一条、第二条、第三条规定，对违法情节恶劣和违法性质严重的垄断行为都处以刑罚；任何形式的联合或者共谋等垄断协议行为只要实质性地限制商业贸易交易都构成严重犯罪行为。具体条文如下。

第一条　现在贸易的托拉斯行为违法，将予以处罚。任何限制州际间或与外国之间的贸易或商业的契约，以托拉斯形式或其他形式的联合，或共谋，都是非法的。任何人签订上述契约或从事上述联合或共谋，将构成重罪。如果参与人是公司，将处以不超过 1000 万美元的罚款。如果参与人是个人，将处以不超过 35 万美元的罚款，或三年以下监禁，或由法院酌情并用两种处罚。

第二条 对贸易垄断行为以重罪论处。任何人垄断或企图垄断，或与他人联合、共谋垄断州际间或与外国间的商业和贸易，将构成重罪。如果参与人是公司，将处以不超过 1000 万美元的罚款；如果参与人是个人，将处以不超过 35 万美元的罚款，或三年以下监禁，或由法院酌情并用两种处罚。

第三条 任何契约、以托拉斯形式或其他形式的联合、共谋、用来限制美国准州[①]内、哥伦比亚区内，准州之间、准州与各州之间、准州与哥伦比亚区之间，哥伦比亚区同各州间，准州、州、哥伦比亚区与外国间的贸易或商业是非法的。任何人签订上述契约或从事上述联合或共谋，是严重犯罪。如果参与人是公司，将处以不超过 1000 万美元的罚款；如果参与人是个人，将处以 35 万美元以下的罚款，或三年以下监禁，或由法院酌情两种处罚并用。

2004 年 6 月，《反托拉斯刑事惩罚加强与改革法》对《谢尔曼法》进行修订，将对公司的最高罚金从 1000 万美元提高到 1 亿美元，同时将对自然人的最长监禁期限从 3 年提高到 10 年，对个人的最高罚金从 35 万美元提高到 100 万美元。

（二）欧　盟

欧盟竞争法律没有对垄断行为规定刑事责任。是否规定刑

---

① 准州，原文为 territories，在美国法律中指：美国四个海外准州关岛、北马里亚纳群岛联邦、美属维尔京群岛和美属萨摩亚。

事责任，由成员国自行决定。如德国认为，目前罚款上限已经具有较强的威慑力，且对于经济违法行为增加自由刑的刑事处罚，威慑违法行为的效果不一定好，反限制竞争法没有规定垄断行为的刑事责任，但对危害严重的串通招投标行为，可依照《德国刑法典》中的串通招投标罪追究刑事责任。

（三）英　国

2002 年前，英国没有对垄断行为规定刑事责任。2002 年《企业法》首次规定了垄断行为中自然人的刑事责任，规定对自然人不诚实地与他人签订或者实施与多个公司实体相关的固定价格、划分市场、限制产量或串通招投标等核心垄断协议行为构成垄断协议犯罪，对该违法垄断的自然人处以最高刑期为 5 年的监禁，或无限额罚金，或两者并罚。

英国虽规定了垄断行为刑事责任，但采取严格限制、谨慎适用的刑事政策，主要表现为：规定较大的宽免空间，垄断行为者可通过举报卡特尔而获刑事责任宽免；适用条件非常严格，不诚实从事卡特尔行为，才追究刑事责任；适用范围非常有限，只适用于个人而不适用于组织、单位；只适用于卡特尔行为而不适用于其他限制竞争行为。实践中，英国执法机构从未对违法当事人追究过刑事责任。

（四）加拿大

加拿大竞争法对垄断企业和责任人实行双罚制，实行对企业处以罚金，对自然人处以罚金、监禁或两者的并罚的双罚制，避免企业和自然人因资金互相流转逃避处罚。

加拿大《竞争法》第四十五条规定，（1）任何人与其竞争者就某种产品合谋、约定或商定：（a）固定、维持、提高或控制商品供应的价格；（b）为该种产品的生产或供应划分销售额、地域、顾客或市场；（c）固定、维持、控制、阻止、减少或削除该种产品的生产或供应，构成可指控的犯罪，处以不超过5年的监禁或不超过1000万加元的罚金，或者两者并罚。

（五）日　本

日本对垄断行为刑罚包括徒刑和罚金两种，实行双罚制，对企业等法人组织、事业者团体处以罚金，并对企业组织的法人代表、事业者团体代表处以徒刑、罚金。

日本《禁止私人垄断和确保公平交易法》第十一章罚则专门规定实质性垄断罪行以及其他违反反垄断法具体实施程序要求构成的罪行，并对违反禁止性规定所应承担的刑事责任作了列举。垄断行为的主要罪名包括私人垄断、不合理交易限制之罪，事业者团体禁止行为之罪，违反国际协定、确定审决之罪，违反公司取得、持有股份、干部兼任、合并等限制之罪。对私人垄断、不当交易限制和经营者团体的竞争限制行为，处3年以下有期徒刑或500万日元以下的罚金；对国际卡特尔、限制经营者团体的人数、限制组成经营者团体的机能和活动的行为，处2年以下有期徒刑或300万日元以下的罚金；对违反禁止控股公司、限制公司持有股份和干部兼任的处1年以下有期徒刑或200万日元以下的罚金。

二、我国有关情况

（一）对规定刑事责任条款的意见

在征求意见过程中，对于是否在修正草案中规定刑事责任条款，有不同意见。第一种意见认为，垄断行为并不具有刑法意义上的严重危害性，通过罚款已经能够实现法律威慑效果，没有必要设定刑事责任；第二种意见认为，应规定垄断行为的刑事责任，在反垄断法修正草案或者刑法中对垄断行为的构成要件、刑罚等作出明确规定；第三种意见认为，尽管目前刑法中没有专门针对垄断行为的刑事责任，但为了给将来留有余地，在修正草案中作出衔接性规定未尝不可。

（二）我国刑法有关规定

我国刑法中没有专门规制垄断行为的罪名，但我国《刑法》第二百二十三条规定了串通投标罪。串通投标，是较为典型的垄断协议行为，如符合刑法规定的构成要件，可按刑法予以刑事处罚。

还有观点认为，第二百二十六条强迫交易罪，对以暴力、威胁手段，强买强卖商品，强迫他人提供商品或者接受服务等严重扰乱市场秩序的行为规定了刑事责任，滥用市场支配地位如同时符合这一罪名的构成要件，也可按此罪名定罪处罚。

（三）我国台湾地区

我国台湾地区 2017 年“公平交易法”对严重危害竞争秩序与社会公共利益的垄断行为设置了刑事责任，包括罚金、拘役和有期徒刑，实行对单位处以罚金，对自然人处以罚金、监禁或两者的并罚的双罚制。

“公平交易法”第六章第三十四条、第三十六条规定，对存在第九条独占之事业行为、第十条事业结合行为的，处行为人 3 年以下有期徒刑、拘役或科或并科新台币 1 亿元以下罚金；

对事业限制其交易相对人、有限制竞争行为，经公平交易委员会责令其停止而不停止的，处行为人 2 年以下有期徒刑、拘役或科或并科新台币 5 千万元以下罚金，此二项之罪，须告诉乃论。法人有上述犯罪行为的，除分别情况对其行为人给予刑事处罚外，对法人也可科处前项之罚金。

比较特殊的是，我国台湾地区通常采用“先行政后司法”制度，首先由行政主管机关即公平交易委员会依法命令违法者限期停止、改正其行为或者采取必要更正措施，若公平交易委员会的命令得到执行，则不给予刑事制裁；若逾期未停止、改正其行为或者采取必要更正措施，或停止后再为相同或类似违反行为，则由法院判决给予刑事制裁，主要包括独占企业滥用市场地位行为、事业未经许可的联合行为、事业仿冒他人事业商品或营业表征行为、杯葛行为（集中抵制交易）、差别待遇、不当争取交易相对人、以不当方法使他事业参与限制竞争行为、不当获取他人事业营业秘密、非价格之垂直交易限制等类。

欧盟、英国反垄断法调研简报

2019 年 11 月 20 日至 27 日，经济法室有关同志参加了市场监管总局反垄断局组织的代表团，赴欧盟、英国就反垄断法进行调研，与相关国家、地区反垄断执法机构及相关单位就反垄断执法机构设置、新经济领域如何适用反垄断法等问题进行交流。现将有关情况简报如下：

一、欧盟、英国反垄断法律制度基本情况

欧盟反垄断法律体系的基础是《欧盟运行条约》的第一百零一条至第一百零九条，是保证欧盟内部大市场中竞争不被扭曲的重要法律体系。除欧盟层面的反垄断法立法和主管机关外，各成员国也有相应立法和主管机构。二者的区别在于：仅当有关反竞争行为影响到成员国之间贸易时，才属欧盟反垄断法管辖范围，欧委会具有排他管辖权；对于影响只限于成员国内部的、对欧盟共同大市场无影响的反竞争行为，属于其所在成员国的管辖范围。欧盟反垄断法效力高于其成员国反垄断法，成员国反垄断法不得与欧盟法律相抵触，否则该成员国的相关规定无效。因此，英国反垄断法律规定与欧盟高度重合（据了解，在“脱欧”之后，英国会重建反垄断法律体系），这里主要介绍欧盟的反垄断法律体系。

《欧盟运行条约》（又名《里斯本条约》）经欧盟 27 个成

员国共同签订批准后，于 2009 年 12 月 1 日正式实施，条约第一百零一条至第一百零九条构成了欧盟反垄断法律的基础体系。[①] 欧盟反垄断法的立法目标，一是保持欧盟内部市场上的公平竞争以促进经济发展，二是促进欧盟单一市场进一步发展。反垄断法律规定较为原则，主要分为 4 个部分。

第一部分是垄断协议和滥用市场支配地位。条约第一百零一条禁止经营者之间达成反竞争协议以及第一百零二条禁止具有市场支配地位的经营者通过滥用行为限制竞争。上述规定原则性较强，自签订实施后未进行过修订，对于执法的具体要求在配套法律规定中予以体现。如 2013 年颁布实施的《纵向限制集体豁免条例》，对于企业在经营活动中的纵向限制行为具有重要意义，此条例已于 2022 年 5 月到期，目前欧盟竞争总司正在研究制定新的《纵向限制集体豁免条例》。受互联网新经济快速发展的影响，在线销售平台的选择性分销、地域销售限制、客户销售限制等是本次配套立法工作较为关注的内容。

第二部分是公共领域竞争倡导。条约第一百零六条倡导在传统垄断行业，如交通、能源、邮政和电信等行业中，打破成员国的国家垄断，引入国际竞争，从而扩大消费者选择范围，使其享受到廉价优质的产品及服务，并提升经济整体竞争力。

第三部分是国家援助。[②] 条约第一百零七条至第一百零九条规定，国家公共权力部门在有选择的基础上给予企业任何形式的优惠，包括政府资助、利息减免、税收减免、国家保证、

---

① 2009 年 12 月以前是《共同体条约》中的第八十一条至第八十九条。

② 与我国公平竞争审查制度较为相似。

提供产品或服务的优惠等称为国家援助，为防止成员国运用公共资源扭曲企业之间竞争和欧盟内各成员国之间的贸易，国家援助原则上是被禁止的，只有研发补贴、培训补贴、失业补贴等例外情况可以实施。

第四部分是并购控制。[①] 根据欧盟（欧共体）经济发展情况的变化，企业并购控制方面的法规在不断调整完善，除审查标准的变化外，审查程序也在不断简化。1990 年 9 月《第 4064/89 号关于企业并购控制的理事会条例》（合并条例）正式生效，用以规制在欧共体范围内造成影响的企业并购，成为欧共体反垄断法的重要内容，企业并购主要考察企业的市场支配地位。为适应经济发展新情况，2004 年欧盟通过《理事会关于控制企业集中的第 139/2004 号条例》（新合并条例），取代原条例。新合并条例有 46 项引言和 26 条正文，包括企业合并审查的程序规范和实体标准，将审查标准改为同时考察“市场地位”和“减少竞争”。

二、反垄断执法机构设置情况

1. 欧盟反垄断执法机构设置情况与成员国执法机构的关系。根据《欧盟运行条约》的授权，欧盟竞争总司负责审查各成员国的国家援助政策，调查具有跨成员国影响的限制竞争行为，审查具有跨成员国影响的集中控制，各成员国管辖竞争影响在本国内的相关案件的调查和审查。欧盟竞争总司可以将其管辖的案件指定到成员国的执法机构办理。欧盟竞争总司下设

---

① 与我国反垄断法经营者集中审查部分相对应。

9 个司，共有 700 余名正式工作人员和大量非正式工作人员，包含执法人员、经济学家、律师、技术专家等。

2. 英国反垄断执法机构设置情况。根据 1988 年的《竞争法》授权，设立了竞争委员会，负责反垄断和不正当竞争执法，该机构基于消费者利益采取合理的可行性方案维护市场正常运营。2015 年 4 月，英国政府撤销了竞争委员会，设立竞争与市场管理局（CMA）负责反垄断执法，有权调查可能违反英国或欧盟反竞争协议和滥用市场垄断地位的行为，可能会造成抑制竞争的公司并购等。英国竞争与市场管理局是独立于内阁的政府机构，直接向议会负责，该局下设卡特尔、反垄断、消费者保护、国家援助四个执法局，共有 559 名员工。英国设有省级反垄断执法机构，竞争与市场管理局通过竞争执法网络指导省级执法机构开展工作。

3. 反垄断执法机构调查权限。欧盟和英国反垄断执法机构在调查权限上，均有较为完备的制度设计，总体看呈现如下特点：一是调查程序严格，对垄断行为赋予较大调查权限。在欧盟反垄断调查中，经竞争总司批准后，调查人员可以要求当事人提供文件资料、接受询问等，必要时还可以采取电话监听、查封银行账户等执法手段。对当事人开展“突击检查”需要得到法院的批准，开具调查许可，当事人必须无条件配合，否则会因藐视法庭而承担监禁等严重刑事责任。二是除处罚外，有多种执法手段。近几年，垄断案件当事人采用“和解”程序接受欧盟及成员国执法机构处罚的案件逐渐增多，“和解”程序是指滥用市场支配地位或纵向垄断协议案件的当事人通过承认违法、提供关键证据、提出恢复市场竞争的救济措施等行为换取减轻处罚的情形，“和解”可以降低案件的办理难度、降低行政成本，提高效率。欧盟竞争总司对于具有非常强的竞争损害、可能带来不可逆转的损失的涉嫌垄断行为，可以采取临时限制措施，防止当事人对竞争的进一步损害，对于保护受垄断行为直接危害的中小经营者有重要意义。市场调研是英国竞争与市场管理局会经常采用的一种执法方式，主要是对出现竞争不充分的行业领域开展调研，提示经营者和消费者该行业存在潜在的竞争问题，也是主动发现垄断行为线索的一个重要方式。

三、新经济领域的反垄断法适用

近年来，新经济领域发展迅速，技术创新不断催生新产业、新业态，新经济领域的“网络效应”“赢家通吃”“快速迭代”等特点已对原有反垄断经济理论和法律体系造成威胁，世界各国都在研究新经济领域的竞争问题。欧盟及成员国对于互联网、平台经济、电子商务等领域开展特殊关注。

一是加强相关领域的配套立法。2018 年 5 月，欧盟委员会出台《通用数据保护条例》，明确个人在保护其隐私数据方面的权利，拥有用户数据的企业有责任保护好涉及个人隐私的数据，不经数据所有者许可不得交第三方使用，否则将面临 2000 万欧元以上或其全球营业额的 4%的罚款。2019 年 4 月，比利时投票通过《电子商务商户关系法》，特别明确了执法机构可以对电子商务交易中的滥用经济依赖性限制竞争开展执法。

二是全面开展调研。欧盟竞争总司于 2015 年 5 月启动电子商务行业问询，收到来自 1400 余家企业的回复，最主要的交易限制是地域限制，表现为拒绝向其他成员国发货、拒绝接受来自其他成员国付款、拒绝来自其他成员国的 IP 访问等；最主要的限制方式为合同限制。英国竞争与市场管理局分别于 2017 年和 2019 年就数字市场比较工具、在线平台和数字广告的市场两次开展大规模调研。在线平台和数字广告调研主要目的是了解在线平台的市场影响力、消费者是否控制在线平台使用和收集与自身有关的数据、数字广告市场的竞争是否会被平台的市场影响力所扭曲。

三是对互联网领域的限制竞争行为开展执法。欧盟竞争总司两次对谷歌公司限制竞争行为实施巨额罚款：其一是其在比较购物服务中滥用搜索引擎市场的支配地位行为处罚款 24.2 亿欧元，案件处于上诉阶段；其二是对谷歌公司因在安卓移动设备方面从事加强谷歌搜索引擎市场支配地位的行为，处罚款 43.4 亿欧元。

四、其他问题

1. 反垄断案件办理时限规定。欧盟及其成员国均仅在经营者集中审查中有办理时限规定，在垄断协议、滥用市场支配地位案件中没有时限要求。

一是欧盟合并控制审查时限规定。对于达到欧盟法律规定规模的企业合并，相关企业有义务在相关信息披露后 7 日内向欧盟委员会进行申报。在经营者提交审查文件后，欧盟竞争总司企业并购控制局开始进入第一阶段审查，期限是 30 天。一般情况下，大约 95%的并购行为不会引起竞争关注，会在第一阶段通过审查；其余案件会进入第二阶段，进行更加详细的审查。第二阶段的审查时限是 90 个工作日，必要时可延长至 105 个工作日。

二是英国合并控制审查时限规定。英国对于合并控制审查采取自愿申报的方式，即对于达到管辖标准的并购，企业可以选择不申报而实施并购。但是执法机构调查认为该并购具有实质性减少竞争效果，便有权责令恢复到并购前的状态。企业选择主动申报，首先要递交《并购案件团队分配申请表》，以为该案分配一个审查团队。审查团队将与申报方讨论案情，告知所需要提交的信息和材料。按照《并购申报表模板》递交正式申报。自收到完整的并购申报材料起进入第一阶段，时限 40 个工作日。如存在实质性减少竞争的现实可能性，则开始第二阶段。第二阶段主要调查和认定该并购是否具有实质性减少竞争的效果，时限为 24 周，必要时可延长至 32 周。

2. 违反反垄断法的法律责任。欧盟及其成员国有关法律责任的规定基本一致，采用罚款等行政处罚方式，不设刑事责任。一是行政处罚。欧盟及成员国对垄断行为的处罚罚款上限为违法经营者上一年度全球总销售额的 10%。二是刑事责任。欧盟及其大部分成员国对于违反反垄断法没有设置刑事责任。虽然在 2002 年英国《企业法》中，对于固定价格、串通投标、分割市场等核心卡特尔行为设置了 5 年以下监禁的刑事责任，但实践中英国执法机构从未对违法当事人追究过刑事责任。

美国、德国反垄断法调研简报

2019 年 11 月，经济法室有关同志参加了市场监管总局反垄断局组织的代表团，赴美国、德国就反垄断法进行调研，主要内容涉及反垄断执法机构设置、新经济领域如何适用反垄断法、共同滥用市场支配地位、经营者集中审查时限、法律责任等问题。在美国期间访问了司法部、联邦贸易委员会、美国律师协会以及佳利律师事务所，在德国期间访问了联邦卡特尔局、柏林州卡特尔局。现将有关情况简报如下。

一、关于反垄断执法机构设置

美国和德国均为联邦制国家，在反垄断执法机构设置上，都采取了联邦和州两级执法并以联邦为主的方式。

（一）美国反垄断执法机构设置情况

联邦层面，美国反垄断执法机构为联邦贸易委员会和司法部反垄断局。其中，联邦贸易委员会有近 1200 人，下设 7 个地区办公室。主要职能是制止商业和贸易领域的不正当竞争行为，兼有反垄断和保护消费者权益的职能，但不负责构成犯罪的垄断案件的处理。司法部反垄断局有近 700 人，下设 3 个地区办公室，主要职能是对构成犯罪的垄断案件进行调查并向法院提起诉讼，也负责调查一些不构成犯罪的垄断案件。州层面，每个州的检察长可以对违反州反垄断法的案件开展执法，以及以原告身份对违反联邦反垄断法的案件向法院起诉。

（二）德国反垄断执法机构设置情况

联邦层面，德国反垄断执法机构为联邦卡特尔局，隶属于联邦经济部，共有 358 人。除负责跨州卡特尔、滥用市场支配地位案件执法和经营者集中审查工作外，还在 1999 年增加联邦政府采购合同竞争性审查职责，2012 年增加燃料、天然气和电力市场透明度和价格监控职责；2017 年增加部分消费者保护职责（开展行业调查但无执法权）。联邦经济部仅可以出于国家利益和社会公共利益需要，对卡特尔局禁止的经营者集中案件行使特别批准权。州层面，德国每个州均设有卡特尔局，隶属于州经济部。州层面的执法人员较少，负责管辖本州内的垄断案件。

二、关于新经济与反垄断

互联网和数字经济等新经济的发展给市场竞争环境带来了巨大变化。在该背景下，体现数字市场特征的限制竞争行为也频繁出现，双边市场、大数据和人工智能等新现象给反垄断法适用带来了诸多难题。为了应对新经济给反垄断法适用带来的挑战，美国和德国都加强了对该问题的研究。

（一）美国新经济与反垄断

2019 年 2 月，美国联邦贸易委员会竞争局成立专门的技术工作组，加强对新经济领域的关注，并举办了一系列专题听证会，共收集 900 多条意见，涉及对数据因素的考量、非价格竞争损害测算等。但是，联邦贸易委员会对此问题并未形成官方意见。美国司法部认为，由于反垄断法规定的比较原则，法院有比较充分的解释空间，因此无须在立法层面专门针对新经济领域作出调整。目前美国处理的有关案件也说明，现有法律框架可以应对新经济发展带来的挑战。

（二）德国新经济与反垄断

德国联邦卡特尔局2005年成立智库，2016—2019年发布《平台市场力量与网络》《竞争法与数据》《算法与竞争》三个报告，这些报告对反限制竞争法修改产生了重要影响。

1. 关于《平台市场力量与网络》。该报告指出，一般性的市场界定概念（需求替代为主、供给替代为辅）原则上也适用于平台。联邦卡特尔局认为，由于互联网领域存在“双边市场”特点，平台免费市场一方与另一方付费市场如广告市场密切相关，免费市场用户的增加会导致付费市场规模的扩大，因此免费在线平台也会构成竞争法意义上的市场。原则上，评估市场支配地位的常用方法也适用于平台和网络。联邦卡特尔局建议在评估数字平台和网络的市场支配地位时，要考虑平台、网络市场以及数字经济的具体特征。

2. 关于《竞争法与数据》。该报告指出，数据的采集和利用可能会成为市场进入壁垒。收集竞争对手的定价信息，将使企业能够通过定价算法、默示共谋等实施限制竞争行为。企业可以利用基于数据获得的市场量在相邻市场获取竞争优势。但是，数据可能会提高市场透明度，有利于了解消费者需求和市场条件的竞争者进入市场。数据收集的范围和规模达到一定程度才能具有一定的市场力量，但是当收集的数据达到一定数量，其边际价值就会降低。加之数据具有非排他性和很高的可获得性。因此，数据的采集和利用对竞争的损害也是有限的。

3. 关于《算法与竞争》。该报告指出使用算法的潜在的竞争风险：一是算法为实施传统反竞争行为提供支持和便利。对此种情况可以根据《欧盟运行条约》第一百零一条（禁止垄断协议）进行评估。二是竞争者之间的算法驱动共谋涉及第三方，如外部顾问或软件开发人员，向竞争对手提供相同的算法或以某种方式协同的算法。《欧盟运行条约》第一百零一条和相应的国内规定并没有禁止有意识的平行行为，只禁止协议和协同行为，即违反竞争法需要有关公司之间进行某种交流。因此，如果算法只是单方面观察、分析并对竞争对手算法的公开可见行为做出反应，只能被归类为适应市场的智能适应，而不是协同。

4. 德国《反限制竞争法》第九次、第十次修订主要涉及互联网新经济相关内容。2017 年，第九次修订增加了一系列针对数字市场的反垄断法规则：（1）明确规定无偿给付与认定市场不矛盾，免费商品可以构成反垄断执法的相关市场，给执法机构界定双边或者多边市场提供了明确的法律依据。（2）规定在多边市场和网络中，需要考虑以下因素评价经营者的市场地位：直接和间接的网络效应；用户同时利用多个服务以及转换费用；其与网络效应相关的规模优势；获得与竞争相关的数据；创新推动的竞争压力。（3）交易额达到 4 亿欧元的，经营者就可能有申报的义务。

第十次修订尚未公布修订草案，根据联邦卡特尔局介绍，修订内容主要有：（1）对涉及新经济环境下判断市场支配地位的规定作出进一步完善。(2) 扩大执法机构的权限，简化执法程序，书面问询成为处罚的主要手段，对被调查人的沉默权作出限制。(3) 完善滥用优势地位的反竞争行为。(4) 增加特定条件下的企业数据获取请求权。但是联邦卡特尔局对此修改持怀疑态度，认为数据获取权应根据个案判断，应评估获取数据是否必要、是否影响拥有数据企业的创新能力。(5) 增加对于拥有跨市场支配地位经营者的规制。(6) 对于经营者集中实质审查期限由 4 个月改为 5 个月。

三、关于共同滥用市场支配地位

美国《谢尔曼法》第二条规定，任何人垄断或企图垄断，或与他人联合、共谋垄断州际间或与外国间的商业和贸易，是严重犯罪。该规定禁止两种违法行为：一是限定为一人实施的垄断行为即单独市场支配地位；二是禁止多个经营者的合谋垄断行为。美国法更加强调共同参与垄断的经营者之间“意思联络”的证明。因此，在成文法层面，并不认可共同滥用市场支配地位是一种独立的违法行为。在司法实践中，根据平行行为附加因素原则，即当存在平行行为和可推定共谋的间接证据情况下，可以认定存在违反《谢尔曼法》规定的共谋。

德国《反限制竞争法》虽然对于共同市场支配地位有市场份额占有推定的规定，但由于该规定仅适用于集中度较高的市场，因此对于执法帮助不大。共同滥用市场支配地位的法律要件非常高，要证明寡头经营者之间存在共谋非常困难。如果具有共同市场支配地位的经营者之间有协同行为，可以适用垄断协议来规制，但是一般共同滥用市场支配地位的经营者之间往往没有直接的沟通，其共同滥用只能通过间接证据证明，非常困难。实践中只有在经营者合并审查中考虑共同市场支配地位因素，目前德国执法实践中并无共同滥用市场支配地位案件。

四、关于经营者集中审查期限

两国均对经营者集中审查有办理时限规定。一是美国经营者集中审查时限。在经营者提交审查文件后，将进入 30 天的等待期，在等待期内执法机构未提出进一步信息要求，则经营者可以实施集中；如果执法机构提出进一步信息要求，则在经营者提交信息后，进入第二个为期 30 天的等待期。对于存在竞争关注的案件，执法机构会在第二个等待期内向法院申请禁令以终止交易，从而进入司法程序。2018 年，美国有 2.2%的案件被提出进一步信息要求。二是德国经营者集中审查时限。根据德国《反限制竞争法》第四十条规定，联邦卡特尔局收到申报材料之日起有一个月的初步审查期限，如有必要进一步审查，还可以进行四个月的实质审查，经过申报者同意，可以再延长审查期限。实践中，在审查期限开始计算前，联邦卡特尔局通常会与申报者进行沟通，商讨审查期限问题，以便申报者对此有预期。

五、关于法律责任

在法律责任的规定上，美国和德国存在较大差异。一是美国法律规定。美国违反反垄断法的法律责任主要是刑事责任和民事责任，没有单独的行政处罚。从刑事责任看，经营者从事固定价格、串通投标、分割市场等核心卡特尔行为要负刑事责任。从民事责任看，美国规定垄断行为的受害者可以获得 3 倍损害赔偿。美方认为，美国反垄断私人诉讼发达，3 倍损害赔偿的规定可以对垄断行为形成足够威慑。二是德国法律规定。德国对垄断行为的处罚规定与欧盟相同，罚款上限为违法经营者上一年度全球总销售额的 10%。德国联邦卡特尔局表示，在历次修法中都有引入刑事责任的讨论，但是认为目前的罚款上限已经具有较强的威慑力，且对于经济违法行为增加自由刑的刑事处罚，其威慑违法行为的效果并不一定好，因此最后均未增加。

图书在版编目（CIP）数据

中华人民共和国反垄断法解读／王翔主编．—北京：中国法制出版社，2022.8

ISBN 978-7-5216-2819-7

Ⅰ.①中… Ⅱ.①王… Ⅲ.①反垄断法-法律解释-中国 Ⅳ.①D922.294.5

中国版本图书馆 CIP 数据核字（2022）第 142412 号

策划编辑：谢雯　　责任编辑：谢雯　　封面设计：蒋怡　李宁

中华人民共和国反垄断法解读

ZHONGHUA RENMIN GONGHEGUO FANLONGDUANFA JIEDU

主编/王翔

经销/新华书店

印刷/三河市紫恒印装有限公司

开本/880 毫米×1230 毫米　32 开　　印张／12.75　字数／227 千

版次/2022 年 8 月第 1 版　　2022 年 8 月第 1 次印刷

中国法制出版社出版

书号 ISBN 978-7-5216-2819-7　　定价：68.00 元

北京市西城区西便门西里甲 16 号西便门办公区

邮政编码：100053　　传真：010-63141600

网址：http：//www.zgfzs.com　　**编辑部电话：010-63141797**

市场营销部电话：010-63141612　　**印务部电话：010-63141606**

（如有印装质量问题，请与本社印务部联系。）